21世纪经济管理类精品教材

ERP沙盘模拟演练教程

（第3版）

孙金凤　安贵鑫　苏　辉◎编著

清华大学出版社
北京

内 容 简 介

本书本着企业经营管理与 ERP 思想和方法相融合的原则，以仿真的企业经营管理环境和运营操作流程为主线，通过 ERP 沙盘模拟演练，使学生置身于一个仿真模拟的企业经营环境中，通过经营和管理一个模拟企业，让学生做出有关战略管理、市场营销、生产管理、供应链管理、投资管理、财务会计与财务管理等方面的经营计划与决策，深刻体验管理的艺术在于驾驭信息、企业动态博弈决策和竞合作用等管理理论和思想的模拟应用。另外，作者根据十五年授课指导经验，提炼并汇总 ERP 沙盘模拟演练课程中学生应掌握的知识点和学习要点，重点剖析 ERP 沙盘模拟中学生易错和易违规之处，并以提升教学质量和实训效果为切入点，从指导教师角度剖析沙盘模拟教学过程，确定实训前、实训中和实训后的教学质量关键点并加以优化控制，进而给出教师主要指导要点和最佳授课流程，借以提升 ERP 沙盘模拟演练的教学或培训效果。本书内容不仅能够较好地解决经济管理类专业学生实习实践难题，让学生在虚拟现实环境中实现“做”中“学”，还能够为指导经验不足的教师提供重要授课流程、策略和解决方案。

本书主要适合经济管理类专业学生使用，也可作为相关机构企业经营决策模拟培训参考用书。

图书在版编目（CIP）数据

ERP 沙盘模拟演练教程 / 孙金凤，安贵鑫，苏辉编著. —3 版. —北京：清华大学出版社，2021.6（2025.1 重印）

21 世纪经济管理类精品教材

ISBN 978-7-302-58124-6

Ⅰ. ①E… Ⅱ. ①孙… ②安… ③苏… Ⅲ. ①企业管理－计算机管理系统－高等学校－教材 Ⅳ. ①F272.7

中国版本图书馆 CIP 数据核字（2021）第 084237 号

责任编辑：邓 婷
封面设计：刘 超
版式设计：文森时代
责任校对：马军令
责任印制：沈 露

出版发行：清华大学出版社
网 址：https://www.tup.com.cn, https://www.wqxuetang.com
地 址：北京清华大学学研大厦 A 座　　邮 编：100084
社 总 机：010-83470000　　邮 购：010-62786544
投稿与读者服务：010-62776969，c-service@tup.tsinghua.edu.cn
质量反馈：010-62772015，zhiliang@tup.tsinghua.edu.cn
印 装 者：三河市龙大印装有限公司
经 销：全国新华书店
开 本：185mm×260mm　　印 张：17.25　　字 数：415 千字
版 次：2010 年 11 月第 1 版　　2021 年 8 月第 3 版　　印 次：2025 年 1 月第 3 次印刷
定 价：55.00 元

产品编号：086100-01

前　言

ERP 沙盘模拟演练是通过仿真模拟手段把企业经营所处的内、外部环境抽象为一系列的规则，由学生组成六个互相竞争的模拟企业，通过模拟企业六年的经营，使学生在分析市场、制定战略、营销策划、组织生产、财务管理等一系列活动中感受真实的市场环境，激发学生的创新思维，把学生所学的理论专业知识与企业实际存在的问题紧密联系起来，同时使学生意识到所学的管理知识具有解决实际问题的价值，从而激发其学习兴趣，加深其对专业知识内容的理解。

本书的编写主要体现以下四个特点。

一是突破了传统的仅传授企业经营管理知识的“孤岛式”教学模式。在 ERP 沙盘模拟对抗演练课程中，仿真的企业经营管理环境可使学生自觉地调整自身状态，促使学生主动学习、思考以及进行团队协作等，以新思想、新观念、新技术扩充并完善管理类各专业的知识体系，形成一套融情境式教学、互动教学、自主学习、角色实训为一体的较为完善的教学体系。

二是把多年的 ERP 沙盘模拟指导经验融入其中。笔者根据十五年的 ERP 沙盘模拟指导经验，重点剖析了 ERP 沙盘模拟演练的诸多关键点内容，给出实训过程中指导教师应该注意的指导要点，总结、提炼了演练过程中学生易犯的错误并给出相应的解决措施和办法。希望给没有经验的指导教师提供有价值的借鉴参考，提升其 ERP 沙盘模拟的教学效果，同时给参加沙盘模拟的各位学生提供合理的建议，提升其模拟企业的经营效果和业绩。

三是可以深刻体验经营管理工具和方法的应用。每个学生都在模拟的市场竞争环境中体验市场变化，直接参与模拟企业的经营管理，体会自己所处的位置和应负责的工作，在看似游戏般的操作中真正感受企业经营者所面对的市场竞争的精彩与残酷，深刻体验复杂、抽象的管理理论和方法的应用，从而领悟科学的管理规律，掌握管理知识、决策技巧，提高管理素质。

四是强调在演练中运用 ERP 管理思想和理念，使学生学会利用信息进行决策。通过 ERP 沙盘模拟演练，学生可将信息技术与经营管理技术相结合，以企业业务流程为主线，对人、财、物等资源进行全面整合，实现物流、信息流和资金流的有机统一，利用内、外部有价值的信息及时调整决策，从而实现企业资源的最优化配置。ERP 沙盘模拟也正是基于 ERP 思想下的企业经营过程的可视化模型展示。

实践证明，ERP 沙盘模拟课程凭借其极强的体验性、互动性、实战性、竞争性、综合性、有效性等特点，正在被各类院校的相关专业所认可和接受。这种综合性经营管理模拟实验不仅能够较好地解决经济管理类专业学生实习实践的难题，还有助于培养学生的创业能力和综合能力，是一种能够满足社会需求、培养学生综合素质和实践能力的实用型人才培养教学模式。

本书第 3 版和第 2 版相比，内容增加和调整比例在 25%以上，主编孙金凤撰写字数为 35 万字。本书主要增加两章内容：第 7 章（学生角度）和第 8 章（教师角度）。

第 7 章为 ERP 沙盘模拟演练学习要点分析，撰写本章的目的是为学生指明 ERP 沙盘模拟课程的知识点和应该掌握的学习要点。本章结合笔者多年的 ERP 沙盘模拟演练指导经验，对在沙盘模拟演练中学生应该掌握的沙盘模拟演练知识点和学习要点进行深入剖析，同时总结、提炼学生在沙盘模拟演练过程中的易错点和易违规环节，并给出模拟企业经营过程中学生取得的成功经验和失败教训，希望可以提升学生的沙盘模拟演练效果并对如何经营管理好一个企业有所启发和思考。

第 8 章为 ERP 沙盘模拟演练教学关键点控制，撰写本章的目的是为缺乏经验的指导教师提供教学思路和教学策略。本章从经济管理类专业实践需求延伸出此课程开设的必要性，针对模拟中学生易犯错误和易违规环节，以提升教学质量和实训效果为切入点，从指导教师角度剖析沙盘模拟教学过程，确定实训前、实训中和实训后的教学质量关键点并加以优化控制，提出先“由账到实”再“由实到账”的教学策略，同时引领学生把控模拟企业先生存再发展、企业动态博弈决策和竞合作用等管理理论和思想的模拟应用，希望给没有经验的指导教师提供有价值的借鉴参考。

编 者

目 录

第 1 章　企业经营管理基础

【学习目标】

✧ 提升学生的企业经营管理技能
✧ 识别企业在竞争环境中的竞争优势
✧ 运用有效的企业经营管理工具制胜
✧ 掌握 ERP 系统在企业经营管理中的应用
✧ 掌握 ERP 系统各计划层次的作用
✧ 理解企业如何借助于 ERP 制胜

1.1　企业经营管理方法应用

ERP 沙盘模拟演练是一种体验式互动学习方式，它通过对企业运营过程进行适当的概括和简化，运用独特、直观的教具展现企业经营流程，结合职位扮演、运营模拟、教师点评，将企业发展战略、生产设备投资、生产能力规划、物料需求计划、融资与投资、市场与销售、财务经济指标分析、团队建设等经营管理知识加以综合运用。然而，在以往的 ERP 沙盘模拟演练授课中，因为每名学生的教育程度、专业背景、学习程度等不同，很多学生在进行 ERP 沙盘模拟演练时通常不能综合运用相关的经营管理知识来指导模拟企业的经营。所以，为了便于学生做好 ERP 沙盘模拟演练，本章将主要介绍企业经营管理所涉及的内容、方法以及工具等，使参加 ERP 沙盘模拟演练的学生能够做好充分的知识准备。

1.1.1　利用平衡计分卡和战略地图制定有效的发展战略

1. 平衡计分卡

1990 年，美国的诺兰・诺顿学院设立了一个为期一年的项目，专门研究一个新的绩效测评模式，诺兰・诺顿的执行总裁戴维・诺顿（David P. Norton）担任项目组组长，哈佛商学院教授罗伯特・卡普兰（Robert S. Kaplan）担任资深顾问。1992 年，卡普兰和诺顿在《哈佛商业评论》上发表了他们的第一篇关于平衡计分卡（balanced score card，BSC）的论文：《平衡计分卡——绩效驱动指标》。

1996 年，卡普兰和诺顿关于平衡计分卡的第一本专著《平衡计分卡——化战略为行动》

出版，这标志着 BSC 理论的建立。随着企业对 BSC 运用的不断丰富和完善，这个框架又进一步升华。

2001 年，卡普兰和诺顿出版了第二本关于平衡计分卡的专著《战略中心型组织》，对图 1-1 所示内部流程层面的四个流程中的第二至第四个流程做了进一步拓展。同时，在这本书里，二者针对战略远景以及战略描述，提出了战略地图的概念，但只作为一个步骤提出，并没有给予完整的阐述。

2004 年，平衡计分卡体系的第三本书《战略地图——化无形资产为有形成果》出版，详细论述了图 1-1 所示内部流程层面四个流程里的第一个流程。由此，如何描述清楚企业的愿景和战略的问题得到了很好的解决，最终形成了一个完整的战略执行理论体系。

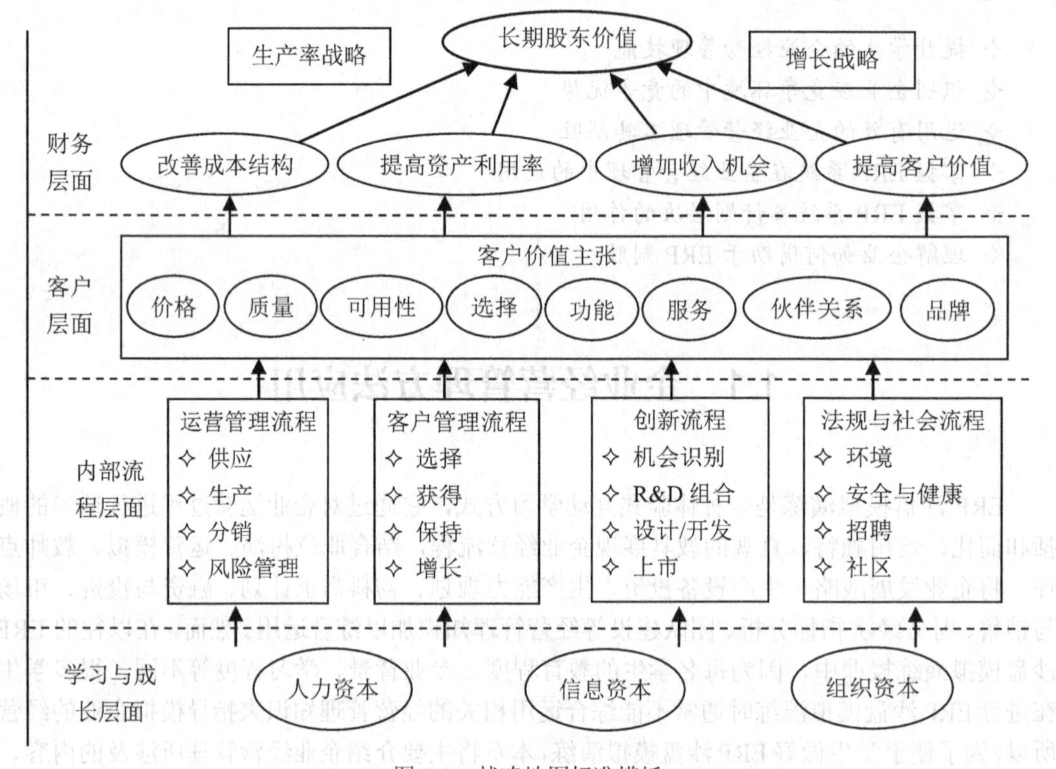

图 1-1　战略地图标准模板

今天的 BSC，与我们所理解的 1992 年的 BSC 有着很大的发展变化。企业想获得突破性的成果，或者想使自己的战略得到有效执行，应遵循下列公式的指导。

突破性成果=战略地图+平衡计分卡+战略中心型组织

2. 战略地图

战略地图（strategy map）的核心是如何“描述”战略，平衡计分卡强调如何“衡量”战略，战略中心型组织的重点则在“管理”战略。

上述等式右边三个关键要素之间的关系是：“如果你不能衡量，那么你就不能管理；如果你不能描述，那么你就不能衡量。”这是平衡计分卡理论的核心和精髓所在。战略地图通过结构化方式描述了战略，或者说为企业提供了一个检查战略的标准化清单。对于企业已经制定好的战略，则可以对照战略地图来检查有无缺失的要素。

图 1-1 是战略地图标准模板，它保留了 BSC 的基本框架，同样是“财务、客户、内部流程、学习与成长”四个基本层面，但又有新的发展，表现为每一个层面更加细致。卡普兰和诺顿认为，战略地图与 BSC 相比，增加了两个层次的内容：一是颗粒层，从图 1-1 可以看到每一个层面下都可以分解为很多要素；二是动态的层面，也就是说，战略地图是动态的，可以结合战略规划过程来绘制。

1）财务层面

实现财务目标的长短期战略平衡是战略地图在财务层面首先要达到的目标。卡普兰和诺顿认为，一个战略是否得到有效执行要通过长期股东价值来判断，这与传统的判断战略执行的标准一致。但是，战略地图强调股东价值的长期性，因此又将股东价值分解为生产率战略和增长战略。生产率战略考虑的是企业短期财务成果的实现，增长战略则强调企业长期财务成果的实现。我们对财务指标批评得最多的是“事后、短期、急功近利，使经理人更加短视”等，而卡普兰和诺顿通过战略地图克服了传统财务评价指标的不足。在财务层面，战略地图追求财务目标的长短期战略平衡，同时也为战略地图的整体框架奠定了基础。

从生产率战略的角度看，要使企业短期财务成果得到改善，有以下两个具体方法。

（1）改善成本结构。例如，在供应环节和供应商进行沟通，通过谈判将供应成本降低。

（2）提高资产利用率：要么提高现有资产利用效率，要么通过增加新的资产来突破现有生产能力的瓶颈。

通过以上两个方法，可以促进企业生产率战略的执行，在短期内获得股东的满意。

从增长战略的角度看，也有以下两种途径。

（1）增加收入机会：可以理解为开发新产品、开发新客户和开发新市场等。

（2）提升客户价值。例如，今年跟客户做 200 万元的生意，明年可以做 300 万元的生意，这就是提升客户的价值。

2）客户层面——客户价值主张“有所为，有所不为”

在客户层面，卡普兰和诺顿引进了一个新的概念——客户价值主张。BSC 强调，要想使股东满意，必须使客户满意，要想使客户满意，必须了解客户的需求。企业满足了客户的需求，就意味着为客户创造了价值。企业为客户创造价值或者传递价值的方式就是客户价值主张。

客户价值主张可以分解为以下三个方面。

（1）企业提供的产品、服务特征。

（2）企业和客户的关系。

（3）企业以怎样的品牌、形象出现在客户的面前。

不同的企业有不同的客户价值主张。战略地图提供了一个模型，不管企业选择怎样的战略，采取什么样的客户价值主张，都能通过以上三个方面加以描述，而且这三个方面还可进一步细分。例如，产品特征包括产品价格、质量、可用性、可选择性功能等，这些都是描述产品特征的具体要素；企业和客户的关系可以通过由企业提供的服务和客户建立的关系得到具体的描述。

在明确客户价值主张之后，企业就知道用什么样的方式向什么样的客户提供什么样的产品。也就是说，要“有所为，有所不为”。不是所有的客户都要成为企业的目标客户，有的人可能不是企业的目标客户，企业的产品也不是为 100%的客户服务，可能是为 10%的客户服务，也可能是为80%的客户服务。

3）内部流程层面

不同的企业有其不同的流程，但战略地图强调的是：在选择这些流程时，一定要考虑哪些流程是短期内能为股东和客户创造价值的，哪些流程是长期为股东和客户创造价值的。这就是内部流程的战略选择，也是这个层面最核心的思想。至于企业最终选定五个或者十个流程，或者下面再细分出更多的流程，则属于企业个性化的内容。

4）学习与成长层面——无形资产的战略准备度

《战略地图》一书的副标题是“化无形资产为有形成果”，这是卡普兰和诺顿在战略地图中的最大创新。为了使企业的流程得到改善，或者说为了使企业流程达到卓越，在学习与成长层面，企业应该怎样改进？战略地图将学习与成长这个层面从无形资产的角度划分为三大类——人力资本、信息资本和组织资本。卡普兰和诺顿强调，无形资产本身并不能创造价值，无形资产要想为企业创造价值，必须和企业选定的关键战略流程进行配合。也就是说，为企业创造价值的是平衡计分卡里的第三个层面——企业内部流程。无形资产与内部流程相配合的程度被卡普兰和诺顿称为无形资产的战略准备度，具体又可细分为人力资本准备度、信息资本准备度和组织资本准备度。“准备度”概念是战略地图的又一大创新。人力资本、ERP 系统、信息化软件等能不能与内部流程相配合是无形资产价值能否实现的关键。

3. 平衡计分卡和战略地图的应用

1）绘制战略地图

卡普兰和诺顿总结出以下六个从动态的角度绘制战略地图的步骤。

第一步，确定股东价值差距。例如，股东期望五年之后的销售收入能够达到 5 亿元，但是现在只达到 1 亿元，距离股东的价值预期还差 4 亿元。股东价值的差距也就是企业战略的目标。

第二步，调整客户价值主张。仍以上例为基础，要弥补股东价值差距，实现 4 亿元销售额的增长，需要对现有的客户进行分析：他们是不是高质量的客户；通过和他们做生意，能不能给企业带来 4 亿元销售收入的增长。如果不行，就要寻找新的目标客户，研究新客户有什么样的需求，怎样去满足，即调整企业的客户价值主张。

第三步，确定价值提升时间表。针对五年实现弥补 4 亿元股东价值差距的目标，要确定时间表，如第一年、第二年、第三年分别提升多少。

第四步，确定战略主题。战略主题属于战略地图里的第三个层面，要找关键的流程，明确短期、中期、长期分别做什么事。

第五步，提升战略资产准备度。分析企业现有无形资产的战略准备度是否具备支撑关键流程的能力，如果不具备，找出办法来予以提升。

第六步，确定战略行动方案及资金保障计划。根据前面确定的战略地图以及相对应的不同目标、指标和目标值，制订一系列新的行动方案，重新配备资源，形成预算。

2）化战略为行动的 BSC

BSC 在企业的实践应用中发展成为战略管理工具，它通过找出实现战略要素的衡量指标为衡量指标设定目标值，为实现战略要素制订行动方案，从而把公司的战略演化成具体的经营行为，以保证公司战略的实现。

BSC 的目标和指标来源于企业的愿景和战略，这些目标和指标从四个层面来考查企业的业绩，即财务、客户、内部流程、学习与成长。这四个层面组成了 BSC 的框架，如图 1-2 所示。

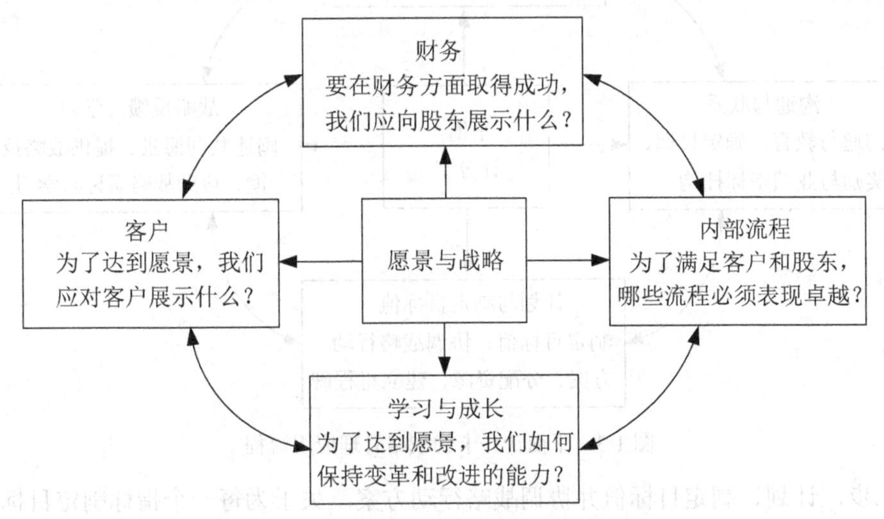

图 1-2　化战略为行动的平衡计分卡框架

化战略为行动是一个从宏观到微观、从抽象到具体的过程，“目标、指标、目标值、行动方案”是 BSC 最基本的概念，成为“财务、客户、内部流程、学习与成长”四个层面的具体构成要素，是落实战略必不可少的四个关键词。

（1）目标：即在每一个层面里，你的目标是什么。

（2）指标：即衡量某个目标的指标是什么，目标一定要可衡量。例如，在财务层面要实现的一个目标是“增加销售收入”，那么“销售收入增长率”就是一个可选的指标。

（3）目标值：即某项指标所应该达到的度，如“每年的销售收入增长率是 10%”，这是目标值。目标值有长期的、中期的、短期的，甚至有更短的季度和月份目标值。

（4）行动方案：即为了完成某一项指标的特定目标值而应该采取的行动。例如，为了使每年的销售收入增长率达到 10%，在营销和内部研发方面应该采取什么行动。

卡普兰和诺顿通过这四个关键词将战略转化为行动。经典的 BSC 里通常设置有 25～30 个指标，来实现一系列的战略平衡。例如，长期和短期、财务与非财务、无形和有形、内部与外部、领先与滞后、动因与结果。

3）BSC 在战略管理中的应用

创新型企业把 BSC 视为一个战略管理系统，用来规划企业的长期战略，它们利用 BSC 来完成重要的管理流程。BSC 与战略管理的结合可以通过以下四个步骤来实现，具体流程如图 1-3 所示。

第一步，阐明并诠释企业的愿景和战略。平衡计分卡帮助企业管理层对战略达成共识，建立共同的沟通语言。在同一个企业内部，不能出现财务部门说财务的语言，技术部门说技术的语言，人力资源部门说人力资源的语言，必须要有共同的战略管理沟通语言和方式才行。

第二步，沟通与联系。高层达成共识后，要对企业的平衡计分卡指标认可，这样才能进行沟通和联系，以保证战略管理的协调一致，即在中层、基层纵向保持战略目标的一致，同时横向之间，不同职能部门、业务部门之间要保持协调。通过这一步，企业的战略目标分解到不同部门和个人，最终与每一个人的业绩指标挂钩，以确保平衡计分卡所强调的协调一致。

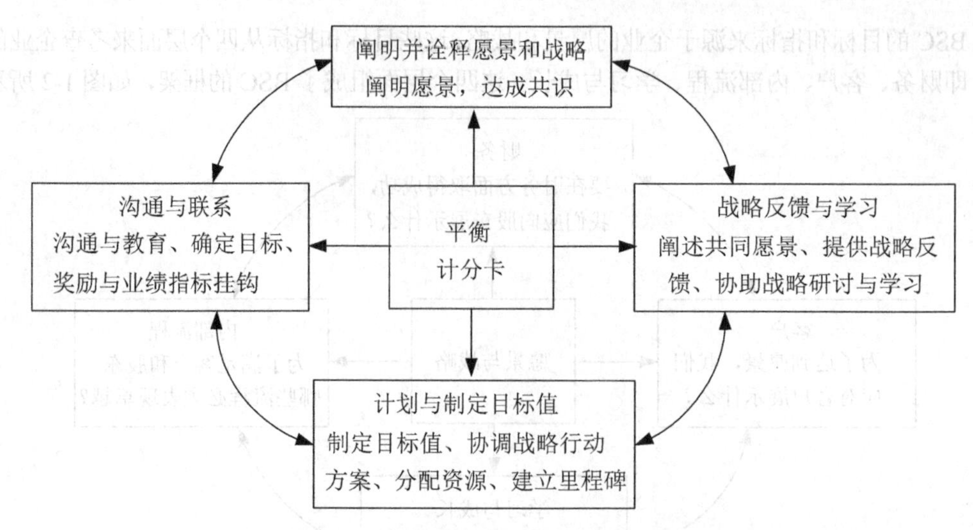

图 1-3　平衡计分卡的战略管理应用流程

第三步，计划、制定目标值并协调战略行动方案。关于为每一个指标制定目标值，卡普兰和诺顿强调的是有挑战性的目标值，通俗地讲，挑战性就是“跳起来摘果子”。先根据前面设定的不同的指标制定相应的目标值，再来决定在哪些方面投资，决定行动方案，以及为不同的行动方案配置人、财、物等资源，在财务上形成预算。

第四步，加强战略反馈与学习。战略得到执行之后，要进行反馈与学习，对战略进行回顾、修正。

各模拟企业练习：制定企业三年战略目标

✧ 明确战略、策略以及目标的区别和联系。
✧ 制定模拟企业发展战略目标时应该考虑哪些因素？
✧ 如何制定模拟企业的发展战略目标？
✧ 充分发挥平衡计分卡及战略地图的作用。

1.1.2　利用 PEST 进行市场与客户需求分析

目标市场就是通过市场细分后，企业准备以相应的产品和服务满足其需要的一个或几个子市场。为什么要选择目标市场呢？主要原因在于：市场和客户需求存在明显的差异；企业资源有限，需要充分运用好有限的资源；市场竞争激烈，专注才能做强等。因此，在进行目标市场和客户需求分析之前，必须首先对企业所处的经营环境进行分析，然后对备选的目标市场的市场容量、发展趋势进行预测，通过市场调研，了解目标市场的客户类型特点和需求特点。

1. 企业所处的经营环境分析

外部经营环境分析一般采用 PEST 分析法。

PEST 分析法是战略外部环境分析的基本工具，它通过分析政治（political）、经济（economical）、社会（social）和技术（technological）角度的因素，从总体上把握宏观环境，并评价这些因素对企业战略目标和战略制定的影响，如表1-1所示。

表1-1　企业经营环境分析——PEST分析法

要　素	内 容 举 例
政治法律环境： 对组织经营活动具有实际与潜在影响的政治力量和有关的法律、法规等因素	● 政府的经济政策，如重点扶持的产业、计划淘汰的产业等 ● 对企业经营行为具有约束力的法律和法规，如我国的《反不正当竞争法》《劳动法》《环境保护法》和贸易法规和协定等
经济环境： 国家的经济制度、经济结构、产业布局、资源状况、经济发展水平以及未来的经济走势等因素	● 银行利率和汇率水平 ● 通货膨胀率 ● 就业率 ● 人均收入水平 ● 能源供给成本 ● 市场化程度 ● 市场需求状况
社会文化环境： 组织所在社会中成员的民族特征、文化传统、价值观念、宗教信仰、教育水平、自然环境以及风俗习惯等因素	● 民族分布和主要的民族特征与民族之间的文化差异 ● 宗教信仰、政治观点、道德价值取向 ● 国民受教育的结构和水平 ● 人口规模和分布结构（地域分布、年龄分布等） ● 国民收入水平和分布结构 ● 国民对于外国产品和服务的态度 ● 语言障碍是否会影响产品的市场推广 ● 自然环境，如地理、气候、资源、生态等环境 ● 生活习惯，如有多少空闲时间？男性和女性的角色分别是什么？生活方式如何？不同的自然环境可能会有不同的生活方式
技术环境： 与企业产品相关的技术、工艺、材料的现状和发展以及应用前景，尤其要关注可能引起产业革命性变化的新技术和新发明	● 国家对哪些新技术进行了重点投资和政策支持 ● 新科技是否提高了企业的营运效率 ● 新技术是否提高了产品和服务的质量（或降低了成本） ● 新科技是否为消费者和企业提供了更多的创新产品、服务和消费体验 ● 新科技（如信息技术）是否会导致全新的商业模式出现

例如，某家电企业的PEST分析如表1-2所示。

表1-2　某家电企业的PEST分析

要　素	内　容
P（政治）	● 世界政治格局多元化，区域不稳定因素成为各大政治集团角力的缓冲区并长久存在 ● 各国谋求经济发展不遗余力，新兴经济体将出现新一轮以财政政策和国家利益为基点的政治变革 ● 我国将继续推动国家经济和企业的深度国际化 ● 国家宏观调控机制趋于成熟，出口退税、加息、人民币升值等相关政策调整推动高能耗、资源消耗型产业结构调整 ● 我国加入世界贸易组织的过渡期结束，国家经济融入世界经济进程加速，国内竞争国际化日益明显

续表

要　素	内　容
E（经济）	● 我国进入工业化中期阶段，消费需求与工业投资建设高涨，深加工行业获得战略发展机会 ● 成本领先优势受到贸易保护和新兴经济体的挑战，产业结构调整与升级势在必行 ● 在经济全球化和区域经济一体化迅速发展的形势下，全球资源整合以及与国际规则接轨将深入影响行业变革 ● 区域性自由贸易协定成为全球贸易自由化过程中的必然选择，并且呈现加速发展趋势 ● 能源消费压力传导到加工行业，将持续推动节约、环保型生产与消费模式的逐步建立 ● 全球金融危机严重影响家电制造企业的生存与发展，国际市场严重萎缩，外贸订单锐减 ● 国家进行宏观调控，推出家电下乡、以旧换新、节税惠民等系列利好政策
S（社会）	● 经济发展与二元社会变迁将进一步提升社会总体消费能力及耐用消费品的消费比例 ● 公众关注生活品质的同时，其环保、节能与社会责任意识不断提升，禁氟、回收、节能、物质无害化等被广泛关注 ● 社会信用日益受关注，行业及国家监管成为企业规范、诚信经营的主要约束力 ● 一级市场、二级市场消费升级，三级市场、四级市场消费兴起，出口新兴市场成为未来家电竞争的新焦点 ● 价值观念日益多样化和个性化，注重消费的物质主义偏好明显，产品功能、质量以及外在感受至关重要
T（技术）	● 节能、环保、智能、健康、时尚、功能融合成为家电产品未来技术发展的主要趋势 ● 国内家电企业研发投入不足，占销售收入的平均比例在 1%以下 ● 商品环保、健康的要求促进新技术、新材料、新工艺的广泛应用 ● 传统能源替代型技术与产品兴起，多元化能源应用与解决方案受到关注 ● IT 应用于传统家电在 3C 融合趋势下方兴未艾，并直接推动部分传统企业向 3C 转型

2. 选择目标行业和目标市场的标准

（1）行业是朝阳行业还是夕阳行业？

（2）是否有足够大的市场规模和增长率？

（3）与企业战略目标是否一致？

（4）是否与企业拥有的资源相匹配？

（5）是否具有市场竞争优势？

评估业务优先级矩阵图（见图 1-4）可以帮助我们判断应该优先选择哪些行业和目标市场以及采取哪些有效的战略。

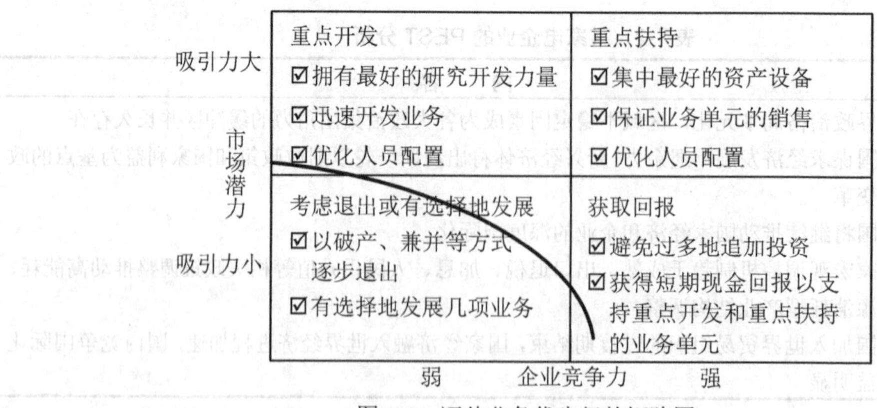

图 1-4　评估业务优先级的矩阵图

3. 目标市场和产品组合的策略选择

图 1-5 给出了目标市场和产品组合的策略选择。

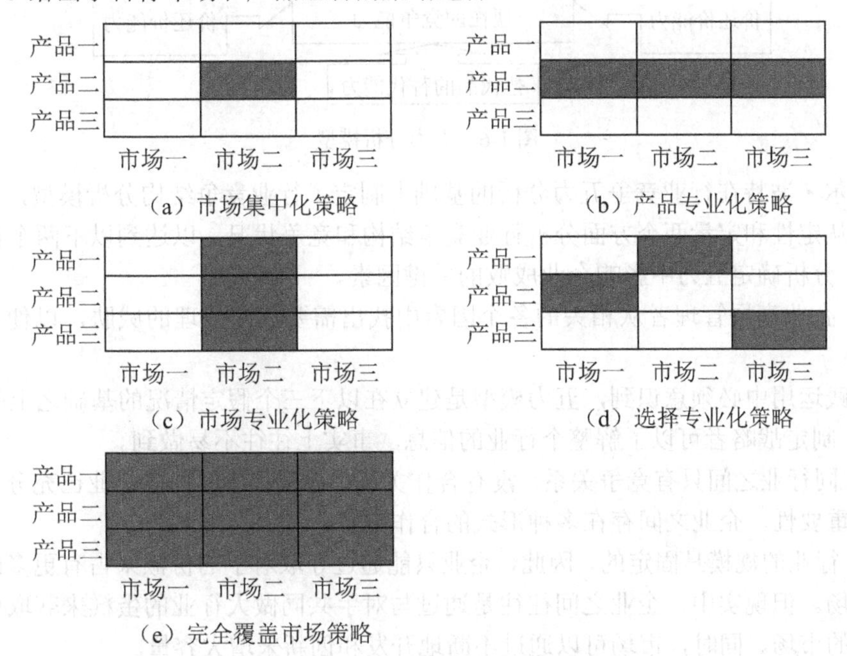

图 1-5　目标市场和产品组合的策略选择

4. 客户需求分析

通过市场调研和统计分析找出重点客户群，并分析目标客户的当下需求及未来发展趋势，对客户进行分类。客户需求可以通过客户需求问卷、客户访谈、客户座谈会、客户投诉统计分析和委托专业机构调查等多种形式的调研和统计方法获得。

各模拟企业练习：

✧ 利用 PEST 对模拟企业经营环境进行分析。

✧ 利用业务优先级矩阵图识别模拟企业的目标市场和客户需求。

1.1.3　利用五力模型/SWOT 进行竞争环境分析

下面根据迈克尔·波特的竞争理论——五力模型和三种竞争战略，对企业竞争环境进行分析。

1. 竞争环境分析

迈克尔·波特（Michael Porter）于 20 世纪 80 年代初提出五力分析模型，如图 1-6 所示，该模型可以有效地分析企业的竞争环境。这五种力量分别是供应商的讨价还价能力、购买者的讨价还价能力、潜在竞争者进入的能力、替代品的替代能力和行业内竞争者现在的竞争能力，五种力量的互相作用影响了行业利润、潜力的变化。

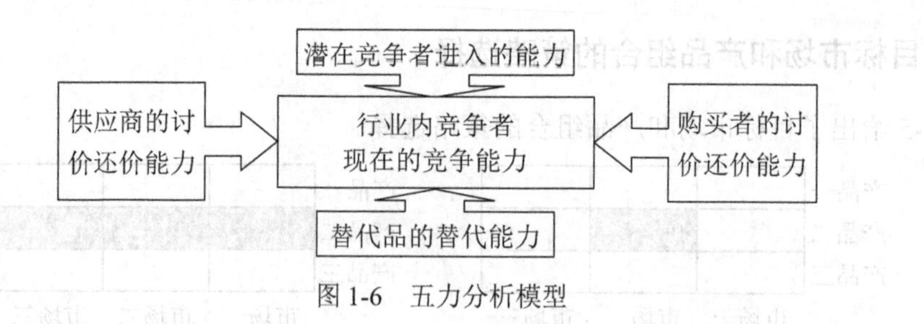

图 1-6　五力分析模型

迈克尔·波特在行业竞争五力分析的基础上制定了行业竞争结构分析模型，从而可以使管理者从定性和定量两个方面分析行业竞争结构和竞争状况，以达到以下两个目的。

（1）分析确定五力中影响企业成败的关键因素。

（2）企业高层管理者从相关的各个因素中找出需要立即处理的威胁，以便及时采取行动。

在实践运用中必须意识到，五力模型是建立在以下三个假定情况的基础之上的。

（1）制定战略者可以了解整个行业的信息，事实上往往不易做到。

（2）同行业之间只有竞争关系，没有合作关系，而现实中，许多企业已充分认识到合作双赢的重要性，企业之间存在多种形式的合作关系。

（3）行业的规模是固定的，因此，企业只能通过夺取对手的份额来占有更多的资源和更大的市场。但现实中，企业之间往往是通过与对手共同做大行业的蛋糕来获取更多的资源和更大的市场。同时，市场可以通过不断地开发和创新来增大容量。

2. 竞争对手分析

在上述竞争环境分析的前提下，分析企业竞争对手需要考虑以下几个问题。

（1）谁是企业的竞争对手（企业在不同的目标市场可能有不同的竞争对手）。

（2）在目标市场上，企业竞争对手的优势及劣势是什么。

（3）竞争对手的战略考虑及其可能的行动。

（4）企业在竞争中获胜的可能性。

迈克尔·波特在《竞争战略》一书中提出了竞争对手分析模型，从企业的现行战略、未来目标、竞争实力和自我假设四个方面分析竞争对手的行为和反应模式，如图 1-7 所示。

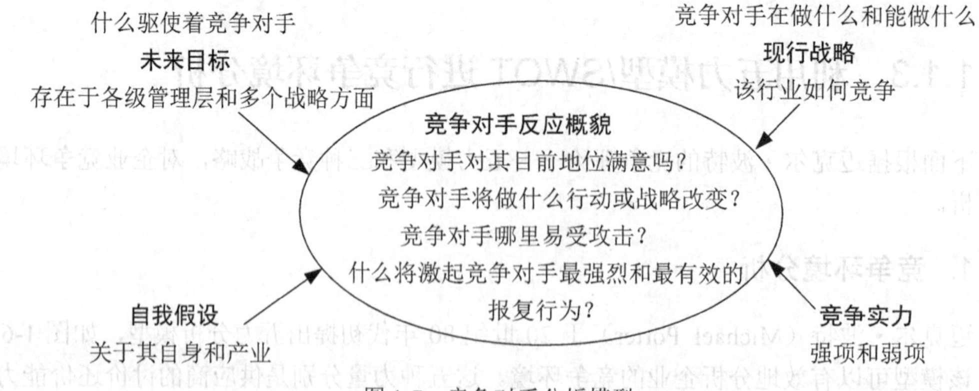

图 1-7　竞争对手分析模型

通过对竞争对手现行战略的分析，明确竞争对手目前正在做什么和将来能做什么。列出竞争对手所采取的战略，对其进行分析，以便本企业做出有效、及时的回应。

分析竞争对手的未来目标有利于预测竞争对手对目前的市场地位和财务状况的满意程度，从而推算其改变现行战略的可能性及对其他企业战略行为的敏感性。

通过对竞争实力的分析，可以找出本企业与竞争对手的差距，找出本企业在市场竞争中的优势和劣势，以便更有针对性地制定竞争策略。

分析竞争对手对自身和产业的假设，可以很清楚地看到竞争对手对自身的战略定位以及对行业未来发展前景的预测。竞争对手对自身和产业的假设，有的是正确的，有的是不正确的，通过掌握这些假设，可以从中找到发展的契机，从而使本企业在竞争中处于有利的地位。

结合对竞争对手的分析，企业可以进行自身的竞争战略分析，首先要分析的就是企业有哪些战略优势和将会面临哪些战略挑战，可以从内部和外部两个方面着手。

1）内部分析：如何识别战略优势和劣势

战略优势是指那些对企业未来可能达到的成就起决定性影响的市场利益。这些优势通常是企业优胜于当前与未来的同类产品和服务供应商的源泉。总体来说，战略优势有以下两个来源。

（1）通过核心竞争力建立和扩展组织内在能力。

（2）有战略重要性的外部资源，这些资源通过关键的外部关系和合作关系而形成并起到杠杆作用。

简单地说，战略优势就是为了实施企业的策略和计划，以求达到企业目标，可利用的人员、技术和资源等。

劣势是相对于竞争对手及条件（它们有可能阻碍本企业实施策略和计划）来说，企业所缺乏的人员、技术和资源等。

2）外部分析：如何识别威胁（即企业面临的战略挑战）与机会

战略挑战是指给对企业未来可能达到的成就起决定性影响的因素造成压力的问题或情形。这些压力通常由企业未来的与其他提供类似的产品和服务的供应商相关联的竞争地位所驱动。外在的战略挑战对企业的影响较大，且不是唯一的，相应地，企业也会面对内在的战略挑战。

外在的战略挑战包括顾客或市场的需求或期望，产品、服务或技术的更新，财务的、社会的或其他的风险或需求；内在的战略挑战包括企业的能力、人力或其他方面的资源情况。

总而言之，企业面临的威胁是指超出了企业可控制范围的力量、问题、趋势、事件，是不利于企业发展趋势的，如果不果断地采取策略，这种不利的发展趋势将导致企业的竞争地位受到削弱。

战略机会来自对企业发展富有吸引力的领域，进入这一领域中的企业将有可能获得新的发展机会。

危机和机会往往会互相转化，也就是说，当危机突然降临时，我们必须有化危机为机会的心态和策略。下面这个在企业界流传得很广的故事说的就是这个道理。

有一个十岁的小男孩儿在一次车祸中失去了左臂，但是他很想学柔道。

于是，小男孩儿拜一位日本柔道大师做了师傅，开始学习柔道。他学得不错，可是练了三个月，师傅只教了他一招，小男孩儿有点儿弄不懂了，他终于忍不住问师傅："我是不是应该再学学其他招数？"师傅回答："不错，你的确只会一招，但你只需要会这一招就够了。"

小男孩儿听完并不是很明白，但他很相信师傅，于是就继续练了下去。

几个月后，师傅第一次带小男孩儿去参加比赛，结果小男孩儿自己都没有想到，居然轻轻松松地赢得了冠军。

回家的路上，小男孩儿和师傅一起回顾每场比赛中的每一个细节，小男孩儿鼓起勇气道出了心里的疑问："师傅，我怎么凭一招就赢得了冠军？"

师傅答道："有两个原因：第一，你几乎完全掌握了柔道中最难的一招；第二，据我所知，对付这一招唯一的办法是抓住你的左臂。"

所以，小男孩儿最大的劣势变成了他最大的优势。

当企业面临来自市场的严峻挑战时，竞争对手往往也会面临一样的局面，尤其当企业身处一个竞争激烈的市场时，谁能做出更有效的竞争策略，谁就将赢得胜利。2003 年，联想身处计算机行业同质化的激烈竞争中，在业绩发布会上有一位基金经理对联想的前景表示担忧，杨元庆则用下面这个故事做了回答。

两个人在森林里遇到了一只大老虎，一个人赶紧从背后取下一双更轻便的运动鞋换上，另一个人说："你干吗呢？换鞋也跑不过老虎啊！"那个人说："我只要跑得比你快就行了。"

竞争分析常用的工具是 SWOT（优势、劣势、机会和威胁）分析，如图 1-8 所示。

进行 SWOT 分析后，应运用分析的结果提出企业的应对策略。

如图 1-9 所示，将已找出的优势根据它们是否与潜在的机会或将来的威胁有关分成两组，用同样的方法将劣势也分成两组，对照外部的机会和威胁平衡内部的优势和劣势。

可以将上述两个图合并成一个图，如图 1-10 所示。

优势（Strength）	劣势（Weakness）
机会（Opportunities）	威胁（Threats）

图 1-8　SWOT 分析 1

优势	劣势	
利用这些：优势与机会的组合	改进这些：劣势与机会的组合	机会
监视这些：优势与威胁的组合	消除这些：劣势和威胁的组合	威胁

图 1-9　SWOT 分析 2

图 1-10　SWOT 分析 3

（1）SO（优势—机会）战略：这个战略的目标就是通过发挥企业内部优势而充分利用外部机会。这是一种最理想的战略状况，实行这种战略的关键是把企业的劣势变为优势，努力回避外部的威胁以充分利用各种有利的机会。

（2）WO（劣势—机会）战略：这个战略的目标就是通过利用外部机会来弥补内部的劣势。适用这种战略的条件是存在有利的市场机会，但企业的劣势妨碍着这种机会的利用，因此，关键在于如何消除这种劣势来利用这种有利的机会。

（3）ST（优势—威胁）战略：这是一种利用企业的优势回避或减轻外部威胁影响的战略。

（4）WT（劣势—威胁）战略：这是一种旨在减少内部劣势，同时回避外部环境威胁的防御性战略。

各模拟企业练习：企业的 SWOT 分析和决策

✧ 在企业的目标市场上，现在和将来谁是企业的竞争对手？

✧ 竞争对手分析模型：竞争对手的战略是什么？

✧ 企业与竞争对手比较——SWOT 分析及对策。

✧ 企业在哪些方面与对手竞争？

✧ 企业的机会在哪里？

1.1.4　利用 QFD/RP/BCG 制定解决方案和策略

进行 SWOT 分析后，企业应该考虑客户的期望是什么，如何制定满足或超越客户期望的理想产品或理想解决方案。可以利用的分析工具有战略路线图、质量功能展开、波士顿矩阵图、产品技术路线图。

1. 理想产品方案

所谓理想产品，就是能够完全满足目标客户的需求，而且具有竞争优势的产品。规划理想产品方案必须考虑以下几个因素。

（1）目标市场的客户需求。

（2）竞争对手分析。

（3）长远的产品规划。

我们可以通过集中研讨（如头脑风暴等方法）来规划理想产品方案，其中一个强有力的工具是质量功能展开（quality function deployment，QFD）。

质量功能展开的概念在 1929 年三菱的 Kobe 船坞被提出，并在日本和美国得到了广泛的应用。质量功能展开将顾客对产品的需求进行多层次的演绎分析，转化为产品的量化的设计特性，为客户提供满足其需求甚至超越其期望的、优于竞争对手的产品或服务。

在进行理想产品方案规划时，不是仅仅规划一款产品或一组产品，而是规划一个长期的产品研发路线图（或称产品技术路线图）。

2. 关键性成功因素（key success factors，KSF）分析

关键性成功因素就是达成战略目标的必要条件，如人力资源、技术能力、创新能力、设备、财务等，可以用雷达图（radar plot，RP）形象地表示关键性成功因素及其现有水平，如图 1-11 所示。

3. 主要障碍性因素（critical business issues，CBI）分析

主要障碍性因素可理解为达成战略目标的保障条件，如产品研发周期、市场营销能力、营运效率等，具备了这些条件就能更好地达成战略目标，这些因素的欠缺则会直接影响战略目标达成的程度。

以木桶原理为例，木桶能盛多少水取决于木桶的短板，这个最短的桶板就是 CBI。

主要障碍性因素分析方法可参考上述“关键性成功因素分析”中所用的雷达图。

4. 波士顿咨询集团（boston consulting group，BCG）矩阵（BCG 矩阵）

该矩阵用相对市场占有率和市场增长率两个指标来分析企业各个分部的差别，如图 1-12 所示。

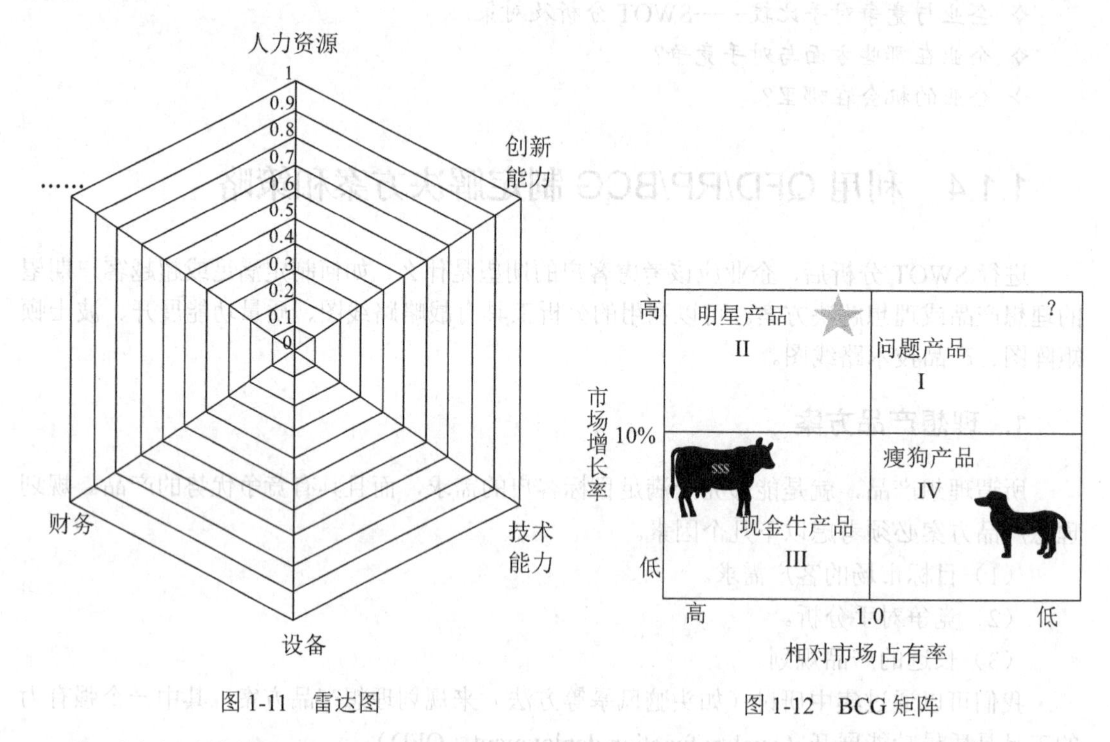

图 1-11　雷达图　　图 1-12　BCG 矩阵

相对市场占有率又称相对市场份额（relative market share position），为企业某个产品的销售额与该产业最大竞争公司的销售额之比。其以 1.0 为分界线，1.0 以上为高相对市场占有率，1.0 以下为低相对市场占有率。

市场增长率以销售额增长的百分比表示，以 10%为分界线，10%以上为高增长率，10%以下为低增长率。

以下为 BCG 矩阵的战略选择。

（1）问题产品：高的市场增长率和低的相对市场占有率。对于这种产品应采取加强型战略，如市场渗透、市场开发或产品开发，或考虑将其售出。

（2）明星产品：高的市场增长率和高的相对市场占有率。对于这种产品应通过大量投资以保持和加强其主导地位。

（3）现金牛产品：低的市场增长率和高的相对市场占有率。对于这种产品应尽可能长期地保持其优势地位。

（4）瘦狗产品：低的市场增长率和低的相对市场占有率。对于这种产品应采取收缩战略，如结业清算、剥离、削减等。

各模拟企业练习：

✧ 开发理想产品或理想解决方案。
✧ 制定战略策略。
✧ 利用雷达图表示模拟企业关键性成功因素。

1.1.5 商业竞争策略

就军事术语而言，策略是指军事将领运用拥有的军事资源进行最有利的安排以赢得战争的指挥艺术和科学，战术则是短兵相接时安排及调度资源的艺术和科学。

在商业竞争中，策略就是为达到战略目标而采取的措施和行动计划。相对于军事上战略与战术的关系，策略与运营的关系如下。

策略关注“什么（what）”，即要做什么、要成为什么样的公司，运营则关注“如何（how）”，即要如何做、如何达到目标。

迈克尔·波特认为商业竞争策略有以下三种方式。

1. 成本领先战略

成本领先战略是指企业通过有效途径降低成本，使企业的全部成本低于竞争对手的成本，甚至是同行业中最低的成本，从而获取竞争优势的一种战略。根据企业获取成本优势的方法不同，我们把成本领先战略概括为如下几种主要类型。

（1）改进设计，如简化产品功能、选用性价比更高的材料、提高易制造性以降低制造成本、标准化设计等。

（2）降低采购成本。

（3）降低营运成本。

（4）制造工艺创新及提高制造设备自动化水平以降低制造成本。

（5）以大规模采购、制造和营销获得成本优势。

（6）采用总体成本策略以获得营销优势。

适合采用成本领先战略的企业如下。

（1）当企业进入一个新行业时，可以成本领先战略获得市场份额和知名度。

（2）同质化程度高的行业，竞争者均主要以成本争夺市场。

（3）本企业与竞争对手比较，甚至与整个行业比较具有成本优势。

采用成本领先战略可能导致的不利因素如下。

（1）产品降价过度引起利润率降低，无力投入新技术、新产品的研发，影响企业的持续发展。

（2）企业无法确定自己的成本低于竞争对手，或者是全行业最低时，竞争对手或行业新进者同样运用成本竞争策略还击，这将导致整个行业的恶性价格竞争，始作俑者也不能幸免。

2. 差异化战略

差异化战略是指为使企业产品与竞争对手产品有明显的区别，形成与众不同的特点而采取的一种战略。这种战略的核心是取得某种对顾客有价值的独特性。企业要突出自己产品与竞争对手产品之间的差异性，主要的途径有产品差异化、服务差异化和品牌差异化。

从理论上说，成本领先战略也是一种差异化战略，即在成本上与竞争对手拉开差距。

采用差异化战略可能导致的不利因素如下。

（1）失去对产品差异特性不感兴趣的部分客户。

（2）失去对价格敏感的客户。

（3）如果差异化的技术门槛过低，当产品步入成熟期后，拥有技术实力的竞争者很容易模仿这种差异。

要想保持与竞争者的差异化，企业必须持续不断地投入技术，不断地推出创新产品，或不断地提高差异化的技术门槛。

蓝海战略是目前运用得最广泛的战略差异化的理论。

蓝海战略是由 W. 钱·金（W. Chan Kim）和勒妮·莫博涅（Renée Mauborgne）提出的。蓝海战略认为，商业竞争的焦点应该由超越竞争对手移向买方需求，跨越现有竞争边界，将不同市场的买方价值元素筛选并重新排序，从给定结构下的定位选择向改变市场结构本身转变。红海战略与蓝海战略的比较如表 1-3 所示。

表 1-3 红海和蓝海战略的比较

红 海 战 略	蓝 海 战 略
在已经存在的市场内竞争	拓展非竞争性市场空间
参与竞争	规避竞争
争夺现有需求	创造并攫取新需求
遵循价值与成本互替定律	打破价值与成本互替定律

构思蓝海战略布局需要回答以下四个问题。

（1）哪些被产业认定为理所当然的元素需要被剔除？这个问题促使企业剔除产业中引发企业竞争攀比的元素，这些元素经常被认为是理所当然的，虽然它们已不再具有价值。

（2）哪些元素的含量应该被减少到产业标准之下？这个问题促使企业做出决定，查看是否存在只为竞比和打败竞争对手而过度设计现有产品或服务的功能的情况，设计过度会使得企业所给超过顾客所需并徒然增加成本。

（3）哪些元素的含量应该被增加到产业标准之上？这个问题促使企业去发掘产业中消费者不得不做出的妥协。

（4）哪些产业从未有过的元素需要被创造？这个问题帮助企业发现买方价值的全新源泉，以创造新需求，改变产业战略定价标准。

3. 聚焦战略

聚焦战略是指企业的经营活动集中于某一特定的购买者群体、产品线的某一部分或某一地域市场上的一种战略。这种战略的核心是瞄准某个特定的用户群体、某种细分的产品线或某个细分市场。具体来说，聚焦战略可以分为产品线聚焦战略、顾客聚焦战略、地区聚焦战略、低占有率聚焦战略。

1）聚焦战略的适用条件

（1）具有完全不同的用户群，这些用户或在不同的地域中，或有不同的需求，或有不同的产品的应用环境，或存在不同的产品应用方法。

（2）企业的资源不允许其追求广泛的细分市场，只能在一个或几个细分市场中竞争。

（3）市场相对规模不大，行业竞争不激烈，但利润率较高，通常对一些中小企业更具吸引力，如一些“隐形冠军”企业往往属于这种类型。

德国著名的管理学思想家赫尔曼·西蒙（Hermann Simon）历经十多年的积累和探讨，

提出“隐形冠军”这一概念，相对于可口可乐、微软、宝洁、通用电气等知名大企业，更多的成功企业是默默无闻的行业冠军企业。这些企业往往在某一个细分的市场中专心致志地耕耘，在全球范围或某一区域市场占领了其所属市场 50%以上的市场份额。

2）聚焦战略的优势

聚焦战略有利于企业锁定特定的目标市场，专注调查、研究目标客户的需求和产品技术以及竞争对手等各方面的情况，精益求精，集中资源推出专业化的产品和服务，获得特定的目标客户群的满意度和忠诚度。

3）聚焦战略的主要风险

当顾客需求发生变化，或者因技术创新而出现新的替代品，或者有优势的新进行业竞争者出现时，将导致这个特定市场的竞争进入白热化状态或市场需求急剧下降，如果企业将所有资源都投入了这个特定市场，那么企业的生存基础将受到重大威胁。

战略选择一般涉及两个维度：竞争优势和竞争范围。竞争优势包括成本领先优势和差异化优势；竞争范围取决于企业是在一个宽广的市场，还是在一个狭窄的（或特定的）市场。尽管一些公司在短期内可以达到低成本或高差异化，但是这种状况只是暂时的，为了获得长期的超额利润，一个公司必须将资源集中在一个特定的竞争战略上。

迈克尔·波特认为，如果一个企业不能选择上述三种基本战略方向中的任何一种，即既无成本领先优势，也无差异化优势，更不能在一个特定的区域中取得竞争优势，只能被夹在中间，那么这个企业常常会因处于非常不利的战略地位而被市场淘汰。

4. 价值链分析和决策

如何将全局战略决策细化为企业内部营运各个环节的决策呢？价值链分析为我们提供了一个有力的工具，如图 1-13 所示。

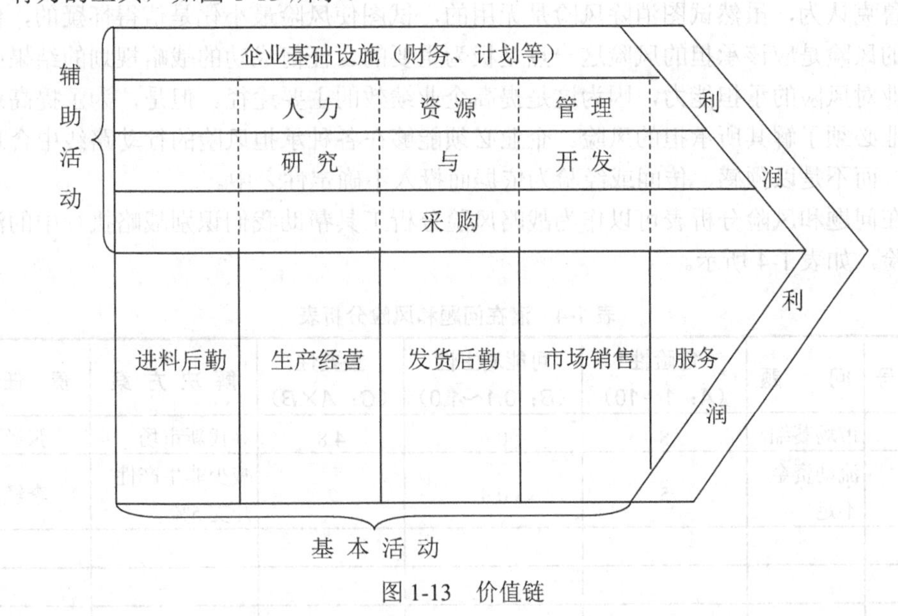

图 1-13　价值链

迈克尔·波特认为，公司的价值创造过程主要由基本活动和辅助活动两部分组成。基本活动是涉及产品的物质创造及其销售、转移给买方和售后服务的各种活动。辅助活动是辅助基本活动并通过提供外购投入、技术、人力资源以及各种公司范围的职能以相互支持。

这些活动在公司价值创造过程中是互相联系的，由此构成公司价值创造的行为链条，这一链条就称为价值链。不仅公司内部存在价值链，一个公司的价值链与其他经济单位的价值链也是相连的，任何公司的价值链都存在于一个由许多价值链组成的价值体系中，而且该体系中各价值行为之间的联系对公司竞争优势的大小有着至关重要的影响。运用价值链分析、重新组合、改进或创新，可以更有效地提高营运效率，建立持续的竞争优势。

对于企业而言，要想在激烈的竞争环境中求得生存和发展的空间，快速应对变化的市场需求，企业就必须建立快速响应的业务计划实施策略。这种快速响应不单单是指各个业务环节本身的快速响应，还需要价值链整体甚至整个供应链的快速响应。因此，为了支撑这种快速响应的业务策略，各个业务环节（包括研发、采购、生产、配送等）需要实现信息的实时共享，并且加强计划的协调性（当然也需要其他的能力），而这两点恰恰是 ERP 系统的核心思想之中的两个方面。

各模拟企业练习：制订战略策略实施计划

✧ 分析目标客户群的需求特点和期望。

✧ 紧紧围绕企业的战略目标，从理想产品方案、KSF、CBI（可从 SWOT 结果中引出）中找到实现目标的策略。

✧ 了解企业的竞争对手，发挥企业的核心优势，避开企业的劣势。

✧ 统筹考虑主要利益相关者（股东、员工、供应商和社区）的需求和期望。

✧ 运用 ERP 思想及方法合理安排和使用模拟企业的内外资源。

1.1.6 潜在问题和风险分析

德鲁克认为，虽然试图消除风险是无用的，试图使风险最小化是值得怀疑的，但是，所承担的风险是应该承担的风险这一点是极为重要的。任何成功的战略规划的结果必须是提高企业对风险的承担能力，因为这是提高企业绩效的主要途径。但是，为了提高这项能力，企业必须了解其所承担的风险。企业必须能够在各种承担风险的行动路线中合理地加以选择，而不是以预感、传闻或经验为依据而投入不确定性之中。

潜在问题和风险分析表可以作为战略风险分析工具帮助我们识别战略执行中的潜在问题和风险，如表 1-4 所示。

表 1-4 潜在问题和风险分析表

序号	问题	危险性（A：1～10）	可能发生性（B：0.1～1.0）	重要性（C：$A\times B$）	解决方案	责任人
1	市场萎缩	8	0.6	4.8	寻找新市场	张经理
2	流动资金不足	5	0.4	2	减少非生产性开支 5%	李经理
3						
4						
5						
6						

识别风险的方法具体如下。

（1）将所有潜在的问题一一列出。
（2）评估每个问题对战略执行的危险性程度。
（3）评估每个问题发生的可能性（概率）。
（4）按照每个问题的重要性排序，优先解决重要性高的问题。
（5）制订每个问题的应急计划。
（6）指定处理这些问题的责任人。

各模拟企业练习：识别潜在风险，分析及提出相应对策

✧ 有哪些不确定因素会影响企业达成目标？
✧ 哪些不确定因素出现的可能性比较大？
✧ 企业应对风险的策略是什么？

1.2 ERP 与企业管理

企业资源计划（enterprise resource planning，ERP）是指利用信息科学的最新成果，根据市场需求对企业内部和其供需链上各环节的资源进行全面规划、统筹安排和严格控制，以保证人、财、物、信息等各类资源得到充分、合理的应用，实现信息流、物流、资金流、增值流和业务流的有机集成，从而达到提高生产效率、降低成本、满足顾客需求、增强企业竞争力的目的。计划与控制是 ERP 系统的核心，ERP 中的经营计划是依据企业战略规划做出的。换言之，企业战略规划在 ERP 中主要是依靠经营计划体现出来的。因此，我们可以借助于 ERP 系统的计划体系来实现企业战略执行体系。

1.2.1　认识 ERP

对于 ERP，我们其实并不陌生，它就在我们身边。下面以一个家庭请客吃饭的例子来说明 ERP 的功能作用及其工作流程。

1. 丈夫请客吃饭（签订合同订单）

一天中午，丈夫在外给家里打电话："亲爱的老婆，晚上我想带几个同事回家吃饭可以吗？"（订货意向）

妻子："当然可以。来几个人？几点来？想吃什么菜？"（了解客户需求）

丈夫："6 个人，我们七点左右回来，备些啤酒、烤鸭、番茄炒蛋、凉菜、蛋花汤，可以吗？"（商务沟通，发出订单）

妻子："没问题，我会准备好的。"（订单确认）

2. 安排晚饭计划（ERP 中的计划层次）

1）确定菜谱（ERP 中的主生产计划，master production schedule，MPS）

妻子记录下需要做的菜（MPS），具体要准备的物品：烤鸭、啤酒、番茄、鸡蛋、麻油，物料清单（bill of material，BOM）结构如图 1-14 所示。

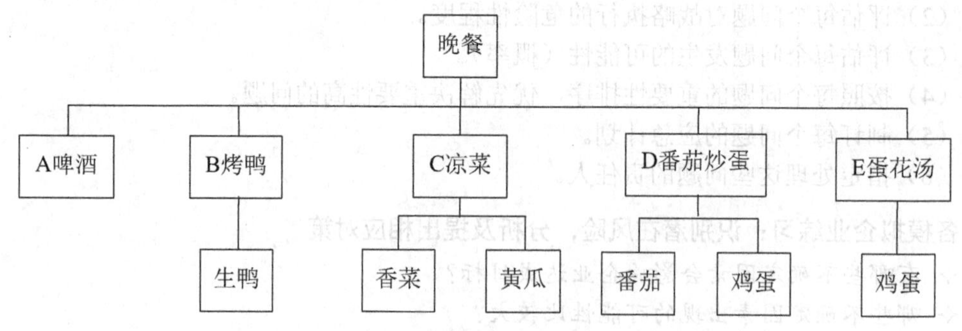

图 1-14 物料清单（BOM）结构

2）买什么菜，买多少（ERP 中的物料需求计划，material requirement planning，MRP）

妻子发现晚餐需要 1 只鸭、5 瓶啤酒、4 个番茄（BOM 展开）、10 个鸡蛋（共用物料，其中炒蛋需要 6 个鸡蛋，蛋花汤需要 4 个鸡蛋）；打开冰箱一看（库房存货检验），只剩下 2 个鸡蛋和凉菜所需的黄瓜（缺料）。由此得出所需要购买菜的净需求量，物料需求计划如图 1-15 所示。

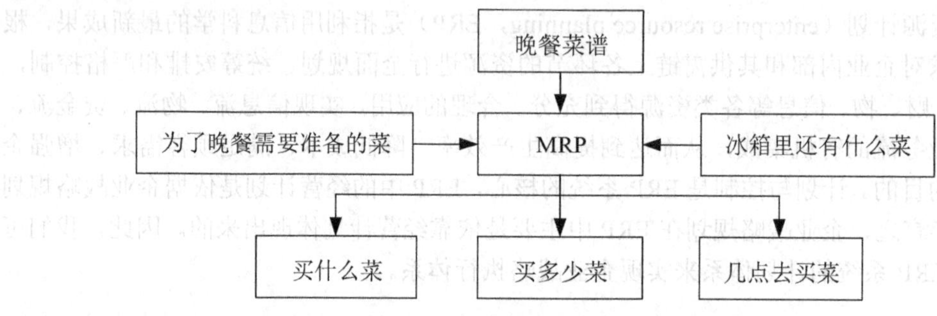

图 1-15 物料需求计划（MRP）

3. 买菜（ERP 中的采购与库存管理）

妻子来到自由市场买菜。

妻子："请问鸡蛋怎么卖？"（ERP 中的采购询价）

小贩："1 个 1 元，半打 5 元，1 打 9.5 元。"（报价）

妻子："我只需要 8 个，但这次买 1 打。"（批量采购）

妻子："这儿有一个坏的，换一个。"（验收、换料）

4. 做饭（ERP 中的生产管理）

回到家中，妻子准备洗菜、切菜、炒菜（安排工艺路线）。厨房中有燃气灶、微波炉、电饭煲（工作中心），妻子发现拔鸭毛最费时间（确定瓶颈工序、关键工艺路线），用微波炉自己做烤鸭可能会来不及（产能不足），于是决定在楼下的餐厅里买现成的（产品委外加工）。

下午 4 点，电话铃又响了。

儿子："妈妈，晚上有几个同学想来家里吃饭，你帮忙准备一下。"（紧急订单）

妻子："好的，儿子，你们想吃什么？爸爸晚上也有客人，你愿意和他们一起吃吗？"（了解客户需求）

儿子："菜你看着办吧，但一定要有番茄炒鸡蛋。我们不和大人一起吃，六点半左右回

来。”（不要合并，请单独处理）

妻子：“好的，肯定让你们满意。”（订单确认）

鸡蛋又不够了，于是，妻子打电话叫小贩送来。（紧急采购）

晚上六点半，一切准备就绪，可烤鸭还没送来，妻子急忙打电话询问：“怎么订的烤鸭还没送来？”（跟催采购委外单）

“不好意思，送货的人已经走了，可能是堵车吧，马上就会到的。”

门铃响了。

“李太太，这是您要的烤鸭。请在单上签字。”（验收、入库、转应付账款）

晚上六点四十五分，女儿来电话。

女儿：“妈，我想现在带几个朋友回家吃饭，可以吗？”（又是紧急订购意向，要求现货）

妻子：“不行呀，女儿，今天妈妈已经需要准备两桌饭了，时间实在是来不及，真的非常抱歉，下次早点说，一定给你们准备好。”（这就是ERP的使用局限性，要有稳定的外部环境，有起码的生产提前期）

5. 算账（ERP中的财务系统）

送走了所有客人，疲惫的妻子坐在沙发上对丈夫说：“亲爱的，现在咱们家请客的频率非常高，应该要买些厨房用品了（设备采购，增加产能），最好能再雇个小保姆（连人力资源系统也有接口了）。”

丈夫：“家里你做主，需要什么你就去办吧。”（通过审核）

妻子：“还有，最近家里花销太大，用你的私房钱来补贴下，好吗？”（资金预算，最后就是应收货款的催要）

送走了所有客人，妻子拿着计算器，准确地算出了今天的各项成本（成本核算）和结余原材料（车间退料），并记入了日记账（总账），把结果念给丈夫听（给领导报表）。

丈夫：“值得，花了145.49元，请了好几个朋友，感情储蓄账户增加了若干（经济效益分析）。今后这样的感情投资晚宴还会经常举办……可以考虑，你就全权处理吧！”（预测公司未来发展）

现在还有人不理解ERP吗？记住，每一个合格的家庭主妇都是生产厂长的有力竞争者！

1.2.2 ERP系统的计划体系

1. 传统计划管理不能满足现代化生产的要求

计划与控制是企业的首要职能，它统一指导企业的各项经营生产活动。

计划的实质是如何使企业通过制造和销售产品获取利润，它的作用有三点：一是使企业的产出（包括产品和服务）满足市场的需要；二是有效地利用企业的各种资源生产出合理组成的产品；三是使投入能以最经济的方式转化为产出。

控制的作用是使计划执行的结果不超出允许偏差。这个允许偏差是指在数量和时间上让客户或市场能够接受的偏离。

随着市场竞争的加剧和企业的快速发展，传统的计划管理越来越不适应实际需要，企业的计划往往得不到有效的控制和执行。为此引入ERP系统来解决企业计划与控制问题是企业管理适应现代化发展需要的一个重要手段。

2. ERP 中计划的层次

计划与控制是 ERP 的核心。ERP 中有五个层次的计划，如图 1-16 所示，即企业战略规划、生产计划大纲、主生产计划、物料需求计划、车间作业及采购计划。其中，第一层至第三层为决策层计划（规划），第四层为管理层计划，第五层为操作层计划。

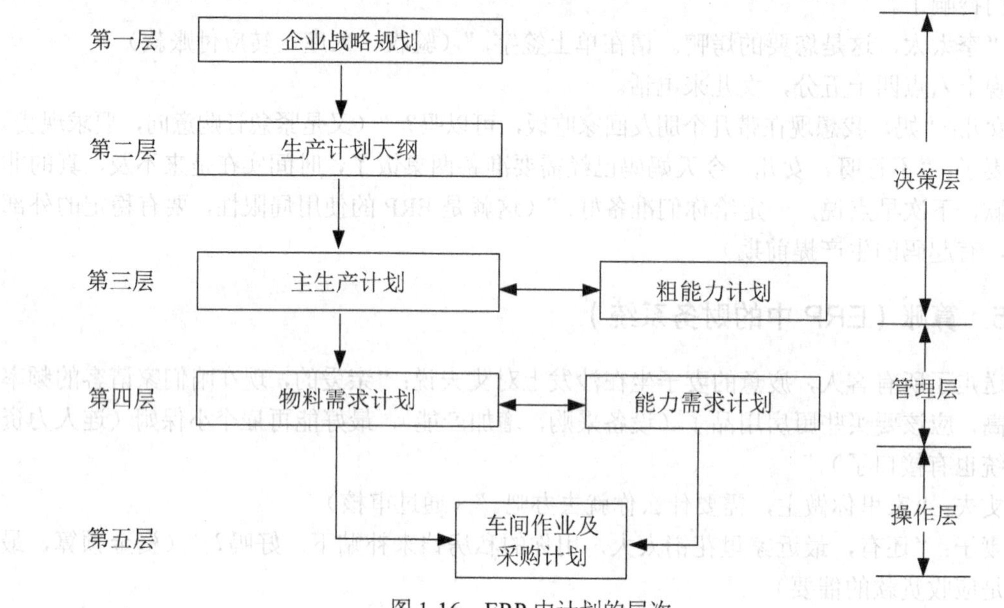

图 1-16 ERP 中计划的层次

1）第一层（最高层）：企业战略规划

企业战略规划又称企业经营规划，由企业的高层决策者会同销售、市场、生产、财务等各部门负责人制定，是企业经营目标的具体体现。该层根据市场调查和需求分析、国家有关政策、企业资源能力和历史状况、同行竞争对象的情况等有关信息，制定企业经营规划。其主要内容包括在未来 2～7 年的时间内，本企业生产的产品品种及其在市场上应占有的份额、产品的年销售额、年利润额和生产率等。经营规划的制定要考虑企业现有的资源情况和企业目前的市场情况，以及未来可以获得的资源情况，包含较大的预测成分。经营规划是企业的总体目标，是下面各层计划的基础，主要包含以下四个方面的内容。

（1）产品开发方向及市场定位，预期的市场占有率。

（2）营业额、销售收入与利润、资金周转次数和资金利润率。

（3）长远能力规划、技术改造、企业扩建或基本建设。

（4）员工培训及职工队伍建设。

2）第二层：生产计划大纲（production plan，PP）

根据企业经营计划的目标，确定企业的每一类产品在未来的 1～3 年内，每年、每月生产多少，需要哪些资源。生产计划大纲总是与资源需求有关，因此，有些文献也将生产计划大纲视为资源需求计划。

3）第三层：主生产计划（master production schedule，MPS）

该计划以生产计划大纲为依据，按时间段计划企业应生产的最终产品的数量和交货期，并在生产需求与可用资源之间做出平衡。

4）第四层：物料需求计划（material requirement planning，MRP）

根据主生产计划中最终产品的需求数量和交货期推导出构成产品的零部件及材料的需求数量和需求日期，再推导出自制零部件的制造订单下达日期和采购件的采购订单发放日期，并进行需求资源和可用能力之间的进一步平衡。

5）第五层：车间作业及采购计划

该计划处于ERP计划的最底层，也是基础层。它根据MRP生成的制造订单和采购订单来编制工序排产计划和采购计划。

1.2.3 主生产计划

1. MPS的含义

主生产计划有时也被称为产销排程，是一个重要的计划层次，是生产计划的详细表达，是确定每一具体的最终产品在每一具体时间段内生产数量的计划。这里的最终产品是指对于企业来说最终完成的、要出厂的完成品，要具体到产品的品种、型号。这里的具体时间段通常以周为单位，在有些情况下，也可以是旬、月、日，涵盖的时间往往是3～12个月。MPS以具体产品为对象，即MPS中规定的产品必须由具体的物料清单来描述。

概括地说，主生产计划将生产计划的内容做进一步的细分，是关于“将要生产什么”的一种描述。它起着从宏观计划向微观计划过渡的作用。

MPS要回答的问题是：要制造什么产品；制造多少；何时制造；需要什么物料；需要多少；何时需要；存在什么能力制约；存在什么物料约束。

2. MPS的作用

在ERP系统中，主生产计划在规划的过程中可以合理、快速地回答“若……则……”类的各种问题，规划者可轻易掌握“需求及供给变化所衍生的影响”，快速且有效地提出主生产计划，作为销售、企划、财务以及制造等单位执行、沟通以及协调的依据。MPS着重于要被制造的产品，通过详细的计划系统驱动整个生产和库存控制系统，是物料需求计划不可缺少的输入。主生产计划不等于预测，而是将生产计划转换为具体的产品计划。

由图1-17可知，主生产计划以生产计划、预测和客户订单为输入来安排将来各周期中提供的产品种类和数量，将生产计划转换为产品计划。它是一个详细的进度计划，其制订与执行的周期视企业的情况而定，同时它必须是可以执行、可以实现的，应该符合企业的实际情况，平衡物料和能力的需要，解决优先度和能力的冲突。主生产计划项目还应确定在计划期内各时间段的产品需求数量。主生产计划中的产品需求数量来源主要有客户订单、预测、备品备件、厂际间需求、客户选择件及附加件和计划维修件。

因此，可以说ERP系统计划的真正运行是从主生产计划开始的。企业的物料需求计划、车间作业计划、采购计划等均来源于主生产计划，即先由主生产计划驱动物料需求计划，再由物料需求计划生成车间作业计划与采购计划。同时，主生产计划又是联系客户与企业销售部门的桥梁，所处的地位非常重要。当然，如果企业的产品生产周期很长，它的重要性就不是很突出了，如一些大型设备（船、飞机等），这些产品往往是一年做一次生产计划安排。

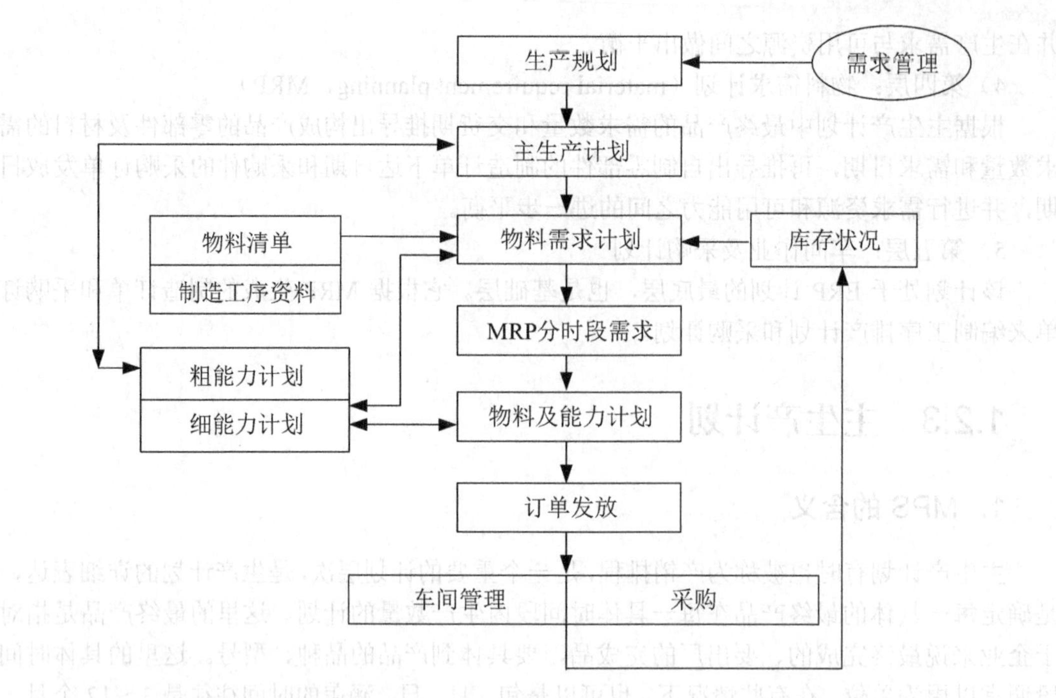

图 1-17 主生产计划的地位

3. 提前期

提前期是指某一工作的工作周期，即从工作开始到工作结束的时间。

提前期主要是针对“需求”而提出的。例如，生产部门需要采购部门在某日提供某种采购物料，则采购部门应该在需要的日期之前就下达采购订单，否则不可能及时提供物料给生产部门，这个提前的时间段就是提前期。

提前期是生成 MPS、MRP、采购计划和车间作业计划的重要数据。

按照在 ERP 中所起的作用，提前期主要分为以下几类。

（1）生产准备提前期：从生产计划开始到生产准备完成（可以投入生产）所需的时间。

（2）采购提前期：采购订单下达到物料准备完成并入库的全部时间。

（3）生产加工提前期：生产加工投入开始（生产准备完成）至生产完成并将产品入库的全部时间。

（4）装配提前期：装配投入开始至装配完成的全部时间。

（5）累计提前期：采购提前期、生产加工提前期、装配提前期的总和。

（6）总提前期：产品的整个生产周期，包括产品设计提前期、生产准备提前期、采购提前期以及加工、装配、试车、检测和发运等提前期的总和。

4. MPS 的计算

为了说明在各个时间跨度内的计划量、产出量和需求量，可以固定时间段间隔汇总计划量、产出量和需求量，这样便于对比计划，从而可以区分出计划需求的优先级别。MPS 按照时间基准进行计划编制，主生产计划的时间基准主要有计划展望期、时段、时区与时界。

（1）计划展望期。主生产计划的计划展望期一般应为3～18个月，对于MPS，计划展望期应至少等于总的累计提前期或多出3～6个月。

（2）时段。时段是微观计划的时间周期单位，是把计划展望期进一步细分为不同的时间段。主生产计划的时段可以按每天、每周、每月或每季度表示。时段越短，生产计划越详细。

（3）时区与时界。产品从计划、采购、投入到产出需要经历一个时间段，即存在提前期。对计划的下达、修改会受到这个时间的约束，而且随着时间的推移，其在各个时间点对计划的影响力各有不同。因此，MPR—II/ERP系统引入了时区与时界的概念。时区是说明某一计划的产品（物料）在某时刻处于该产品（物料）的计划跨度内的时间位置。下面解释各时区与时界的含义。

① 时区1：也称为需求时区，是产品的装配提前期的时间跨度，即从产品投入加工开始到产品装配完工的时间跨度。

② 时区2：也称为计划时区，在产品的累计提前期的时间跨度内，超过时区1以外的时间跨度为时区2。

③ 时区3：也称为预测时区，超过时区2以外的时间跨度为时区3。

④ 需求时界：时区1与时区2的分界点为需求时界。

⑤ 计划时界：时区2与时区3的分界点为计划时界。

⑥ 计划确认时界：计划时界也称为计划确认时界，其意义为产品累计提前期内（时区1与时区2）的计划，一般都已经确认，如果没确认，可用的（剩余的）生产时间很可能小于产品的累计提前期，即使马上确认，也可能造成计划拖期。

为便于理解，现绘制时区与时界的关系图，如图1-18所示。

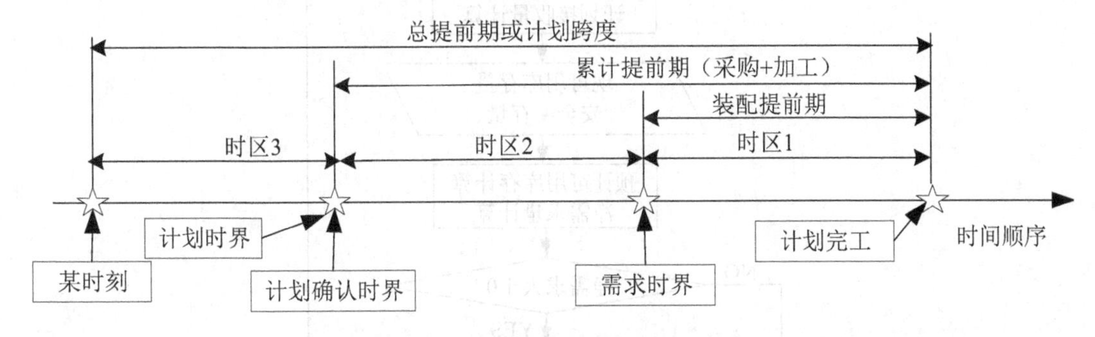

图1-18　时区与时界的划分及关系

图1-18中横坐标为时间，时间单位用时段表示（时段可以是天、周或月等）。假设当前时间（计算机系统时间）是时段1，A产品的装配提前期是6个时段，采购提前期为7个时段。现订单要求A产品在时段21完工（如图“计划完工”的标示处），那么在时段1至时段8这个时间范围是处于时区3的时间跨度内，而在时段8至时段15这个时段范围是处于时区2的时间跨度内，在时段15至时段21这个时段范围是处于时区1的时间跨度内。随着时间的推移，A产品所处的时区会从时区3移至时区2，在时区2完成采购任务，最后到达时区1，在时区1完成生产加工与组装，于时段21完工入库。

根据生产预测、已收到的客户订单、配件预测以及该最终项目作为非独立需求项的需求数量，计算总需求。在需求时区，毛需求量等于订单量；在预测时区，毛需求量取预测量和订单量中的最大值；在计划时区，毛需求量等于预测量。然后，计算（读入）计划接收量与过去的库存量（预计库存），根据总需求量和事先确定好的订货策略和批量以及安全库存量和期初库存量，计算各时区的主生产计划量和预计可用量，计算公式为

第 K+1 时区预计可用量＝第 K 时区预计可用量+第 K+1 时区主生产计划量-第 K+1 时区的总需求量（K=0, 1, …, n）

其中，第 0 时区的预计可用量为期初可用量；预计可用量为正值，表示可以满足需求量，不必再安排主生产计划量；预计库存量为负值，则在本时区计划一个批量作为主生产计划量，从而给出一份主生产计划的备选方案，计算公式为

预计可用库存量=前一时段末的可用库存量+本时段的计划接收量-本时段毛需求量+计划产出量

净需求=本时段毛需求-前一时段末的可用库存量-本时段计划接收量+安全库存量

主生产计划的计算流程如图 1-19 所示。

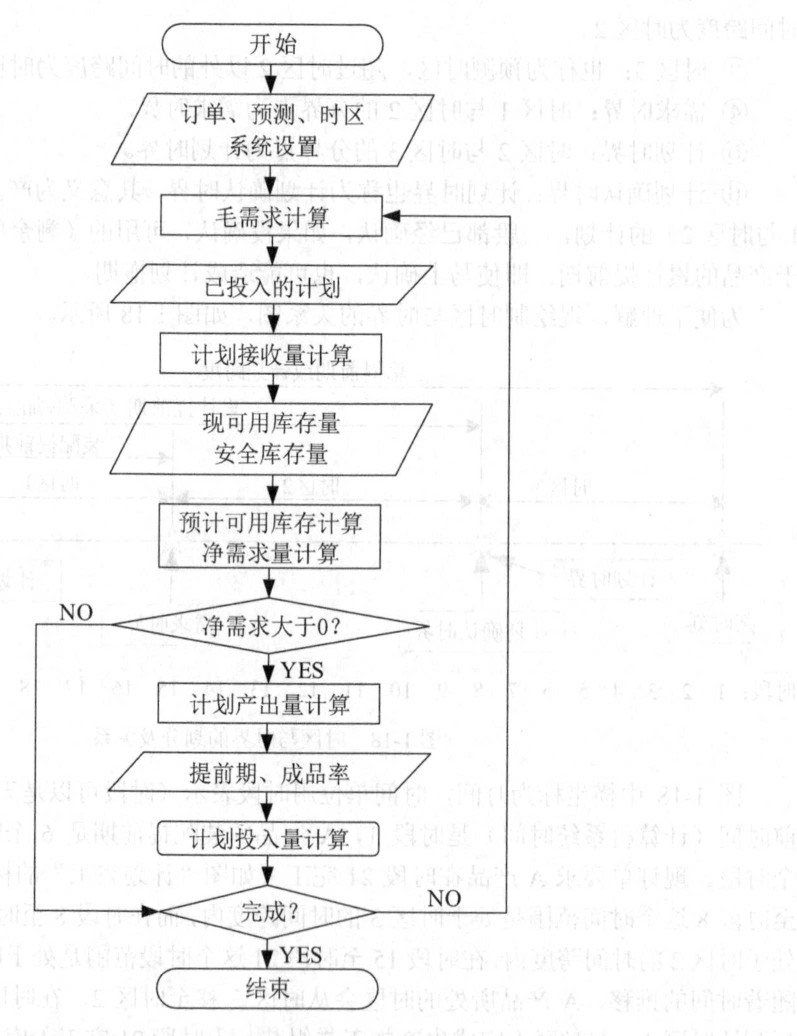

图 1-19 主生产计划的计算流程

根据计算出的内容可以制作主生产计划表。例如，某企业生产一种产品，产品生产的批量为 20，提前期为 1 周，需求时界为 3 周（需求时区为 1～3 周），计划时界为 6 周（计

划时区为4～6周），当前可用库存为50，第一周的计划接收量为15，产出率为90%，安全库存为10，已知所接受的订单情况和销售预测，根据以上内容可以制订该产品的主生产计划，如表1-5所示。

表1-5 主生产计划表

类　别	时　段					
	0	1	2	3	4	5
	过去	11/01	11/08	11/15	11/22	11/29
预测量		30	30	30	30	30
订单量		0	52	10	10	50
毛需求		0	52	10	30	50
计划接收量		15				
预计可用库存	50	50+15=65	65−52=13	13−10=3	−27 54+3−30=27	−23 13
净需求		0	0	0	27+10=37	33
计划产出量					37 60×90%=54	33 40×90%=36
计划投入量				37/90%=42 60	33/90%=37 40	87/90%=97 100

类　别	时　段					
	6	7	8	9	10	
	12/06	12/13	12/20	12/27	01/03	
预测量	30	30	30	30	30	
订单量	90	35	70	22	10	
毛需求	90	30	30	30	30	
计划接收量						
预计可用库存	−77 90+13−90=13	−17 36+13−30=19	−11 36+19−30=25	−5 18+25−30=13	−17 36+13−30=19	
净需求	87	27	21	15	27	
计划产出量	87 100×90%=90	27 40×90%=36	21 40×90%=36	15 20×90%=18	27 40×90%=36	
计划投入量	27/90%=30 40	21/90%=24 40	15/90%=17 20	27/90%=30 40		

5. 粗能力计划计算（rough-cut capacity planning，RCCP）

生产计划大纲、MPS制订后，这些计划是否可行，还要进行分析。分析的主要目的是确定是否有足够的物料和生产能力，生产能力的平衡需要能力需求计划进行管理。主生产计划的可行性主要通过RCCP进行校验。RCCP是只对主生产计划所需的关键工作中心的能力进行运算而产生的一种能力需求计划。RCCP的处理过程直接将主生产计划与执行这些任务的关键工作中心联系起来，所以它可以从能力方面评估主生产计划的可行性。

（1）如果发现能力不足，可以进行设备负荷的调节和人力的补充。

（2）如果能力实在无法平衡，可以调整产品的主生产计划。

主生产计划的对象主要是最终完成品，但都必须对下层物料所用到的关键资源和工作中心进行计算与平衡。

调整能力和负荷要根据工作中心各时段负荷与能力的对比分析，对超负荷时段，找到引起超负荷的具体物料后，可采取措施对能力和负荷进行平衡。其主要方法有下面两种。

（1）改变负荷：重新制订计划、延长交货期、取消客户订单、减少订货数量等。

（2）改变能力：更改加工路线、加班、组织外协、增加人员和机器设备等。

1.2.4 物料需求计划

1. MRP 的含义

物料需求计划是指根据主生产计划和库存资源，依照产品数据和工艺数据，制订出产品所需的各种零部件的生产计划和采购计划。MRP 的流程如图 1-20 所示。

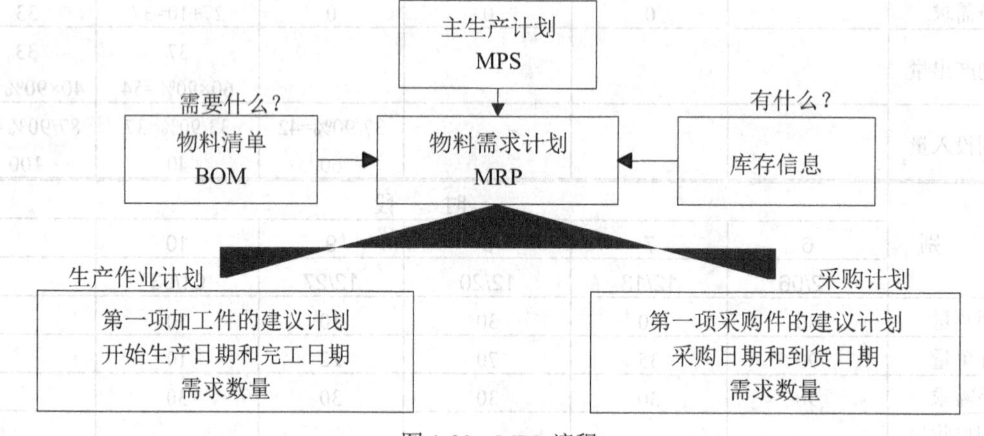

图 1-20 MRP 流程

物料需求计划主要解决以下五个问题。

（1）要生产什么、生产多少（来源于 MPS）。

（2）要用到什么（根据 BOM 展开可知）。

（3）已经有了什么（根据物品库存信息、即将到货信息或产出信息获得）。

（4）还缺什么（根据计算得出结果可知）。

（5）什么时候下达采购或加工计划（根据计算得出结果可知）。

生成 MRP 后，需要进行能力计划运算，通过能力需求计划校验其可执行性。进行能力平衡后，要对 MRP 进行确认。企业应该按照确认的 MRP 执行，下达制造订单和采购订单。在下达订单前，计划人员应检查物料的需求日期是否有变化、工作中心的能力是否有效、必要的工装夹具是否备好等。如发现问题，计划人员应及时采取措施解决。将通过检查的计划订单（MRP）直接下达到采购部门和车间去执行。

2. MPS 和 MRP 的关系

MPS 和 MRP 之间有什么样的关系？按前面所讲，MRP 的展开会产生采购订单、生产订单、委外订单，这些订单不就是执行计划的内容吗？怎么还需要 MPS，岂不是工作重复吗？制订计划的过程应该包括以下两个步骤。

首先，依据营业计划编拟一个初步的生产计划。

其次，检查此计划的产能供应度与物料供应度，即考虑是否有足够的生产产能及采购和库存状况是否能充分地供应生产。

MPS 是用来协助进行上述两项行动的，而后续的行动则靠 MRP 来执行。换言之，MPS 和 MRP 的基本运作逻辑完全一样，只不过计划的对象不同，目的有别而已。

3. MRP 的计算

MRP 的计算方法如图 1-21 所示。

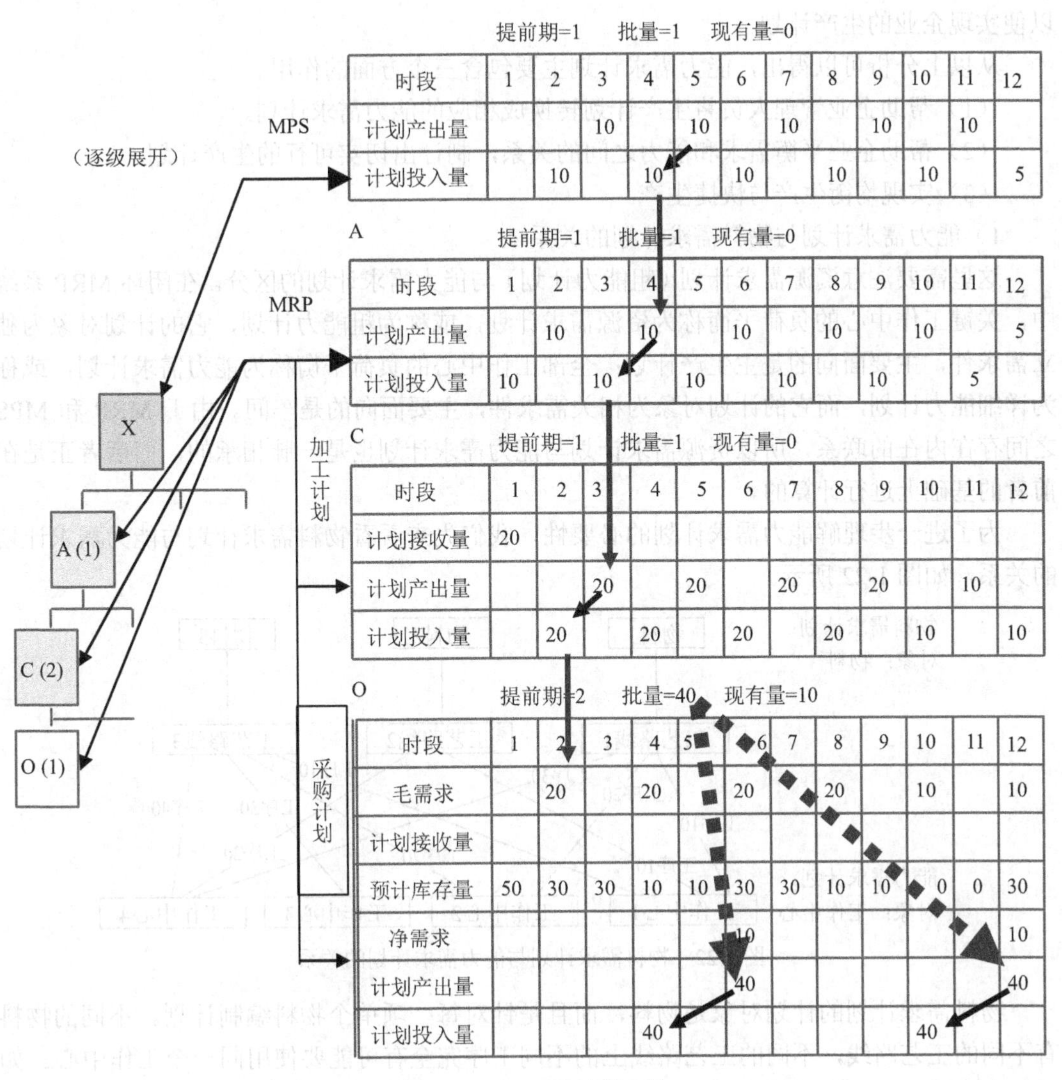

图 1-21　MRP 的计算方法

4. 能力需求计划

能力需求计划（capacity requirement planning，CRP）是对物料需求计划所需能力进行核算的一种计划管理方法。CRP 是帮助企业在分析物料需求计划后产生的一个切实可行的能力执行计划的功能模块。该模块可以帮助企业在现有生产能力的基础上及早发现能力的瓶颈所在，并提出切实可行的解决方案，从而为企业实现生产任务提供能力方面的保证。因此，能力需求计划就是对各生产阶段、各工作中心（工序）所需的各种资源进行精确计算，得出人力负荷、设备负荷等资源负荷情况，并做好生产能力与生产负荷的平衡工作。

其实，能力需求计划制订的过程就是一个平衡企业各工作中心所要承担的资源负荷和实际具有的可用能力的过程，即根据各个工作中心的物料需求计划和各物料的工艺路线，对各生产工序和各工作中心所需的各种资源进行精确计算，得出人力负荷、设备负荷等资源负荷情况，然后根据工作中心各个时段的可用能力对各工作中心的能力与负荷进行平衡，以便实现企业的生产计划。

从以上分析可以得出，能力需求计划主要包含三个方面的作用。

（1）帮助企业管理人员将生产计划转换成相应的能力需求计划。

（2）帮助企业平衡需求和能力之间的关系，制订出切实可行的生产计划。

（3）实现均衡生产与快捷生产。

1）能力需求计划与物料需求计划的关系

这里需要注意资源需求计划（粗能力计划）与能力需求计划的区分。在闭环 MRP 系统中，关键工作中心的负荷平衡称为资源需求计划，或称为粗能力计划，它的计划对象为独立需求件，主要面向的是主生产计划；全部工作中心的负荷平衡称为能力需求计划，或称为详细能力计划，而它的计划对象为相关需求件，主要面向的是车间。由于 MRP 和 MPS 之间存在内在的联系，所以资源需求计划与能力需求计划也是一脉相承的，而后者正是在前者的基础上进行计算的。

为了进一步理解能力需求计划的必要性，我们先来看看物料需求计划与能力需求计划的关系，如图 1-22 所示。

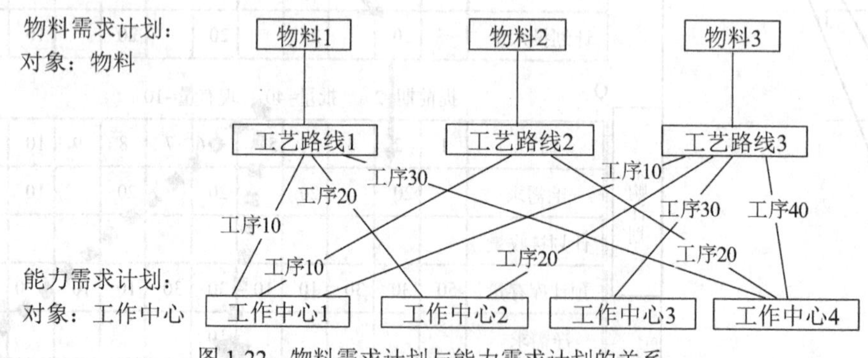

图 1-22 物料需求计划与能力需求计划的关系

物料需求计划的计划对象是物料，而且是针对每一项单个物料编制计划。不同的物料有不同的工艺路线，不同的工艺路线上的不同工序完全有可能要使用同一个工作中心。如果几个物料需要在同一时间段使用同一个工作中心，这个工作中心就有可能超负荷，成为制约生产的瓶颈。这种问题在物料需求计划阶段还没有暴露，因此必须进行能力需求计划。

每一个物料都有一条工艺路线，一条工艺路线有若干个工序，每一个工序对应一个工作中心。根据物料需求计划，得出所有物料在各个时间段使用每个工作中心所占用的小时数，绘制成工作中心的负荷图，进行能力计划。能力需求计划主要是通过人机对话的方式来平衡需求与能力的，其逻辑流程如图 1-23 所示。

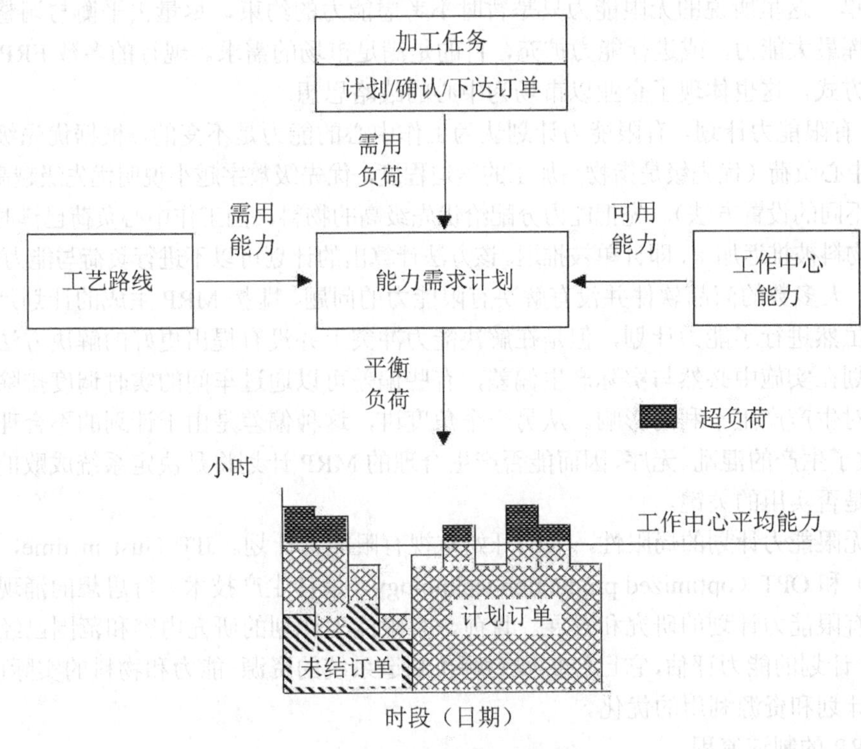

图 1-23　能力需求计划的逻辑流程

能力需求计划的对象是工作中心（能力单元）的能力，它的运行就是把使用同一能力单元的物料负荷与该能力单元的可用能力进行对比，把超负荷时段的负荷调整到低负荷时段，使各个时段工作中心的负荷不出现超载或趋于平衡，从而使物料需求计划可行。

物料需求计划的对象是物料，物料是具体、可见的，而能力需求计划的对象——工作中心的能力，由于随生产效率、人员组成、设备完好度的不同而变化，不确定因素比较多，比较抽象。能力需求计划逻辑流程图同物料需求计划逻辑流程图有类似之处，也要回答以下几个问题。

（1）生产什么、何时生产。

（2）使用什么工作中心、负荷（需用能力）是多少。

（3）工作中心的可用能力是多少。

（4）分时段的能力需求情况如何。

总之，能力需求计划是把物料需求转化为能力需求，它不但要考虑 MRP 订单，还要考虑已下达但尚未完成的订单所需的负荷。另外，它还要结合工作中心的工作日历，考虑工作中心的停工及维护/维修等非工作日，确定各工作中心在各个时段的可用能力。

2）ERP 系统的能力平衡

ERP 系统的能力平衡一般分为以下两种。

（1）无限能力计划。无限能力计划是指在做物料需求计划时不考虑生产能力的限制而对各个工作中心的能力与负荷进行计算，得出工作中心的负荷情况，产生能力报告。

当负荷大于能力时，对超负荷的工作中心进行负荷调整，采取的措施有加班、转移负荷工作中心、采用替代工序、外协加工或直接购买。若这些措施都无效，只有延长交货期或取消订单。这里所说的无限能力只是暂时不考虑能力的约束，尽量去平衡与调整负荷与能力，发挥最大能力，或进行能力扩充，目的是满足市场的需求。现行的多数 ERP 系统均采用这种方式，这也体现了企业以市场为中心的战略思想。

（2）有限能力计划。有限能力计划认为工作中心的能力是不变的，根据优先级分配给各个工作中心负荷（优先级是指物品加工的紧迫程度，优先级数字越小说明优先级越高，不同的软件有不同的设置方法）。先把能力分配给优先级高的物料，当工作中心负荷已满时，优先级别低的物料被推迟加工，即订单被推迟。该方法计算出的计划可以不进行负荷与能力的平衡。

目前，大多数的商品软件并没有解决有限能力的问题，即按 MRP 生成的计划是无限能力计划。虽然进行了能力计划，但是在解决能力冲突上并没有提出更好的解决方法，这样产生的计划在实施中必然与实际产生偏差，有些偏差可以通过车间的实时调度排除，若不能排除则对生产产生不利的影响。从另一个角度讲，这种偏差是由于计划的不合理性引起的，它导致了生产的混乱、无序，因而能否产生合理的 MRP 计划将是决定系统成败的关键，也是系统是否实用的关键。

由于无限能力计划的局限性，人们开始重视有限能力计划。JIT（just in time，准时制生产方式）和 OPT（optimized production technology，最佳生产技术）等思想的涌现和应用也促进了有限能力计划的研究和发展。目前，有限能力计划的研究内容和范围已经不局限于对 MRP 计划的能力评估，它已经扩展到解决制造系统的资源、能力和物料的实际可用性，实现生产计划和资源利用的优化。

3）CRP 的制订流程

通常，编制能力需求计划的方式有无限能力负荷计算和有限能力负荷计算两种。

无限能力负荷计算是指在不限制能力负荷情况下进行能力计算，即从订单交货期开始，采用倒排的方式根据各自的工艺路线中的工作中心安排及工时定额进行计算。不过，这种计算只是暂时不考虑生产能力的限制，在实际执行计划过程中，不管由于什么原因，如果企业不能按时完成订单，就必须采用顺排生产计划、加班、外协加工、替代工序等方式来保证交货期。这时，有限能力负荷计算方式就派上了用场。

有限能力负荷计算就是假定工作中心的能力是不变的，把拖期订单的当期日期剩下的工序作为首序，向前顺排，对后续工序在能力允许下采取连续顺排不断地实现计划，以挽回订单交货期。

一般来说，编制能力需求计划应遵照如下思路。

首先，将 MRP 计划的各时间段内需要加工的所有制造件通过工艺路线文件进行编制，得到所需要的各工作中心的负荷；其次，同各工作中心的额定能力进行比较，提出按时间段划分的各工作中心的负荷报告；最后，由企业根据报告提供的负荷情况及订单的优先级因素加以调整和平衡。以下为编制能力需求计划的具体步骤。

第一步，收集数据。CRP 计算的数据量相当大，能力需求计划在具体计算时通常可根据 MRP 下达的计划订单中的数量及需求时间段乘各自的工艺路线中的定额工时时间，转换为需求资源清单，加上车间中尚未完成的订单中的工作中心工时，成为总需求资源。再根据现有的实际能力建立起工作中心可用能力清单，有了这些数据，才能进行 CRP 的计算与平衡。

第二步，计算与分析负荷。将所有的任务单分派到有关的工作中心，然后确定有关工作中心的负荷，并从任务单的工艺路线记录中计算出每个有关工作中心的负荷。然后，分析每个工作中心的负荷情况，确认导致各种具体问题的原因所在，以便正确地解决问题。

第三步，进行能力和负荷调整。解决负荷过小或超负荷能力问题的方法有调整能力、调整负荷以及同时调整能力和负荷。

第四步，确认能力需求计划。在经过分析和调整后，将已修改的数据重新输入相关的文件记录中，通过多次调整，在能力和负荷达到平衡时，确认能力需求计划，正式下达任务单。

1.2.5　车间作业管理

在 ERP 系统中，车间作业计划（production activity control，PAC）又称车间作业控制（shop floor control，SFC），属于 ERP 执行层的计划，是在 MRP 计划输出的基础上，对零部件生产计划的细化。SFC 只能执行计划，不能改动计划。因此，在 ERP 中，对车间作业用“控制”而不用“计划”。

车间作业管理的过程主要是依据 MRP、制造工艺路线与各工序的能力来制定的。车间管理解决的主要问题是如何合理调配各项资源以及在合适的时间生产出合适的产品。车间管理人员根据产品物料清单（BOM）编排工序加工计划，下达车间生产任务单，填写领料单，安排领取物料，并在制造过程中控制生产进度，监控生产活动的全部过程，直至生产产品下线进入库存。

车间管理的具体内容是随时了解与掌握制造现场各工作中心、各工序的工作进度和完工状况以及生产现场的用料和不良品的情况，并进行必要的调度，以确保及时完成生产订单的内容和要求。

另外，车间管理可以统计各生产订单、各完工工序的实际加工工时、用料情况以及不良品的回报，并将结果提供给生产管理部门和财务部门计算料品成本和工作中心效率。

车间管理业务流程如图 1-24 所示。

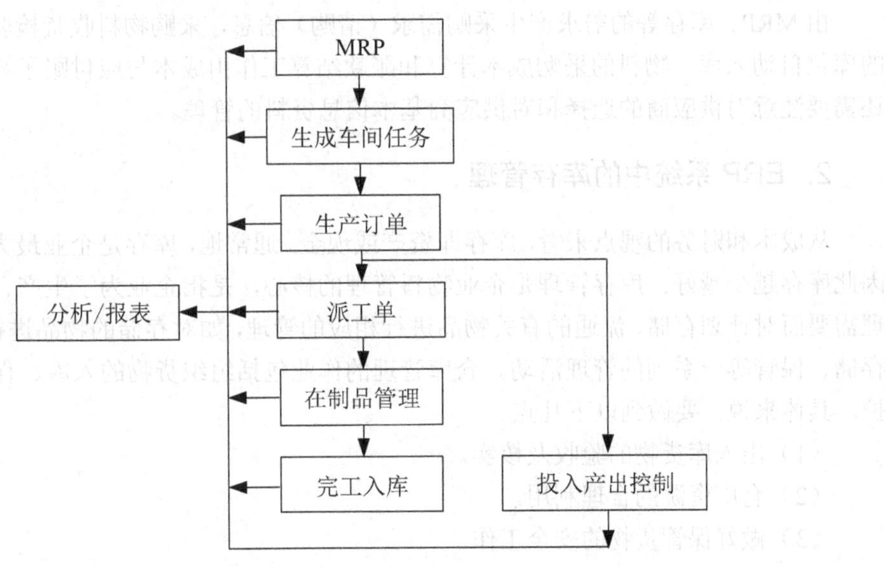

图 1-24　车间管理业务流程

1.2.6 采购与库存管理

1. ERP 系统中的采购管理

企业的采购管理工作主要由采购部门完成，有的企业将采购、计划、仓库组成一个部门，称为 MC（material control，物料控制）部或 PMC（plan material control，计调物控）部。采购部门是企业物资的重要入口部门，是物流活动的主要管理部门，其主要任务是完成生产物资的采购。采购业务在 ERP 系统中的实现如图 1-25 所示。

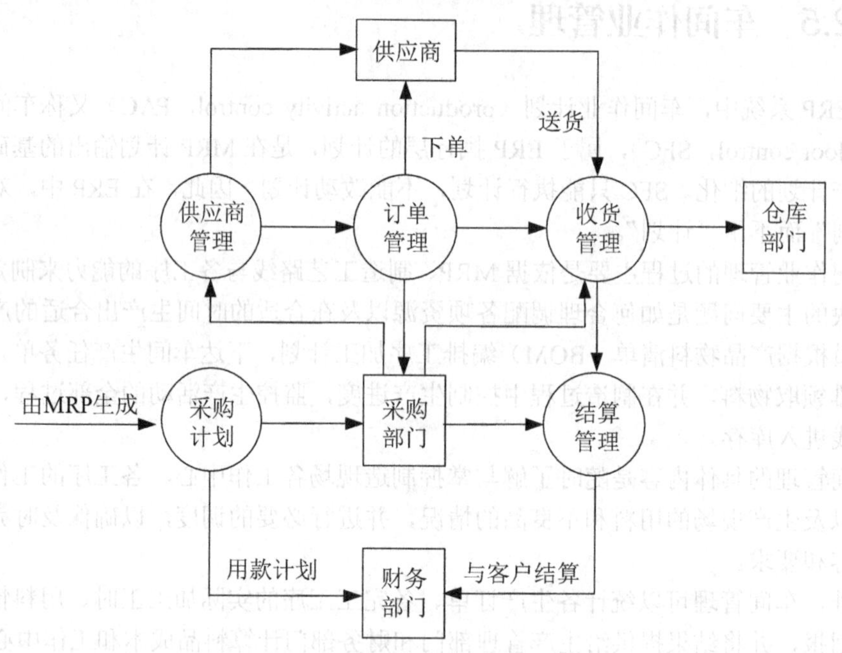

图 1-25 采购子系统业务流程

由 MRP、库存等的需求产生采购需求（请购）信息，采购物料收货检验后直接按分配的库位自动入库，物料的采购成本计算和账款结算工作由成本与应付账子系统完成，同时还需要注意对供应商的选择和对供应商基本信息资料的管理。

2. ERP 系统中的库存管理

从成本和财务的观点来看，库存即资产或现金。通常地，库存是企业最大的流动资产，因此库存越少越好。库存管理是企业物料管理的核心，是指企业为了生产、销售等经营管理需要而对计划存储、流通的有关物品进行相应的管理，如对存储的物品进行接收、发放、存储、保管等一系列的管理活动。仓库管理的作业包括组织货物的入库、保管、发放和维护。具体来说，要做到以下几点。

（1）出入库货物的验收及核实。

（2）仓库资源的合理利用。

（3）做好保管货物的安全工作。

（4）降低仓库费用开支。

库存管理系统与销售订单、出货、采购、生产订单、委外、车间管理、主生产计划、需求规划、应收/应付账款、成本会计系统相集成，控制及管理各仓库料品的收/退料、收料检验、验收/验退、领/退料、借用/归还、调拨、报废和盘点等交易，并提供相关信息。库存管理子系统通过对库存物品的入库、出库、移动和盘点等操作进行全面的控制和管理，帮助企业的仓库管理人员管理库存物品，以达到降低库存，减少资金占用，杜绝物料积压与短缺现象，提高客户服务水平，保证生产经营活动顺利进行的目的。

1.2.7　基于 ERP 环境的财务管理

财务管理是企业管理的一个组成部分，它是根据财经法规制度，按照财务管理的原则，组织企业财务活动、处理财务关系的一项经济管理工作。简单地说，财务管理是组织企业财务活动、处理财务关系的一项经济管理工作。ERP 系统中的财务管理模块已经完成了从事后财会信息的反映到财务管理信息处理，再到多层次、一体化的财务管理支持的转变过程。这种转变还体现在它吸收并内嵌了先进企业的财务管理实践，改善了企业会计核算和财务管理的业务流程；它在支持企业的全球化经营上为分布在世界各地的分支机构提供了一个统一的会计核算和财务管理平台，同时也能支持各国当地的财务法规和报表要求。

ERP 实施之后，企业的财务管理模式将实现由过去企业内部无法形成统一的价值核算体向业务流程的价值链管理功能的财务管理模式的转变，实现了资金流、物流和信息流的有效集成。

1. ERP 环境下的财务管理模式

企业实施 ERP 系统的实质，就日常业务处理而言，是让财务部门与业务部门成为相互之间的信息系统的供求方，是运用信息技术将企业内的资金流、物流和信息流集成，实现企业内部的生产、库存、经营、供销等业务与财务的互动管理，把实物形态的物资流动直接转换为价值形态的资金流动，保证业务和财务信息的交互协同并使其协调动作，从而实现整个系统工作绩效最优。

ERP 是一个物流、信息流和资金流高度集成的系统。对于企业而言，传统的企业的管理信息包括由下向上流动的信息和由上向下流动的信息。前者的信息流动是指信息从基层到中层再到高层的信息汇总过程；后者的信息流动实质上也就是企业对战略、目标、方向的分解过程。ERP 的实施一方面推动了信息的水平流动，促进了信息在部门之间的沟通和协调，处于系统中心地位的财务人员能够通过财务对业务物流的处理过程进行全面适时的价值反映和监控。在 ERP 环境下，财务信息不再是一些简单的数字符号，它确切地提供了业务部门物流价值的实际产生和流转过程，是企业实现价值管理的基础。另一方面，实施 ERP 所带来的高效率的信息传递有利于企业实现动态的价值管理，可以及时地发现和纠正具体业务处理中出现的价值差异，保证价值信息的准确性和及时性，增加了企业管理信息格式规范化、传递渠道固定化以及预警提醒功能。

财务管理在某种程度上可以理解为企业的一种资金流量管理，因为企业资金流综合地反映了企业的运营质量和经济效果。在 ERP 环境下，财务人员借助信息化手段可以及时地发现和控制原料过量与停工待料现象、产品积压现象以及销售环节的呆账现象，及时解决浪费问题，及时暴露管理瓶颈，解决企业中普遍存在的财务管理仅限于事后核算而无事前和过程控制的问题。

2. 实施 ERP 后企业财务管理的特征

ERP 作为崭新的现代管理手段，它的核心思想就是将物流、资金流、信息流高度集成，实现对整个供应链的有效管理。财务管理始终是 ERP 系统中的核心功能模块，其对象是企业的资金流，是对企业财务状况和经营成果的衡量和体现。在 ERP 系统中，财务管理系统将资金流和物流进行高度集成，不仅与企业内部的生产经营环节充分集成，而且还与供应商、分销商、客户等供应链上的各环节达成无缝衔接，实现企业资源管理与业务流程管理的一体化，同时提供易于最终用户使用的财务管理模型和分析模块，提高了财务决策的科学性。

实施 ERP 系统后企业财务管理的特征主要体现在四个方面。

（1）财务管理成为企业管理的“神经中枢”。实施 ERP 系统后，企业运行的所有环节都与财务紧密联系，系统各模块都与财务系统无缝衔接，财务信息可以及时反馈给企业各级管理者，促使其提高管理质量和效率。在 ERP 系统战略下，财务管理实现了权利的集中监管、资源的集中配置、信息的集中共享，并渗透和贯穿于企业的一切经济活动中，通过价值形态对企业进行综合性管理，成了企业管理的“神经中枢”。

（2）企业财务管理以价值管理为导向。在企业实施 ERP 系统后，管理者可以将企业的研究开发、设计、生产、营销、配送和售后服务等职能看作一个价值链，产品通过整个过程的流动体现出其附加价值。价值链被视为一个整体，借助于财务管理系统，管理者能够控制整个价值链的总成本。同时，借助于 ERP 系统中的财务管理模块，管理者能够方便地查询公司的成本构成和各种影响因素，确认物流流程中各项可降低成本的高价值活动，为管理人员提供管理决策依据。企业财务管理活动主要通过制定标准、预算和分析差异的方法进行经营管理，解释经营结果。在此基础上，财务管理还将实施控制模块以全面提升企业决策水平。

（3）财务业务一体化。在导入 ERP 之前，由于信息集成机制不完善，致使知识库的信息资讯往往是局部的、片面的，甚至是失真的，同时在以往会计信息系统面临组织增减变化时，修改与串联信息花费的时间较多。导入 ERP 系统之后，对于所有变化，系统均可轻松解决，预算、规划更为精确，实际发生数字与预算间的差异分析、管理控制也更为容易、快速。ERP 环境下，产品基础数据子系统、材料采购子系统、库存管理子系统、生产计划子系统、车间管理子系统和销售子系统及各个相关的子系统都可以通过财务子系统紧密地联系在一起，各种信息的集成为决策的科学化提供了必要条件。

（4）财务机构职能和财务人员角色定位转变。实施 ERP 系统之后，业务与财务真正地连为一体，信息的来源向业务的源头延伸，特别是涉及物流的信息，由物流人员在业务处理的同时生成信息流，并实时传递到整个系统，在交易完成后自动记账核算，生成会计信息，使会计核算的工作量大大减少。但是，由于财务管理内涵扩张及其在整个管理系统中的中枢地位，使得财务管理工作量大大增加，强化了财务决策、计划、控制、分析工作，财务机构的主要职能由核算转为管理。由于财务工作主要职能的转变，财务人员也面临着严峻的挑战，必须完成从“账房先生”到“财务分析师”角色的转换，挖掘数据背后隐藏的商业价值，这对财务人员的综合素质提出了更高的要求。因此，财务人员必须尽快调整自己单一的知识结构，提高预测、分析、控制和决策等方面的能力，使财务工作成为决策层实现企业战略的有力工具。

3. ERP财务管理子系统

1）报表分析模块

ERP系统的高度集成性使在财务管理中经常被采用的报表分析模块具有非常强大的功能。目前，在实施ERP企业的报表分析系统中都包含了既满足管理层又满足非管理层使用需求的报表分析，并且可以供不同类别的人员进行查询，但需要设定查询报表分析系统人员的权限和级别。该模块主要和总账、成本费用等模块集成。

财务计划的核心作用在于分析预算和实际执行情况的差异并帮助做出必要的调整，这在传统财务系统中是比较薄弱的环节。利用总账和财务分析模块可以做到公司级和部门级的预算和预测，并且能支持自上而下式、自下而上式以及分布式预算的生成。利用财务分析模块，企业各层次员工及外部有关人员在得到授权的前提下，可以对财务数据进行建模分析。如果是更复杂的财务分析，则可以利用在线数据分析处理工具（online analytical processing，OLAP）进行多种角度的数据建模。例如，可以将销售数据分别按照地区、产品类、销售员进行比较，并对影响销售的各因素（如价格）进行敏感性建模分析，从而实现决策的科学化。

2）预算管理模块

ERP中的预算管理模块为企业预算的事前编制、事中控制和事后分析提供了平台。它具有预算编制、预算控制和预算执行分析的功能，并支持企业的全面预算体系（销售计划—生产计划—采购计划—费用计划—投资计划—资金计划—损益计划—资产负债计划）编制过程。此外，它还提供了在执行数据分析和预测基础上的预算滚动编制，支持预算的多版本方案。例如，ERP系统提供的全面预算是全面模拟业务过程的综合体系，它从销售计划开始，建立一整套预算的ERP体系，可以提供全真的运行环境。它把上级下达的年度预算和经过本公司分解后下达给各部门的预算录入ERP预算管理模块，通过该模块起到预算预警、警告、不予通过三种作用，促进公司真正重视预算，采取切实措施以降低成本费用，提高经济效益。当然，预算下达可能会存在不合理的地方，对于确实需要修改预算的，经过相关部门批准，可以对预算进行调整。预算管理子模块主要是按照费用归属部门进行归集和管理，各管理层可以通过ERP系统及时了解预算的执行情况，为及时做出预算调整和修订提供决策依据。

3）资金管理模块

资金管理模块主要为企业解决收支问题，主要由下级企业根据工程施工和工程采购合同申请工程资金，根据财务预算系统每月的预算计划申请运营资金，上级财务部门根据批准的资金申请下拨资金，同时对下级公司的收入账户中的资金进行上划，上级部门统一在ERP会计相关模块中直接进行列账处理，极大地加快了资金的审批和拨付，减少了往来的差错。该模块主要和应收应付、预算管理、现金银行存款等子模块集成。

4. ERP成本核算子系统

现代成本管理需要一个能协调地计划、监控和管理企业各种成本发生的全面集成化系统，从而协助企业的各项业务活动都面向市场来进行运作。在典型的 ERP 系统中，所有的成本管理应用程序都共用同样的数据源，并且使用一个标准化的报告系统，用户界面的统一结构使这个系统具有容易操作的特点，成本与收入的监控可贯穿所有职能部门。差异或有问题的项目一旦出现就能被分离出来，并可采取措施去纠正。典型的或高层次的 ERP 成本管理涉及成本中心会计、订单和项目会计、获利能力分析等模块。

以订单和项目会计模块为例，它是一个全面网络化的会计管理模块，带有订单成本结算的详细操作流程。该模块收集成本，并用计划与实际结果之间的对比来协助对订单与项目的监控。该模块提供了备选的成本核算及成本分析方案，从而有助于优化一个企业对其业务活动的计划与执行。

再以获利能力分析模块为例，哪一类产品或市场会产生最好的效益？一个特定的订单的利润是怎样构成的？这些都是获利能力分析模块必须涉及的问题。同时，销售、市场、产品管理、战略经营计划等模块也将根据获利能力分析模块所提供的第一手来自市场的信息进行进一步的分析处理，公司因而能判断其目前在现存市场中的位置，并对新市场的潜力进行评估。

成本中心会计模块可实现对各项生产成本的核算。成本核算按照五项成本要素（原料、人工、制造费用、委外成本、其他费用）来分类，可计算和控制各期各项成品、半成品的实际成本，并提供各种管理报表。

1.3 借助 ERP 获取竞争优势

以前，企业只要保证产品质量好、成本低，就能够有生存与发展的空间。然而，现代企业面临的挑战是非常严峻的，质量好和成本低只能作为企业生存的基本条件。随着市场竞争的加剧，现代企业要想发展并求得更大的获利空间，就不能仅凭良好的产品质量和低廉的成本，还要对市场的需求，尤其是个性化需求做出快速反应和回馈。因此，现代企业要根据市场变化及时调整经营策略和计划以获取竞争优势。

ERP 是企业信息化中很重要的一环，而目前我国大多数企业在 ERP 方面的根基还扎得不够深，这就给企业往更高、更精细的信息化应用方向发展带来了阻力。所以，我们除了要分析传统企业经营管理中存在的问题，还要明确 ERP 在企业管理中的角色和地位，把企业竞争力和 ERP 的关系做一个清楚的定义，然后才知道怎样借助 ERP 来增强企业竞争力，获取竞争优势。

1.3.1 企业经营管理模式的转变

1. 传统企业经营管理存在的问题

在日益激烈的全球化竞争背景下，企业进行信息化建设或 ERP 建设之前可能经常会碰到如下问题。

1）部门间矛盾重重，协调困难

（1）企业可能拥有卓越的销售人员进行市场推广和产品销售，但是生产线上的工人没有办法如期交货。

（2）车间管理人员抱怨采购部门没有及时供应他们所需要的原料，而实际上，采购部门的效率“过高”，仓库里囤积的某些材料可能用若干年都用不完，仓库库位饱和。

（3）过多库存积压会致使资金周转变慢，给财务部门带来不必要的筹资压力，使得财务人员也产生许多不满，再次审批采购资金时可能就会出现犹豫不决的现象。

2）数据缺乏共享，质量不高

（1）企业信息化之前，许多公司要想计算出所需要的物料量，可能会用好几个星期，所以订货周期自然会延长。

（2）生产车间、仓库库存信息不透明，不能实时掌握生产进程及库存的出入库信息。

（3）由于数据没有共享，信息获取不及时、物流运作不合拍，从计划到订单，从订单到出入库、结算等过程中，差错时有发生。例如，订货单和采购单上的日期与缺料单上的日期不相同，没有一个是可以确定的。

（4）财务部门不信赖仓库部门的数据，不以它来计算制造成本。

3）无法实时监管与控制业务流程

（1）手工编制生产计划，无法实时跟踪和监控生产进度，不能及时跟踪到订单工序完工情况，无法快速响应客户需求。

（2）新增销售订单重排生产的工作量很大，且是根据静态的数据排单，经常出现材料错位、短缺，以致频繁地修改生产计划。

（3）不能及时地了解订单的执行情况，业务人员由于无法知道生产情况而不能及时了解已经下达的订单的完成情况。

（4）不能实时掌握生产过程的动态成本和仓库成本，并且不能预算客户产品的实际成本。

（5）财务、业务、生产过程管理脱节，导致企业的整体运作效率没有达到最佳状态。

随着企业经营规模的不断扩大和市场竞争的加剧，原有的运营管理模式和管理平台已经很难适应企业不断发展的需要，迫切需要一些新的理念和新的工具（如ERP系统）来帮助企业解决在管理过程中遇到的难题，提升企业竞争力，从而使企业得以快速、健康发展。

2. 现代企业竞争力的改变

企业竞争力，简而言之，就是企业能力中的强项，这些强项能够让企业在激烈的竞争中取得竞争优势，且能够在市场中居于领先的地位。企业竞争力包含的范围较广，以制造业为例，其竞争力包含市场营销能力、研究开发能力以及生产制造能力。生产制造能力又被细分为三个：一是快速弹性的生产能力；二是降低成本、提高质量；三是提供好的售后服务。另外，现代企业看重对于IT的运用已经是不可避免的趋势，所以我们把IT的运用能力也归为竞争力的一种。

“微笑曲线”是很多企业在分析、增强其竞争力时都要用到的工具，如图1-26所示。企业要想获取竞争优势，取得较大的经济效益，要么有销售网络的优势，要么有技术领先的优势；如果企业没有销售网络的优势，但有卓越有效的营运，也可以取得相对较好的优势。

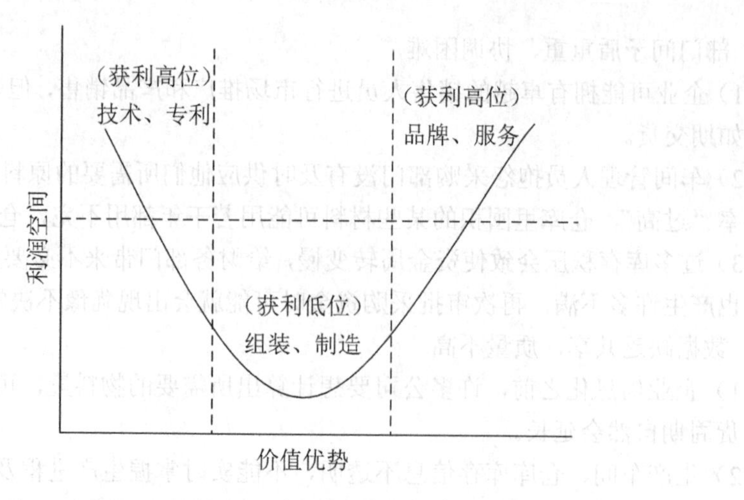

图 1-26 “微笑曲线”

随着经济全球化、信息化时代到来以及我国加入 WTO 等因素的影响，我国现代企业的竞争力也逐步发生着变化。

在加入 WTO 前，首先，我国企业的市场营销能力与外国企业相比还处于劣势地位，但是在对市场的快速反应能力上，由于当时大部分外国企业并没有在国内设立制造工厂，所以，国内企业占有优势。在售后服务方面也是一样，我国企业是当地的企业，在速度上、反应的时效上都有优势，而在产品以及服务的质量方面，外国企业通常是占有优势的。其次，我国企业通常赖以生存的一个优势是低廉的成本，而外国的产品在外国生产时，除非是大量生产制造，否则其产品在成本上一定处于竞争劣势。最后，在 IT 的应用方面，国外企业比国内企业平均早了 30～40 年。所以，在加入 WTO 前，我国企业与外国企业看起来似乎可以说是互有优劣，互有胜负。

但是，加入 WTO 后，情况就不一样了，外国企业也到国内来设厂，在采用 IT 手段的情况下，外国企业的反应速度开始比我们的快，在质量方面也是外国企业领先，甚至在成本方面我国企业也开始不具有优势，因为外国企业进入国内后，其在土地、人工、原料方面基本上与我国企业处于相同的地位。从这种竞争态势来看，我国现代企业的综合竞争力正在走下坡路。

1.3.2 认清 ERP 在企业管理中的角色和地位

面对综合竞争力开始下滑的趋势时，我国企业开始寻找竞争优势逐渐消失的原因，而此时 ERP 则成为企业关注的对象。然而，在这时，企业实际上最需要知道的是 ERP 在企业管理中的角色和地位。

下面我们分析一下 ERP 对企业内部不同管理层次工作的影响。

1. ERP 对高层管理者的影响

企业高层管理者主要负责的是企业的战略工作，但在制定具体策略和计划时也会适当地参与。在执行的部分，企业的高层领导通常不会亲自参与，而是会在项目绩效考核方面有所考量。因此，对于 ERP 而言，其对企业的高层战略制定的帮助是比较有限的。在 ERP 这个平台的基础之上，还要利用数据挖掘、数据仓库、商务智能、在线分析处理等先进的信息技术或方案，才能获取高价值的信息以帮助高层领导做出决策。

2. ERP 对中层管理者的影响

企业中层管理者通常是指企业各个部门的负责人，如营销总监、生产总监、财务总监、采购总监等。中层管理人员虽然要协助高层完成战略规划，但其工作重点是做部门规划和工作计划。他们也会参与一定的执行工作，但是比较重要的责任是进行考核与管理。对中层管理者而言，在做部门规划时，ERP 能够给予他们的帮助很大。

3. ERP 对基层管理者的影响

基层管理者管事而不管人，管事是对质检、仓管、生产等各方面的一种管理。基层管理人员也要制订计划，但偏重考虑执行，考虑究竟哪些方面按照原来的计划做，哪些已经快迟延了或者没有按照原来的计划完成等，因此对事情的跟踪考核也是基层管理者的重要任务。实际上，ERP 对基层管理者的帮助是最大的，能帮助他们实现对企业业务的实时跟踪、监管和考核等。

从上述分析可以看出，ERP 涵盖营销管理、生产管理、物料管理等，集中在以管理为主的范围。ERP 在企业管理中的角色和地位可以概括为：ERP 是利用先进的信息技术搭建一个平台，使先进的管理思想和方法能够得以落到实处，以企业内部数据为处理范围，用来提供企业内部各阶层管理者在进行管理工作时所需要的各种信息的企业管理方法与工具。

1.3.3　如何利用 ERP 制胜

认清了 ERP 的地位，接下来我们就要考虑竞争力与 ERP 究竟有什么关系；企业能否借助 ERP 提升其竞争力；在各个领域中，企业将怎样使用 ERP 来增强竞争力等问题。

1. 借助 ERP 提升市场营销、销售和服务能力

在当今以顾客为中心的超强竞争时代，顾客正变得更加挑剔、更加成熟、更加专业和更有权力。在此背景下，如何通过满足顾客需求来有效地提高市场营销能力，进而提升企业绩效成为所有企业必须重视的战略问题。只有那些通过有效运用市场营销能力创造出优异顾客价值的企业，才能在激烈的竞争中立于不败之地。怎样借助于 ERP 提升企业的市场营销能力呢？其实很简单，就是通过 ERP 系统的信息集成功能使得营销部门能够快速地掌握某产品的订单和报价、与该产品相关的成本和存货及相关应收账款等各种决策信息。

在企业里，销售部门和市场部门似乎应该合作，市场部输出信息到销售部，销售部利用市场营销辅助增加业务，但事实上，这两个部门在大多数时候没有被整合在一起。有了 ERP 管理系统，销售和营销可以在同一个平台上进行，企业有能力跟踪交易过程的每一步。如果客户在正确的时间没有收到正确的信息，那么他们可以有秩序地向市场或销售人员发出警告。

2. 借助 ERP 提升采购与库存管理能力

采购及库存管理是企业管理的重要环节。对于大中型企业来说，无论是大宗原料、材料的采购，还是物资的管理，靠传统的手工记账已经无法满足其管理的需要，企业可以借助 ERP 系统对采购及库存管理过程进行精细化管理，保证物资采购按照价低、按时、保质、保量的原则进行，同时保证库存物资被有效管理和合理利用，以提高物资周转率，降低资金占用。ERP 在采购与库存管理上起到的作用具体体现在以下五个方面。

（1）实现货位管理。通过在 ERP 系统中实施货位管理，实现对库存物资的精准定位，只要在系统内输入任何一项物资的存货编码，就能立即看到本单位和系统内该存货的名称、数量和存放地点，具体精确到库房、区、排、层、格、号，这样既提高了出、入库的准确性，又降低了仓储管理人员的劳动强度，同时有利于物资整理和劳动效率提高。原来，同一种物资放置在不同的位置上会造成库管人员寻找困难，公司通过货位管理后可实现入库自动匹配存放位置，出库时，库管员通过系统可以快速定位存放地点，进行出库。

（2）实现对库存的盘点和调整，做到账实相符。在 ERP 系统中可以实现对库存的盘点和调整。对财务数据、供应链数据和实物数据进行全面盘点，保证三者的准确统一。根据盘点情况，月底做差额调整，方便使用部门查询实时库存量并支持数据共享以及在 ERP 系统中实时出库。出库单由原来的纸质出库单改为 ERP 系统中的实时出库单，物资领用人员只需在系统内填写所需物资编码，经相关领导在系统内审批后，直接传至库房。物资出库后，单据及时上传财务进行核算，既减少了纸质版签字带来的不便，又避免了因积压纸质出库单出现账实不相符等情况，为财务适时结账和当日出报表创造了有利条件。

（3）实现库存定额预警与库龄分析。通过核定常用物资的库存限额，在 ERP 系统中对安全库存数据进行设置，当实际库存小于设定的安全库存时，系统自动报警，提示库管员申报计划，上报采购人员采购，既降低了库存资金占用额，又确保了生产系统正常运行。通过库龄分析，可以随时了解某项物资的存放年限，根据生产的实际需求对积压的库存物资进行处理，从而为采购和处理积压物资提供依据。

（4）调拨管理。通过 ERP 系统，企业所有人员都可以查询集团公司旗下所属企业的库存情况，如有物资需求，可以通过系统查询并调拨，调拨过程直接在系统中走相应的审批流程，这样就避免了调拨人员在不同公司之间找相应管理人员完成签字手续的麻烦，大大降低了采购成本，提高了工作效率。

（5）建立物资寄售体系。在 ERP 系统中设置寄售物资核算体系，在该体系下实现订单、入库、出库等相关单据的录入，准确记录各种寄售物资的名称、数量、价格，适时将出、入库单据上传财务部门进行核算。寄售物资体系的启用把寄售物资视同自有物资进行核算，强化了对寄售物资的管理。

3. 借助 ERP 降低生产成本

在市场竞争异常激烈的今天，一个企业是否具有市场竞争力最终取决于企业在多大程度上实现了成本控制，低成本成为企业具有竞争优势的重要标志。引进 ERP 系统能够给采购、生产工作的顺利开展打下良好的基础，填补信息不对称带来的空缺，在保证成本管理质量的同时，也能给企业创造理想的效益。同时，通过应用 ERP 系统，利用数据分析可以及时地找出成本超支的原因，确定材料性价比情况，分析成本差异的产生因素。这样不但可以防止各个部门之间出现不能及时传递信息的现象，还能形成客观准确的分析报表，提高制造企业成本管理效率。所以，在落实成本管理工作时，要求各个部门给予高度重视，并在 ERP 系统作用下，促进各部门之间交流，整合和完善成本管理信息，如制造成本信息、人工成本信息、采购成本信息等。

除上述几个方面的能力提升之外，生产能力相关内容已在 1.2 中提出，在此不再说明。总之，ERP 是企业的一个管理工具，也是一个引导管理思想变革的工具。如果企业能真正地把 ERP 融入管理工作当中，改变管理方式，那么就会赢得竞争优势，从而增加企业的竞争力。但是，有一点需要明白，企业提升竞争力不能只靠 ERP，建议企业在选型时依据自身行业的特性与自身的条件来选择适合的 ERP，如果选错了 ERP，竞争力将不增反减。

本章小结

本章主要介绍企业经营管理的基础内容、业务流程、方法以及工具等，本着给学生创造一个企业经营管理的体验式训练环境的思想，以学生为中心，遵循理论与实际相结合的原则，让由学生组成的模拟企业充分理解、掌握和应用好企业经营管理知识，为做好 ERP 沙盘模拟演练铺平道路。另外，本章还重点分析了 ERP 系统的五个计划层次和运营流程，介绍了 ERP 系统中的采购与库存管理、车间作业管理、财务管理等功能模块，希望学生对将要在 ERP 沙盘模拟演练中需要用到的 ERP 管理思想、方法与工具等有感性和理性的认识，并深刻地理解现代企业如何借助于 ERP 系统制胜，获取竞争优势。总之，希望学生通过本章的学习对 ERP 沙盘模拟演练中将要用到的思想方法与工具有所了解，为利用 ERP 的思想和理念进行企业经营奠定基础。

第2章　ERP 沙盘模拟演练课程概述

【学习目标】

- ✧ 了解 ERP 沙盘模拟演练课程的内容及特色
- ✧ 认识 ERP 沙盘盘面用具及其代表含义
- ✧ 了解 ERP 沙盘模拟企业的经营现状
- ✧ 理解 ERP 沙盘模拟演练课程中的行为模式法则

2.1　ERP 沙盘模拟演练课程简介

ERP 沙盘模拟演练课程不同于一般的以理论和案例为主的管理类课程，该课程涉及企业战略、产品研发、市场营销、生产运营管理、生产能力规划、物料需求计划、资产投资规划、财务经济指标分析、团队协作与建设等多个方面，通过直观的沙盘模拟形象地展现了企业的经营管理。

2.1.1　课程内容及特色

ERP 沙盘模拟演练是针对模拟组成的企业，采用一种全新的授课方法，把企业运营所处的内外部环境定义为一系列的规则，由学生组成六个相互竞争的模拟企业，通过模拟企业六年的经营，使学生在分析市场、制定战略、营销策划、组织生产、财务管理等一系列活动中感受真实的企业经营管理环境。

1. ERP 沙盘模拟演练课程内容

ERP 沙盘模拟演练课程的开展综合应用了企业管理方面的知识，涉及企业整体战略、产品研发、生产排程、市场营销、财务管理、团队沟通与建设等多个方面。

ERP 沙盘模拟演练课程的学习内容如表 2-1 所示。

表 2-1　ERP 沙盘模拟演练课程的学习内容

项　　目	具 体 内 容
企业整体战略	● 评估内部资源与外部环境，制定企业的长期和中、短期策略 ● 预测市场趋势及调整既定战略

续表

项　目	具 体 内 容
产品研发	● 产品研发决策 ● 修改研发计划，必要时中断项目
生产排程	● 选择获取生产能力的方式（购买或租赁） ● 设备更新与生产线改良 ● 全盘生产流程调度决策，匹配市场需求、交货期、数量以及设备产能 ● 库存管理及产销配合
市场营销	● 市场开发决策 ● 新产品开发、产品组合与市场定位决策 ● 模拟在市场中短兵相接的竞标过程 ● 获取并分析市场信息，制定适合策略以获取竞争优势 ● 建立并维护市场地位，必要时做出退出市场的决策
财务管理	● 制订投资计划 ● 预测企业的长期资金和短期资金的需求，寻求资金来源 ● 掌握资金来源与用途，妥善控制成本 ● 洞悉资金短缺前兆，以最佳方式筹措资金 ● 分析财务报表，掌握报表重点与数据含义 ● 运用财务指标进行内部诊断，协助 CEO（首席执行官）进行管理决策 ● 以有限资金转亏为盈，并创造高额利润 ● 编制财务报表、结算投资报酬、评估决策效益
团队沟通与建设	● 实地学习如何在立场不同的部门之间进行沟通、协调 ● 培养不同部门人员的共同价值观与经营理念 ● 建立以整体利益为导向的组织

2. ERP 沙盘模拟演练课程特色

ERP 沙盘模拟演练可以让学生把所学的专业知识与实际遇到的问题紧密联系起来，使复杂、抽象的企业经营管理理论与实际模拟操作紧密结合起来，让学生深刻地体验到企业经营决策的理论和方法在企业经营中的关键作用，体会到所学的管理知识具有解决实际问题的价值，从而在激发学生的学习兴趣的同时，培养其良好的逻辑思维能力和勇于创新的精神，全面提高学生的综合素质。

1）生动有趣，以学生为中心

ERP 沙盘模拟演练教学方法展示了一个新思路，必将带来教学方法本身的一次革命。它遵循一种强调以学生为中心的开放式教学思想，其核心是充分鼓励学生独立思考问题，并与他人讨论企业经营成功的基本条件，进行预测、决策分析、财务监督和运营模拟规划的训练，使学生深刻地体会到如何提升企业竞争力并增加获利。ERP 沙盘模拟演练课程将学生置于模拟企业之中，让学生亲身体会和感受如何管理和经营企业。这种体验式教学增强了学习的娱乐性，使枯燥的课程变得生动有趣，并通过制定游戏规则进行模拟对抗和竞争演练，激起了学生的竞争热情和学习热情，使其学会收集、加工和利用信息，积累管理经验，缩短了理论与实践的距离，为以后的学习增添了动力。

2）体验实战，加强团队合作

ERP 沙盘模拟对抗剥开了经营理念的复杂外壳，直指企业经营的本质，将企业的经营管理在模拟沙盘上进行了充分的展示，把复杂、抽象的经营管理理论以最直观的方式让学生体验和学习。完整、生动的真实感受让学生充分地体会到了经营管理的实质，使其对所学的知识内容有更深入的理解。同时，在 ERP 沙盘模拟对抗中，当团队成员就经营决策产生不同观点时，需要他们不停地进行商议与探讨，最终达成一致。这种团队合作的方式增强了学生之间的沟通，使其学会如何以团队方式工作，并且培养了他们的情商，使其人格更加完善。

3）提高能力，全面提升素质

在以往的课程学习中，学生们学到的知识只是停留在书本上，由于客观因素，很少有学生将所学的知识加以实际运用，导致他们对自己能力的认知不充分。通过学习 ERP 沙盘模拟演练课程，学生的才智可以得到充分发挥。该课程通过模拟企业几年的全面经营管理，利用经营产生的效果来检验学生的综合运用能力，这使得学生的知识得到了全面的、系统的提升，增强了学生的学习能力，并通过团队合作的方式增强了对形成企业凝聚力的训练。因此，ERP 沙盘模拟演练课程使学生的综合素质得以提升，为他们以后走上工作岗位奠定了坚实的基础。

4）实现从感性到理性的飞跃

在 ERP 沙盘模拟演练课程中，学生可经历一个从理论到实践再到理论的上升过程，亲身经历的宝贵实践经验转化为全面的理论模型。学生可借助 ERP 沙盘推演自己的企业经营管理思路，每一次基于现场的案例分析及基于数据分析的企业诊断都会使学生恍然大悟，达到磨炼其商业决策敏感度、提升其决策能力及长期规划能力的目的。

2.1.2 ERP 沙盘模拟局限性分析

ERP 沙盘模拟虽然能够让学生综合运用以往所学的知识（如生产运营管理、财务会计、营销、ERP 等方面的知识），使学生将理论和实际相结合，但是 ERP 沙盘模拟本身也存在一定的局限性，主要表现为以下两个方面。

（1）为了适应课堂教学，ERP 沙盘模拟对企业运营环境进行了一定程度的简化，与现实中的企业运营有一定的差异，涉及运营流程操作顺序、折旧计算、税率制定以及税金核算等方面。所有这些可能会让学生产生误解。因此，为了让学生能深入地感受、了解企业，需要指导教师能够结合企业实际经营情况进行讲解。

（2）由于学生在模拟企业运营的过程中常常因各种原因难以严格控制时间进度，教师在实施教学时除了需要考虑教学进度外，也需要具有一定的监控能力和课堂驾驭能力。最重要的是，教师本身要具备丰富的经济管理专业知识和财务知识，具备良好的组织协调能力、课堂综合控制能力和应变能力，这样才能保证 ERP 沙盘综合模拟教学的顺利实施。

2.1.3 认识 ERP 沙盘模拟演练教具

ERP 沙盘模拟演练教学以一套沙盘教具为载体。沙盘教具主要包括沙盘盘面六张，它们分别代表六个相互竞争的模拟企业。目前，我国有几家公司开发出了不同的沙盘工具，其沙盘图各有不同的布局。图 2-1 所示是用友公司开发的 ERP 沙盘图，包括物流中心、生产中心、营销与规划中心和财务中心等。

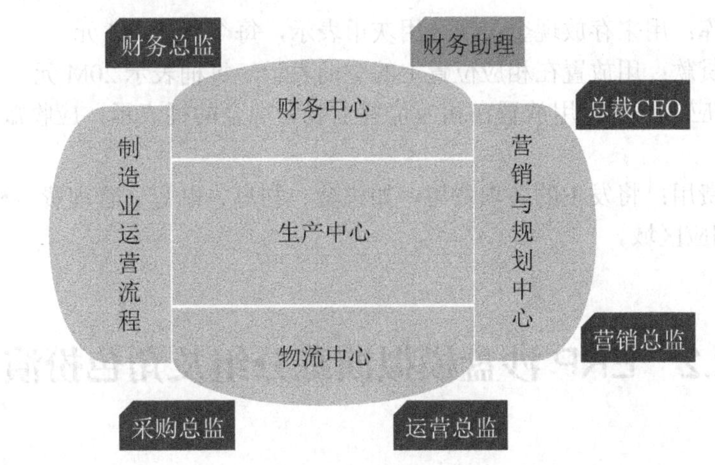

图 2-1　用友公司开发的 ERP 沙盘图

1. 营销与规划中心

（1）市场开拓规划：确定企业需要开发哪些市场，可供选择的有区域市场、国内市场、亚洲市场和国际市场。市场开拓完成并换取相应的市场准入证。

（2）产品研发规划：确定企业需要研发哪些产品，产品研发完成后要换取相应的产品生产资格。

（3）ISO 认证规划：确定企业需要争取获得哪些国际认证，包括 ISO 9000 质量认证和 ISO 14000 环境认证。ISO 认证完成并换取相应的 ISO 资格证。

2. 生产中心

（1）厂房：沙盘盘面上设计了大厂房和小厂房两种厂房。大厂房内可以建六条生产线，小厂房内可以建四条生产线。已购置的厂房由厂房右上角摆放的价值表示。

（2）生产线：共有手工、半自动、全自动、柔性四条生产线。不同生产线的生产效率及灵活性不同。手工和柔性生产线的灵活性较大，不需要转产就可直接生产其他产品。生产线标识表示企业已购置的设备，设备净值在“生产线净值”处显示。

（3）产品：共有 P1、P2、P3、P4 四种产品。拥有某产品标识表示目前企业拥有该产品的生产资格，可生产该产品。

3. 物流中心

（1）原料采购提前期：R1、R2 原料的采购提前期为一个季度，R3、R4 原料的采购提前期为两个季度。

（2）原材料库：共有四个，分别用于存放 R1、R2、R3、R4 四种原料，每个价值 1M 元。

（3）原料订单：代表与供应商签订的订货合同，用放在原料订单处的空桶数量表示。

（4）成品库：共有四个，分别用来存放 P1 产品、P2 产品、P3 产品和 P4 产品。

4. 财务中心

（1）现金库：用来存放现金，现金用灰币表示，每个价值 1M 元。

（2）银行贷款：用放置在相应位置上的空桶表示，每桶表示 20M 元。

（3）应收/应付账款：用放置在相应位置上装有现金的桶表示，应收账款和应付账款都是分账期的。

（4）综合费用：将发生的各项费用，如税金、利息、贴息、管理费、租金、广告费、维护费等置于相应区域。

2.2 ERP 沙盘模拟演练分组及角色扮演

在 ERP 沙盘模拟演练的不同阶段，结合具体的教学任务，指导教师与学生可扮演不同的角色，承担不同的职责和任务，共同完成 ERP 沙盘模拟演练。

2.2.1 指导教师扮演的角色及任务

在 ERP 沙盘模拟演练课程中，作为教学主体的指导教师扮演着重要的角色，而且其角色会随着模拟演练进度不断地发生变化，指导教师具体扮演的角色及承担的任务如表 2-2 所示。

表 2-2 ERP 沙盘模拟演练课程中指导教师扮演的角色及承担的任务

模拟演练阶段	指导教师角色	具 体 任 务
（1）用友 ERP 沙盘模拟简介	教师	● 简单介绍企业经营管理理论与工具、ERP 知识、沙盘的含义、ERP 沙盘模拟 ● 说明 ERP 沙盘模拟的优点及其局限性
（2）指导学生分组组建企业	引导者	● 引导学生组建一个优秀的团队（模拟企业） ● 强调模拟企业中团队协作与配合的重要性
（3）沙盘盘面用具及其含义介绍	教师	● 介绍 ERP 沙盘盘面用具 ● 讲解 ERP 沙盘教具代表的含义及其操作
（4）ERP 沙盘模拟企业初始状态设定	教师 企业原管理层	● 描述模拟企业基本情况 ● 讲解运营手册中各项目代表的含义 ● 带领学生按照资产及负债设置初始状态
（5）ERP 沙盘模拟演练运营规则分析	教师 企业原管理层	● 介绍模拟企业运营流程 ● 解析模拟企业演练中要遵循的各项经营原则
（6）带领学生进行初始年经营模拟	教师 企业原管理层	● 带领学生体验起始年沙盘模拟演练过程 ● 帮助新任管理层——“扶上马再送一程”

续表

模拟演练阶段	指导教师角色	具 体 任 务
（7）各模拟企业开始模拟演练	教师、股东、银行家、客户、供应商、监督员、政府部门等	● 负责解答学生在模拟演练过程中的所有疑问 ● 按照选单流程及规则发放销售订单 ● 接收销售订单整单交货并给予现金或应收账款 ● 接收原料订单下达并支付原材料 ● 监督整个模拟演练运营流程的规则执行情况 ● 各模拟企业融资来源及对象 ● 收取税金 ……
（8）企业经营分析诊断	评论家 分析家	● 点评各模拟企业经营状况 ● 分析并诊断模拟企业中存在的问题
（9）综合成绩评定	指导教师 评委	● 帮助学生进行综合能力评定 ● 帮助学生打分或进行排名

2.2.2 学生分组及角色分配

任何一个企业在创建之初都要建立与其企业类型相适应的组织结构。合理的组织结构是保证企业正常运转的基本条件。ERP 沙盘模拟演练课程采用了简化企业组织结构的方式，企业组织由几个主要角色代表组成，不同的人员分别负责不同领域的工作：总经理/CEO 负责全局工作，采购总监/主管负责材料的订购，营销总监/主管负责订单的争取，生产总监/主管负责生产运作，财务总监/主管及其助理进行业务记录、账表编制、筹资等工作。模拟企业中的所有人员都要各司其职，认真履行好自己的职责，保证模拟企业的各项工作顺利进行。

模拟企业角色分配与人员定位如图 2-2 所示。

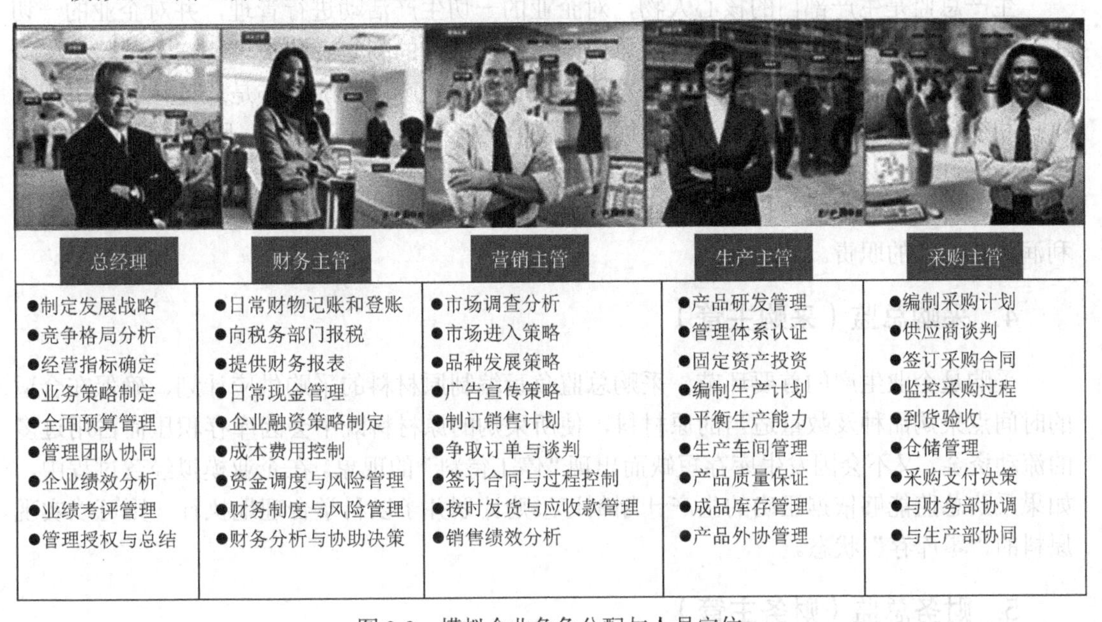

图 2-2 模拟企业角色分配与人员定位

1. CEO/总经理

ERP 沙盘模拟演练省略了股东会和董事会，企业的所有重要决策均由 CEO 或总经理带领团队成员共同决定，如果大家意见相左，由 CEO 或总经理拍板决定。在对整体竞争格局进行分析的基础之上做出有利于企业发展的战略决策是 CEO 或总经理的最大职责，同时 CEO 或总经理还要负责控制企业按流程运营。与此同时，CEO 或总经理还要特别关注是否每个人都能胜任自身岗位，尤其是一些重要岗位，如财务总监、营销总监等，如果有人不能胜任，要及时调整，以免影响整个企业的运营。

2. 营销总监（营销主管）

产品销售是企业生存和发展的关键。营销总监应深入、透彻地研究市场需求预测报告，能够根据客户需求制订销售计划，有选择地进行广告投放，进而取得与企业生产能力相匹配的客户订单，并同时与生产部门做好沟通，保证按时交货给客户，监督货款的回收，进行客户关系管理。同时，随着课程设计中全球市场的逐步开放，营销总监一方面要巩固企业现有市场，另一方面还要积极开拓新市场，制定合理的品种开发策略，从而争取更大的市场空间，通过开源实现企业销售业绩的稳步增长。

如果人手不够的话，营销总监还可以兼任市场信息情报员以收集、处理并分析市场信息，制定合理的销售及营销策略。同时，营销总监还应承担监控竞争对手的责任，监控的重点内容包括对手正在或准备开拓哪些市场；对手还未涉足哪些市场；他们在销售上取得了什么样的业绩；他们拥有哪类生产线；他们各自的生产能力如何等。充分了解市场信息，明确竞争对手的动向将有利于企业今后的竞争与合作。

3. 生产总监（生产主管）

生产总监是生产部门的核心人物，对企业的一切生产活动进行管理，并对企业的一切生产活动及产品负最终的责任。生产总监既是生产计划的制定者和决策者，又是整个生产过程的监控者，对企业目标的实现负有重大的责任。生产总监的工作是通过计划、组织、指挥和控制等手段实现对企业资源的优化配置，创造最大的经济效益。因此，在 ERP 沙盘模拟演练过程中，生产总监负责指挥生产运营过程的正常进行、生产设备的维护与设备变更处理、管理成品库等工作，同时还担负着研发具有市场竞争力的、可以为企业带来高额利润的新产品的职责。

4. 采购总监（采购主管）

采购是企业生产的首要环节。采购总监负责编制原材料的采购供应计划，确保在合适的时间点采购品种及数量适当的原材料，使所采购的原材料既不会因库存积压而占用过多的流动资金，又不会因发生库存短缺而出现“停工待料”的现象。在企业模拟经营过程中，如果采购总监能够依据正确的生产计划制订采购计划并予以科学合理地执行，则可以实现原料的“零库存”状态。

5. 财务总监（财务主管）

在企业中，财务与会计的职能常常是分离的，他们有着不同的目标和工作内容。会计主要负责管理日常现金收支，定期核查企业的经营状况，核算企业的经营成果，制定预算以及对成本数据的分类和分析。财务主要负责筹集、管理资金，做好现金预算，管好、用好资金。如果说资金是企业的血液，那么财务部门就是企业的心脏。这是因为财务总监要参与企业重大决策方案的讨论，如设备投资、产品研发、市场开拓、ISO 资格认证、购置厂房等。公司进出的任何一笔资金都要经过财务部门审核。

在受训者较少时，可以将财务和会计两大职能归并到财务总监身上，由财务总监统一负责对企业的资金进行预测、筹集、调度与监控。其主要任务是：管好现金流，进行现金预算和资金筹划，按需求支付各项费用，核算成本，做好财务分析；进行现金预算，采用经济有效的方式筹集资金，能够在合理的时间内进行长贷、短贷、高利贷、应收账款贴现或向同行拆借资金，将资金成本控制到较低水平，管好、用好资金。

除此之外，在受训者人数较多时，可适当增加财务助理、CEO 助理、营销助理、生产助理等辅助角色，特别是财务助理，他可以使财务主管从比较繁杂的资产负债表和利润表编制工作中解放出来，让他们有时间和精力从事财务管理的工作，即编制现金预算表，编制筹、融资计划，进行财务数据分析等。为使这些辅助角色不被边缘化，应尽可能地明确其所承担的职责和具体任务。在实际操作过程中，学生可根据自己所在小组的企业实际情况进行角色互换，从而体验角色转换后考虑问题出发点的相应变化。

2.2.3　模拟企业的主要任务

学生通过分组组成六个模拟企业，即 A、B、C、D、E、F 六个公司，每个公司主要完成以下任务。

1. 制定企业发展战略

科学的发展战略是企业保持成功及不断成长的重要保障，发展战略的制定是每个学生在模拟企业经营过程中面临的重大挑战，学生需要正确分析市场环境变化、企业经营目标，正确进行市场开发、产品研发、质量体系认证、企业投资等方面的决策。

2. 市场营销管理

市场营销管理包括对市场进行调查、预测，分析竞争对手，确定营销组合、产品策略、市场策略，负责销售订单的生成和销售资金的回笼。

3. 生产运营管理

生产运营管理包括确定生产线的投资决策、产品生产能力预测与规划、生产计划安排和生产过程管理。

4. 采购与库存管理

采购与库存管理包括预测并确定生产必需的物料需求计划与原材料采购数量、采购周期，制订采购成本计划，管理库存。

5. 成本核算与财务管理

成本核算与财务管理是指预测并确定企业生产所需资金，确定企业的融资方案，从而进行企业成本核算管理及财务经济指标分析。

另外，每个财务年度经营结束之后，每个小组（模拟企业）都要提交一个报表，各组都要由 CEO 或财务总监对该年度的经营状况进行总结，指导教师把报表汇总后，根据报表所显示的数据录入《用友 ERP 沙盘模拟训练经营成果展示系统》，根据系统所显示的指标数据进行公开讲评。

2.3 ERP 沙盘模拟企业的现状分析

模拟企业属于生产制造企业，为了避免学生将模拟企业与他们所熟悉的行业联系起来，本课程中所提及的生产制造的产品是一系列虚拟的产品，即 P 系列产品：P1、P2、P3、P4。模拟企业最初是“拍脑袋经营”，管理者每天都为企业管理中的计划、预算、采购、生产、制造、销售、市场等问题挠头，因此希望在六年内依靠 ERP 打造企业“神经”系统，使公司的经营越来越好。

2.3.1 模拟企业的经营现状简介

模拟企业长期以来一直专注于某行业 P 产品的生产与经营，目前其生产的 P1 产品在本地市场的知名度很高，客户也很满意。同时，模拟企业拥有自己的厂房，生产设施齐备，经营状态良好。最近，一家权威机构对该行业的发展前景进行了预测，认为目前技术水平相对较低的 P 产品将会发展为高端技术产品。因此，董事会及全体股东决定将企业交给一批优秀的新人去发展，他们希望新的管理层能实现如下目标。

☆ 投资新产品的开发，使企业的市场地位得到进一步提升。

☆ 开发本地市场以外的其他新市场，进一步拓展市场领域。

☆ 扩大生产规模，采用现代化生产手段，获取更多的利润。

2.3.2 模拟企业的经营环境分析

1. 模拟企业的行业环境分析

目前市场上有 A、B、C、D、E、F 六家企业，每家企业都生产 P 系列的产品。在产品的构成中，P1 产品的市场会逐年减少；P2 产品的需求会进一步增加，而后降低；随着技术的进步，P3、P4 产品的发展潜力巨大。股东希望投资开发新产品 P2、P3、P4 的，使企业的市场地位得到进一步提升。在经营之前，每家企业的财务状况、经营现状都相同，每个企业管理团队的成员为 5～7 人，包括 CEO、生产总监、销售总监、财务总监以及采购总监等高层管理者，同时还有财务助理等。

2. 模拟企业的外部市场环境分析

根据一家权威的市场调研机构对未来六年里各个市场对 P 系列产品需求的预测，P1 产品是目前市场上的主流产品；P2 产品对 P1 产品进行了技术改良，因此也比较容易获得大众的认可；P3 和 P4 产品是 P 系列产品里的高端技术产品，各个市场上对它们的认可度不尽相同，需求量与价格也有较大的差异。

下面是针对不同的目标市场进行的详细预测分析。

1）本地市场

本地市场 P 系列产品的需求量预测以及产品价格预测如图 2-3 所示，图 2-3（a）的纵坐标表示需求量，横坐标表示年份；图 2-3（b）的纵坐标表示价格，横坐标表示年份。

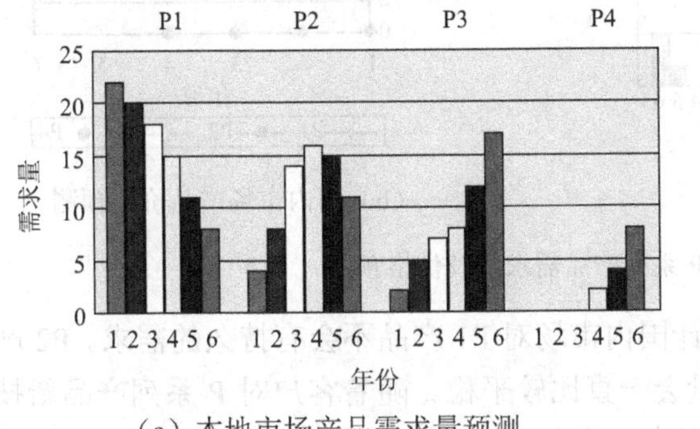

（a）本地市场产品需求量预测

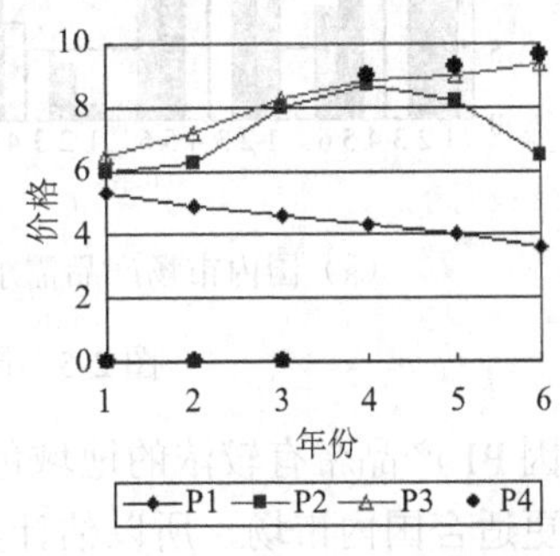

（b）本地市场产品价格预测

图 2-3　本地市场 P 系列产品需求量及价格预测

本地市场将会持续发展，客户对低端产品的需求可能要减少。伴随着需求的减少，低端产品的价格很有可能会逐步走低。后几年，随着高端产品的成熟，市场对 P3、P4 产品的需求将会逐渐增加。同时，随着时间的推移，客户的质量意识将不断提高，后几年，他们可能会对厂商是否通过 ISO 9000 认证和 ISO 14000 认证有更高的要求。

2）区域市场

区域市场 P 系列产品需求量预测以及产品价格预测如图 2-4 所示。

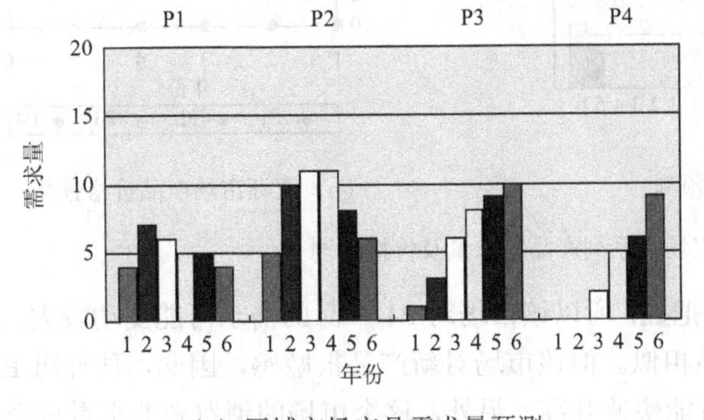

（a）区域市场产品需求量预测

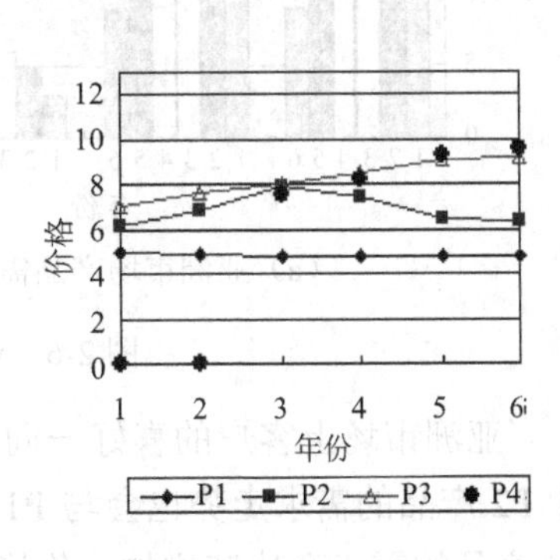

（b）区域市场产品价格预测

图 2-4　区域市场 P 系列产品需求量及价格预测

区域市场的客户的喜好相对稳定，因此，P 系列产品的市场需求量变化很有可能会比较平稳。但是，因其紧邻本地市场，所以产品需求量的走势可能与本地市场相似，价格变动趋势也应大致一样。同时，该市场的客户比较乐于接受新的事物，因此对于高端产品也会比较有兴趣，但由于受到地域的限制，该市场的需求总量非常有限。这个市场上的客户相对比较挑剔，因此，在以后几年，客户会对厂商是否通过 ISO 9000 认证和 ISO 14000 认证有较高的要求。

3）国内市场

国内市场 P 系列产品需求量预测以及产品价格预测如图 2-5 所示。

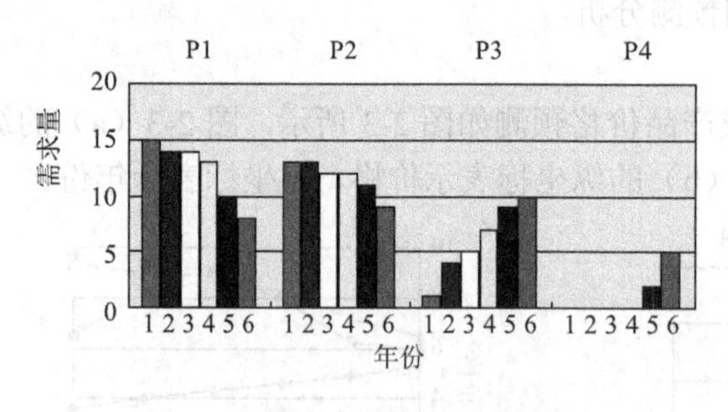

（a）国内市场产品需求预测

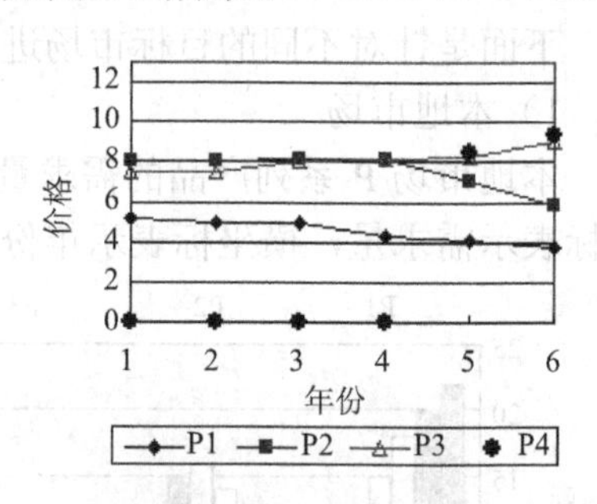

（b）国内市场产品价格预测

图 2-5 国内市场 P 系列产品需求量及价格预测

因 P1 产品带有较浓的地域色彩，估计国内市场对 P1 产品不会有持久的需求。P2 产品因为更适合国内市场，所以估计其需求量会一直比较平稳。随着客户对 P 系列产品新技术的逐渐认同，估计 P3 产品的需求会快速增加，但这个市场上的客户对 P4 产品并不是那么认同。当然，对于高端产品来说，客户一定会更注重产品的质量保证。

4）亚洲市场

亚洲市场 P 系列产品需求量预测以及产品价格预测如图 2-6 所示。

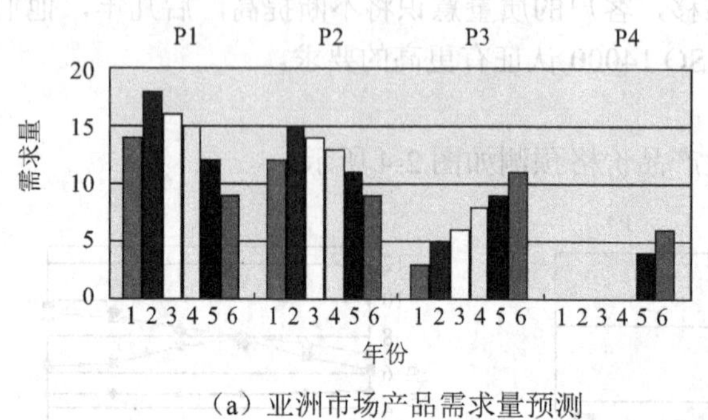

（a）亚洲市场产品需求量预测

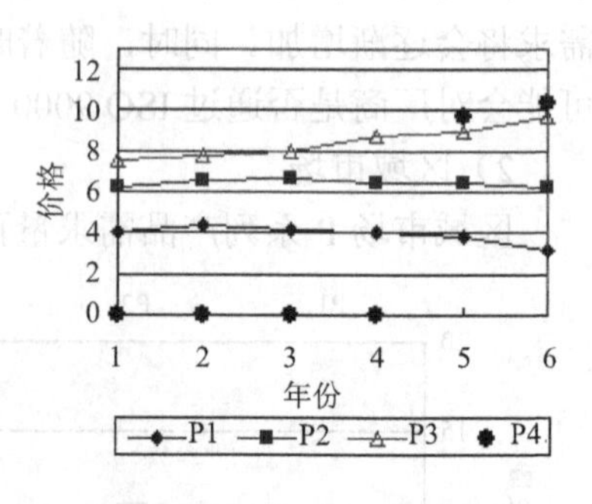

（b）亚洲市场产品价格预测

图 2-6 亚洲市场 P 系列产品需求量及价格预测

亚洲市场上客户的喜好一向不易把握，所以该市场对 P1 产品的需求可能变动较大，估计 P2 产品的需求走势也会与 P1 产品相似。但该市场对新产品很敏感，因此，估计对 P3、P4 产品的需求会快速增加，价格也可能快速升高。另外，这个市场的消费者非常看重产品的质量，所以，在后几年里，如果生产厂商没有通过 ISO 9000 和 ISO 14000 的认证，其产品可能很难销售。

5）国际市场

国际市场 P 系列产品需求量预测以及产品价格预测如图 2-7 所示。

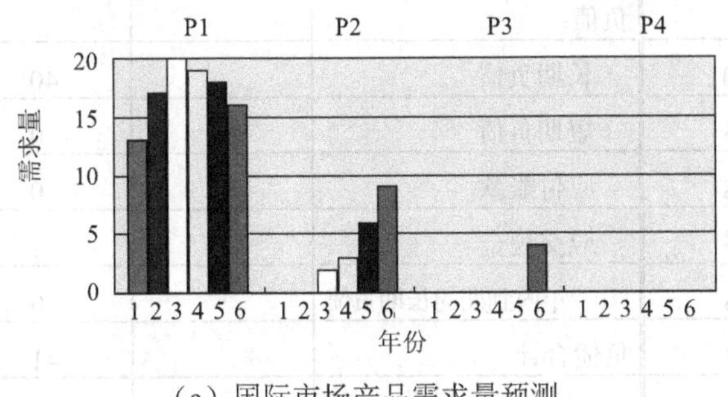

（a）国际市场产品需求量预测

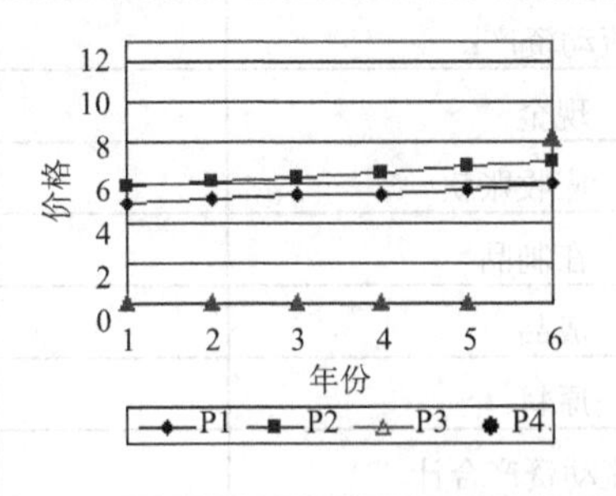

（b）国际市场产品价格预测

图 2-7　国际市场 P 系列产品需求量及价格预测

进入国际市场可能需要一段较长的时期。有迹象表明，目前，这一市场上的客户对 P1 产品已经有所认同，需求也会比较旺盛。对于 P2 产品，客户将会谨慎地接受，但仍需要一段时间才能被市场所接受。对于新兴的技术，这一市场上的客户将会以观望为主，因此对于 P3 和 P4 产品的需求将会发展得极慢。因为产品需求主要集中在低端，所以客户对于 ISO 认证的要求并不如其他几个市场高，但也不排除其在后期会有这方面的需求的可能。

2.3.3　模拟企业的财务状况及经营成果

学生将接手经营的模拟企业的总资产为 1.05 亿元，流动资产为 52M 元（$1M=10^6$），固定资产为 53M 元，负债为 41M 元，所有者权益为 64M 元。其利润表及资产负债表如表 2-3 和表 2-4 所示。

表 2-3　企业利润表　　单位：百万元

项　目	上 年 数	本 年 数
销售收入		36
直接成本		14
毛利		22
综合费用		9
折旧前利润		13
折旧		5
支付利息前利润		8
财务收入/支出		-4
其他收入/支出		–
税前利润		4
所得税		1
净利润		3

表 2-4　企业资产负债表　　单位：百万元

资　　产	期 初 数	期 末 数	负债和所有者权益	期 初 数	期 末 数
流动资产：			负债：		
现金		20	长期负债		40
应收账款		15	短期负债		0
在制品		8	应付账款		0
成品		6	应交税金		1
原料		3	一年内到期的长期负债		0
流动资产合计		52	负债合计		41
固定资产：			所有者权益：		
土地和建筑		40	股东资本		50
机器与设备		13	利润留存		11
在建工程		0	年度净利		3
固定资产合计		53	所有者权益合计		64
资产总计		105	负债和所有者权益总计		105

1. 流动资产（52M 元）

流动资产包括现金、应收账款、存货等，其中存货又分为在制品、成品和原料。

该企业现有现金 20M 元，3 个账期（3Q，Q 表示季度，下同）的应收账款 15M 元，在制品价值 8M 元，成品价值 6M 元，原料价值 3M 元。

2. 固定资产（53M 元）

固定资产包括土地和建筑、机器与设备、在建工程等，其中土地和建筑在此实训中专指厂房，机器与设备指生产线，在建工程指未建设完工的生产线。

该企业现有一个价值 40M 元的大厂房，生产设备价值 13M 元，包括三条手工生产线和一条半自动生产线，没有在建工程。

3. 负债（41M 元）

负债包括短期负债、长期负债和各项应付款，其中短期负债主要指短期贷款、高利贷等，长期负债主要指长期贷款，各项应付款包括应交税金、应付账款等。

该企业现有长期贷款 40M 元，应交税金 1M 元，没有短期负债等。

4. 所有者权益（64M 元）

所有者权益包括股东资本、利润留存、年度净利等。股东资本是指股东的投资资金，利润留存是指历年积累下来的年度利润，而年度净利是指当年的净利润。

该企业的股东资本为 50M 元，利润留存为 11M 元，年度净利为 3M 元。

2.4　ERP 沙盘模拟演练中的行为模式法则

刚接触 ERP 沙盘模拟演练的学生都会觉得课程虽生动有趣，但对综合知识运用能力的要求较高，因此会产生既期盼又畏惧的心理。其实，管理非常简单，在 ERP 沙盘模拟演练过程中，学生要学会把复杂的事情简单化。

管理模式本身没有对错、优劣之分，只有是否适合或者是否合时宜之分。

2.4.1　单纯但不简单的思考方式

英国某家报社曾举办过一次奖金不菲的有奖征答活动：一个充气不足的热气球载着三位关系人类兴亡的科学家。

第一位是环保专家，他的研究可使无数人免于遭受因环境污染而面临死亡的厄运。

第二位是核专家，他有能力防止全球性的核战争，使地球免于被毁灭。

第三位是粮食专家，他能在不毛之地运用专业知识成功地种植谷物，使几千万人摆脱因饥荒而亡的命运。

此刻，热气球即将坠毁，必须丢出一个人以减轻载重，使其余两人得以生存。请问，该丢下哪一位科学家？

问题刊出后，因为奖金的数额相当庞大，来自各地的答复信件多如雪片。在这些答复信件中，每个人皆竭尽所能，甚至天马行空地阐述他们认为必须丢下某位科学家的见解。结果揭晓后，巨额奖金的得主是一个小男孩。他的答案是“将最胖的那位科学家丢出去”。

小男孩睿智而幽默的答案给予我们以足够的提醒：单纯的思考方式往往比钻牛角尖更能获得成功。任何疑难问题的最好的解决方法只有一种，就是真正切合问题的需求。

2.4.2 专注而不盲目的做事风格

一位农场场主在巡视谷仓时不慎将一只名贵的手表遗失在谷仓里。他遍寻不获，便定下赏钱，承诺谁能找到手表，就给谁 50 美元。人们在重赏之下都卖力地四处翻找，可是谷仓内到处都是成堆的谷粒，要在这当中找寻一只小小的手表，谈何容易。许多人一直忙到太阳下山，仍一无所获，只好放弃了 50 美元的赏金，回家了。

最后，谷仓里只剩下一个贫困的小孩子仍不死心，他希望能在天完全黑下来之前找到手表，以换得赏金。谷仓中慢慢变得漆黑，小孩子虽然害怕，但仍不愿放弃，不停地摸索着。突然，他发现在人声退去之后，有一种奇特的声音响了起来。那声音嘀嗒、嘀嗒地不停响着，小孩子顿时停下所有的动作，谷仓内更安静了，嘀嗒声也变得十分清晰，是手表的声音。终于，小孩子循着声音，在漆黑的大谷仓中找到了那只名贵的手表。

这个小孩子的成功法则其实很简单：专注地对待一件事。

把以上两个孩子的故事结合起来，我们能得到一个成功的法则，那就是专注与单纯。其实，这个法则原本就存在于每个人的心中，重要的是你要发挥它们的价值、作用。希望学生组成的各个团队（模拟企业）可以学会使用这一法则。

2.4.3 竞争却不狭隘的人生格局

鳄鱼是种凶残、可怕的动物，可它也会遇到困难。一天，鳄鱼正吃“大餐”时，牙缝里突然塞进了东西，难受得它马上没有了食欲。这时，飞来了一只小鸟，它有着小巧的身子、尖利的嘴。小鸟正饥肠辘辘地寻找着食物，可它的身体太小，发现的食物总是被别的动物先抢走，鳄鱼齿缝间的食物残渣此时在它的眼里如同上等的美食。于是小鸟对鳄鱼说：“我叫牙签鸟，可以帮你把牙齿里的东西啄出来，但是我害怕你会把我吃掉。”鳄鱼想了想，回答：“如果你能答应我以后定期帮我清理牙缝里的东西，我可以保证不吃你！”就这样，牙签鸟和鳄鱼达成了“和平协议”。随着时间的推移，它们变成了密不可分的“好朋友”。

初次听到这个故事的人可能会不理解鳄鱼为什么连送到嘴里的美餐都不吃。其实，原因很简单，因为鳄鱼需要牙签鸟这个身体小却很“能干”的合作伙伴来帮它清理口腔中的残留食物，以免除牙痛的困扰。而牙签鸟又为何冒险去当鳄鱼的“口腔清洁师”呢？因为它需要食物，鳄鱼齿缝间的腐肉正好可以成为它的美食，令它美美地吃上一顿。

它们之间的互惠互利行为在经济学中可以用“正和博弈”来形容。“正和博弈”也叫作合作博弈，是指合作双方或多方利益均分，都能获得期望的利益，而没有任何一方受到损害，是一种互利多赢的博弈。实际上，“正和博弈”是在能接受的条件下，合作多方都进行了妥协和让步才达成的共赢局面。

本章小结

本章主要对 ERP 沙盘模拟演练课程进行了简单的介绍，以便于学生了解 ERP 沙盘课程的内容、特色及所存在的局限性。为顺利开展 ERP 沙盘模拟演练，开始之前，各学生需要进行分组，组成不同的模拟企业并在各自的模拟企业中担任不同的角色，如 CEO、营销总监、采购总监、财务总监等。为保持公平竞争，各模拟企业都位于同一起跑线。通过模拟企业经营环境、外部市场环境以及所处行业环境分析，使学生对模拟企业的原始经营现状有充分的了解，结合第 1 章所学的企业战略规划和 ERP 计划体系知识，为选择不同的经营战略、制定不同的经营策略和计划以获取竞争优势打下坚实的基础。通过学习 ERP 沙盘模拟演练中的行为模式法则，希望能对各位学生有所启发。

第3章　ERP沙盘模拟演练准备

【学习目标】

- ✧ 掌握ERP沙盘模拟初始状态设定
- ✧ 掌握ERP沙盘模拟演练的运营规则
- ✧ 理解ERP思想理念在沙盘模拟演练中的拓展应用
- ✧ 理解模拟企业利用ERP提升竞争力的全过程

3.1　ERP沙盘模拟初始状态设定

为了竞争环境的公平，需要统一设定模拟企业的初始状态。从实际的教学和指导中我们发现，根据企业的资产负债表，按照固定资产、流动资产、负债顺序进行模拟企业初始状态的设定不仅简单、方便操作、节约时间，而且可以帮助学生理解资产负债表中各项目的主要内容，尤其是对那些没有学过相关财务知识或缺乏相关知识的学生而言，意义尤为重要。

3.1.1　沙盘初始状态设置要素介绍

首先我们认识一下利用用友ERP沙盘模拟进行初始状态设置时涉及的一些要素，如图3-1所示。

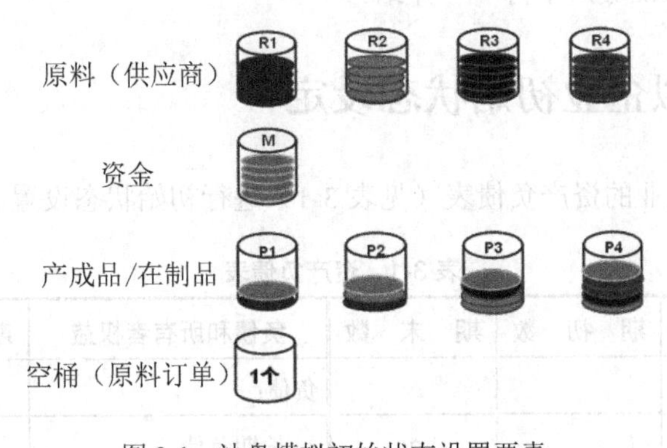

图3-1　沙盘模拟初始状态设置要素

1. 原料

ERP 沙盘模拟经营中提供的原材料共有四种，其中红色的币代表 R1 原材料，橙色的币代表 R2 原材料，蓝色的币代表 R3 原材料，绿色的币代表 R4 原材料。每一个币代表价值 100 万元的原材料，用 1M 元表示。

2. 资金

模拟经营中所需要用到的现金用灰色的币来表示，每一个灰色的币代表 1M 元。

3. 产成品/在制品

产成品和在制品由不同的原材料和加工费构成，在 ERP 沙盘模拟演练过程中共有四种产品：P1 产品、P2 产品、P3 产品和 P4 产品，它们的物料清单如图 3-2 所示。

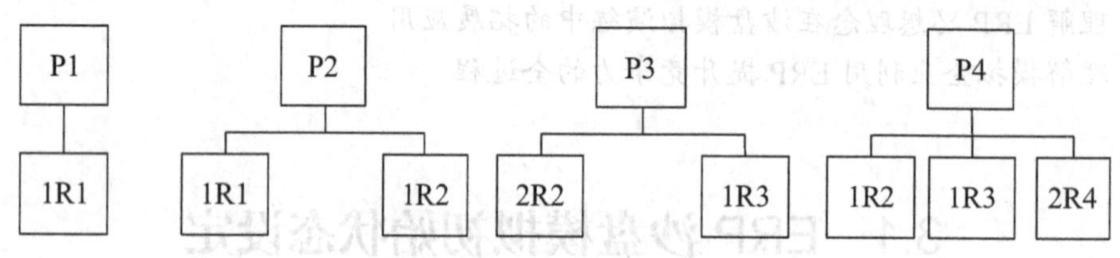

图 3-2 产品物料清单

其中，在 P 系列产品构成方面，P1 产品由 1 个 R1 原材料和 1 个灰色的币构成；P2 产品由 1 个 R1 原材料、1 个 R2 原材料和 1 个灰色的币构成；P3 产品由 2 个 R2 原材料、1 个 R3 原材料和 1 个灰色的币构成；P4 产品由 1 个 R2 原材料、1 个 R3 原材料、2 个 R4 原材料和 1 个灰色的币构成。

4. 空桶

在 ERP 沙盘模拟过程中，因为要有长期贷款或者短期贷款、下达原料订单等，为了方便管理，我们规定：下达原料订单时，1 个空桶代表 1 个原料订单；贷款时，1 个空桶则代表价值 20M 元的长期贷款或短期贷款（高利贷）。

除涉及以上四种主要要素之外，还有生产线标牌、产品标识牌、生产资格牌、市场准入证以及 ISO 资格认证等，不再一一介绍。

3.1.2 模拟企业初始状态设定

下面按照模拟企业的资产负债表（见表 3-1）进行初始状态设置。

表 3-1 资产负债表

单位：百万元

资　产	期初数	期末数	负债和所有者权益	期初数	期末数
流动资产：			负债：		
现金		20	长期负债		40

续表

资　　产	期　初　数	期　末　数	负债和所有者权益	期　初　数	期　末　数
应收账款		15	短期负债		0
在制品		8	应付账款		0
成品		6	应交税金		1
原料		3	一年内到期的长期负债		0
流动资产合计		52	负债合计		41
固定资产：			所有者权益：		
土地和建筑		40	股东资本		50
机器与设备		13	利润留存		11
在建工程		0	年度净利		3
固定资产合计		53	所有者权益合计		64
资产总计		105	负债和所有者权益总计		105

1. 设定固定资产的初始状态

1）土地和建筑——大厂房，价值40M元

请财务总监将等值资金用空桶装好灰色的币后放置于大厂房价值处，两满桶灰色币即为40M元。

2）机器与设备——生产线，价值13M元

企业创办三年来，已购置3条手工生产线和1条半自动生产线，扣除折旧（每年折旧额为生产线净值的1/3，不足3M元的生产线每年计提1M元，直到折旧完为止），目前手工生产线账面价值3M元，半自动生产线账面价值4M元。请财务总监取4个空桶，分别置入3M元、3M元、3M元、4M元，并放置于生产线下方的“生产线净值”处。

设定完成之后的固定资产初始状态如图3-3所示。

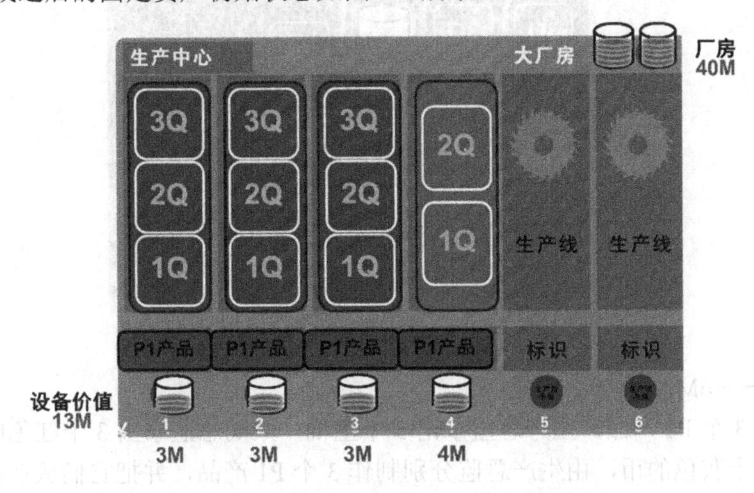

图3-3　初始状态设定——固定资产

2. 设定流动资产的初始状态

1）现金——20M 元

请财务总监拿出一满桶灰色币（20M 元）放置于现金库位置。

2）应收账款——15M 元

请财务总监拿出一个空桶，装 15 个灰币，置于应收账款三期位置。

设定完成之后的现金和应收账款初始状态如图 3-4 所示。

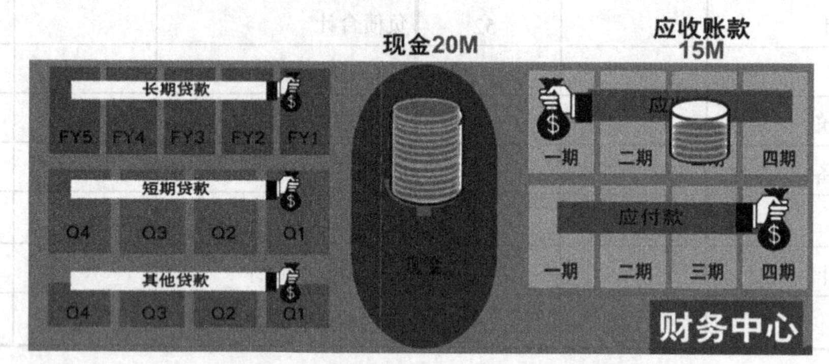

图 3-4　初始状态设定——现金和应收账款

3）在制品——8M 元

手工生产线有 3 个生产周期，靠近原料库的为第 1 周期，3 条手工生产线上的 3 个 P1 在制品分别位于第 1、2、3 周期；半自动生产线有 2 个生产周期，P1 在制品位于生产线的第 1 周期。

每个 P1 产品的成本都由两部分构成，即 P1=1R1+1M 元。生产总监拿出 1 个空桶，采购总监拿出 1 个红色的 R1 币，财务总监拿出 1M 元灰币，由生产总监组成一个 P1 产品，并把它放置在生产线上的相应位置。

设定完成之后的在制品初始状态如图 3-5 所示。

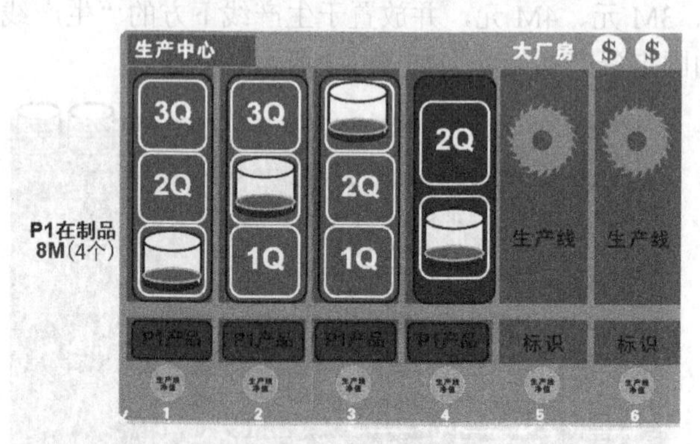

图 3-5　初始状态设定——在制品

4）成品——6M 元

成品库有 3 个 P1 产品。生产总监拿出 3 个空桶，采购总监拿出 3 个红色的 R1 币，财务总监拿出 3 个灰色的币，由生产总监分别制作 3 个 P1 产品，并把它们放在成品库里。

5）原料——3M 元

原料库有 3 个 R1 原材料，由采购总监取 3 个空桶，每个空桶中分别放置 1 个 R1 原料，并摆放到 R1 原料库。

设定完成之后的成品及原料初始状态如图 3-6 所示。

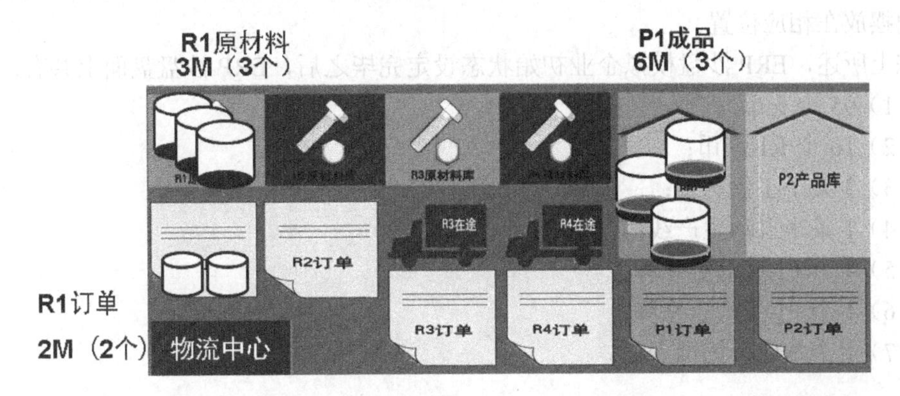

图 3-6　初始状态设定——原料与成品

除以上需要明确表示的价值之外，还有已向供应商发出的采购订货，预订 R1 原材料 2 个，采购总监将 2 个空桶放置到 R1 原材料订单处。记住此处只是下达两个 R1 原材料订单，并没有涉及现金的支出。

3. 设定负债的初始状态

1）长期负债——40M 元

企业有长期贷款 40M 元，分别是 5 年期和 4 年期。请财务总监将 2 个空桶分别置于第 5 年和第 4 年的位置，代表长期贷款本金分别需要在 5 年和 4 年以后偿还。

2）应交税金——1M 元

企业上一年税前利润为 4M 元，按规定需交纳 1M 元税金（运营法则规定所得税税率为税前利润金额的 1/3，取整数）。税金是下一年度交纳，此时没有对应操作。

设定完成之后的负债初始状态如图 3-7 所示。

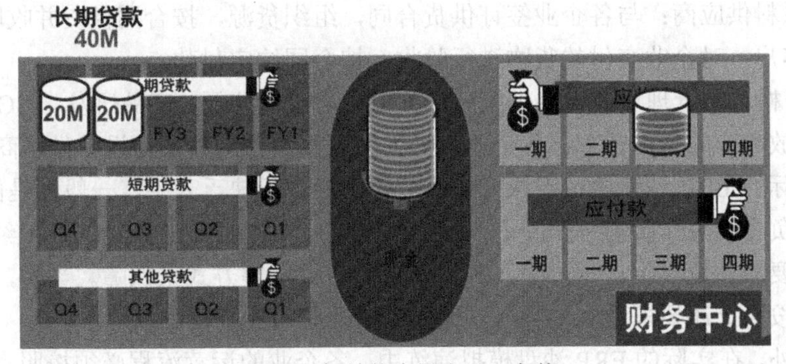

图 3-7　初始状态设定——负债

4. 所有者权益

在所有者权益项目中，除指导教师根据企业实际经营情况同意增加资本之外，一般情况下，股东资本不变。因此，初始状态设置不涉及所有者权益项目。

除此之外，指导教师还需要引导学生进行初始状态设定的是 P1 产品生产标识（表示初始状态中 3 条手工生产线和 1 条半自动生产线均正在生产 P1 产品）、P1 产品生产资格（企业拥有 P1 产品生产资格）以及本地市场准入证（企业拥有本地市场），请各位学生依照沙盘盘面摆放在相应位置。

综上所述，ERP 沙盘模拟企业初始状态设定完毕之后，ERP 沙盘盘面上共有：

（1）95 个灰币；

（2）10 个 R1 红币；

（3）3 条手工生产线；

（4）1 条半自动生产线；

（5）4 个 P1 产品标识牌；

（6）1 个 P1 生产资格牌；

（7）1 个本地市场准入证。

3.2 ERP 沙盘模拟演练运营规则分析

在正式开始模拟运营与竞争之前，我们首先要了解一下企业的生存与发展以及企业之间的竞争规则，只有理解并熟悉这些规则，才能合理、正常地经营企业，否则会影响经营的进度和进展，严重时还会造成违规经营。指导教师根据实际情况会采取扣分、罚款等措施，这些都会影响各小组的最终成绩。因此，有必要对沙盘模拟的运营规则进行详尽而深入的分析。

为了保证 ERP 沙盘模拟演练的公平、顺利，应按照有关要求设立裁判组，裁判组由 8～10 位教师或其他工作人员组成，职责如下。

（1）企业运营监督：负责监控各企业的生产运营流程。

（2）银行信贷管理：负责审核各企业的贷款资格，为各企业发放贷款，监督贷款收回。

（3）原料供应商：与各企业签订供货合同，组织货源，按合同供货并收取货款。

（4）客户：对企业交付的货物进行验收，按合同约定付款。

（5）资格认定管理员兼设备供应商：负责企业市场准入、产品研发、ISO 认证等资格的审定，发放相应的资格证书；各企业为扩大生产需购置的设备由设备供应商提供。

但在实际的 ERP 沙盘模拟授课或初赛过程中，由于缺乏人手，一般都是由 1～2 名指导教师分别负责 A 公司、B 公司、C 公司、D 公司、E 公司、F 公司的模拟经营，经营过程的规则主要靠各位学生自觉遵守、其他学生检举揭发等方式来保障。当然，若人员充足的话，最好按照上述要求设立裁判组以保证模拟经营的公平性。

除此之外，在实际的 ERP 沙盘模拟演练中，各企业的运营流程必须按照竞赛手册的流程严格执行。CEO 按照任务清单中指示的顺序发布执行指令。每项任务完成后，CEO 必须在任务后对应的方格中打钩，并由财务总监在任务后对应的方格内填写现金收支情况。

各企业监督员将对企业运行进度予以同步记录。所有操作必须严格按步骤顺序执行，所有对完成后的任务进行修改或颠倒顺序执行的操作均被视为违规行为，监督员有权取消任何违规操作。

在运行过程中，只有如表3-2所示的任务可以随时操作。

表3-2　运营中可随时操作的任务

任务名称	操　　作
贴现	● 中断正常操作任务 ● 企业在“应收账款登记表”中登记相关项目，交监督员审查 ● 执行贴现操作
高利贷	● 中断当前操作任务 ● 和指导教师协商贷款金额
卖厂房	● 中断当前操作任务 ● 所卖金额记入“应收账款登记表”中，计入4Q应收账款

3.2.1　市场开发规则

企业目前在本地市场经营，新市场包括区域、国内、亚洲、国际市场，各公司可根据自身的实际情况选择相应的市场进行开发。需要注意的是，不同市场投入的费用及时间不同，只有市场投入全部完成后方可接单。市场开发规则如表3-3所示。

表3-3　市场开发规则

市　场	开发费用/M元	开发规则/（M元/年）	开发时间/年	操作说明
本地	无	无	无	直接获得准入证
区域	1	1	≥1	● 将投资放在准入证的位置处 ● 当完成全部投资时，到裁判处（或指导教师处）换取相应的市场准入证
国内	2	1	≥2	
亚洲	3	1	≥3	
国际	4	1	≥4	

（1）区域、国内、亚洲和国际市场可同时开发。

（2）每个市场每年最多投入1M元，不许超前投资。

（3）若出现资金短缺或其他情况，市场开发可随时中断或停止，开发时间顺延。

（4）市场开发完毕后（领取市场准入证，只有拿到准入证才能在下一年度年初竞单中投放广告），所有已进入的市场，每年最少需投入1M元维持，即使某年不准备在该市场进行广告投放，那么也必须投入1M元的资金维持当地办事处的正常运转，否则视为自动放弃了该市场，再次进入该市场时需要重新开发。

提示要点：

（1）市场开发无论是否持续进行，已有投资不得收回。

（2）不允许放弃本地市场，即本地市场每年必须投入1M元广告费。

（3）已开拓进入的市场可销售所有生产的产品。

3.2.2　产品研发和生产规则

要想生产某种产品，先要获得该产品的生产许可证，而要获得生产许可证，则必须经过产品研发。P1产品是各公司目前都拥有的，已经有生产许可证，可以在本地市场进行销售。P2、P3、P4产品都至少需要研发6个季度，才能获得生产许可证。产品研发需要分期投入研发费用，具体研发时间及费用如表3-4所示。

表3-4 产品研发时间及费用

	产品		
	P2产品	P3产品	P4产品
研发时间/季度	6	6	6
研发投资/M元	6	12	18
每期投资/M元	1	2	3
操作说明	● 每季度按照投资额将现金放在生产资格位置，并填写“产品开发登记表”，监督员（或指导教师）每年审查该表并签字 ● 当投资完成后，带所有投资的现金和“产品开发登记表”到裁判处（或指导教师处）换取生产许可证 ● 只有获得生产许可证后才能开工生产产品		

（1）P2、P3、P4产品可同步研发。

（2）产品开发按研发时间平均支付研发资金，每季度进行一次，不允许超前或集中投资。例如，开发P3产品需要6个季度，研发投资12M元，则研发时只能每季度投入2M元，累计投入12M元时，方可获得P3产品的生产资格。

（3）因资金短缺或其他原因，产品开发可以随时中断或停止，则研发时间顺延。

（4）产品研发完成之后，领取产品生产资格证，下一季度方可投入生产。例如，P3产品从第一年的第一季度开始研发，到第二年的第二季度研发完毕，则在第二年的第三季度方可投入生产。

（5）各模拟企业之间不能相互转让开发的产品。

提示要点：

（1）若模拟企业决定停止研发某一产品，该产品的前期研发投资不能收回。

（2）研发完成的产品可在全部已开拓进入的市场进行销售。

（3）正在研发的产品可依据实际情况（如生产线本年能生产出该产品）在本年年初提前投放广告。

3.2.3 ISO 9000和ISO 14000认证的开发规则

ISO认证包括ISO 9000质量认证和ISO 14000环境认证，随着客户日益重视产品的质量和环境保护，ISO认证在市场营销中的地位日益重要，其开发时间及费用如表3-5所示。

表3-5 ISO认证的开发时间及费用

	ISO 9000质量认证	ISO 14000环境认证
开发时间/年	≥2	≥3
认证费用/M元	2	3
年投资额/M元	1	1

续表

	ISO 9000 质量认证	ISO 14000 环境认证
操作说明	● 每年按照“年投资额”将投资放在 ISO 证书位置，并填写“ISO 认证登记表”，该表每年年末由监督员（或指导教师）审核并签字 ● 当投资完成后，带所有投资和“ISO 认证登记表”到裁判处（或指导教师处）换取 ISO 资格证 ● 只有获得 ISO 资格证后才能在市场中投入 ISO 广告	

（1）两项 ISO 认证可同时进行。

（2）ISO 认证投资分期投入，每年一次，每次 1M 元，但不允许集中或超前投资。

（3）若资金短缺，两项 ISO 认证可以中断或停止，开发周期顺延。

（4）只有开发完成，拿到认证资格证后，才能在下一年年初的市场竞单中投入广告费，只有投入 ISO 的广告费，才有资格获取具有 ISO 要求的特殊订单。

提示要点：

（1）若 ISO 资格认证不再持续进行，已有投资不能收回。

（2）若在某市场投入 ISO 的广告费 1M 元，则认证对该市场的所有产品有效。

（3）研发投资与认证投资计入当年综合费用。

3.2.4　厂房买卖规则

企业目前拥有自主厂房——大厂房，价值 40M 元。另有小厂房可供选择使用，购买、出售与租赁厂房的相关规则如表 3-6 所示。

表 3-6　购买、出售与租赁厂房的相关规则

厂　房	买价/M 元	租金/（M 元/年）	售价/M 元	生产线容量/条
大厂房	40	5	40	6
小厂房	30	4	30	4

（1）年底决定厂房是否购买时，将等值的现金放置在厂房价值处，厂房不提折旧。

（2）年底时，如果厂房中有一条生产线，不论状态如何，都算占用。如果占用的厂房没有购买，必须付租金。

提示要点：

（1）对于已经购买的厂房，可随时按原值出售，出售厂房的款项计入 4Q 应收账款。

（2）厂房不计提折旧。

3.2.5　生产线的购买、转产、维护、折旧以及出售规则

企业目前有 3 条手工生产线和 1 条半自动生产线，另外，可供选择的生产线还有全自动生产线和柔性生产线。生产线初始购置安装完毕后，对于生产何种产品并没有限制。不同的生产线的主要区别在于生产效率和灵活性不同。生产效率是指单位时间生产产品的数

量，灵活性是指转产生产其他产品时设备调整的难易性。不同类型的生产线的购买、转产、维护、折旧以及出售规则如表 3-7 所示。

表 3-7 生产线的购买、转产、维护、折旧以及出售规则

生产线	购买价/M 元	安装周期/季度	生产周期/季度	转产周期/季度	转产费用/M 元	维护费用/（M 元/年）	残值/M 元
手工	5	无	3	无	无	1	1
半自动	8	2	2	1	1	1	2
全自动	16	4	1	2	4	1	4
柔性	24	4	1	无	无	1	6

如图 3-8 所示的每条生产线中，一个格子代表一个加工周期，生产线上只能有一个在制品，无论何种类型的生产线，产品上线时都需支付 1M 元加工费。

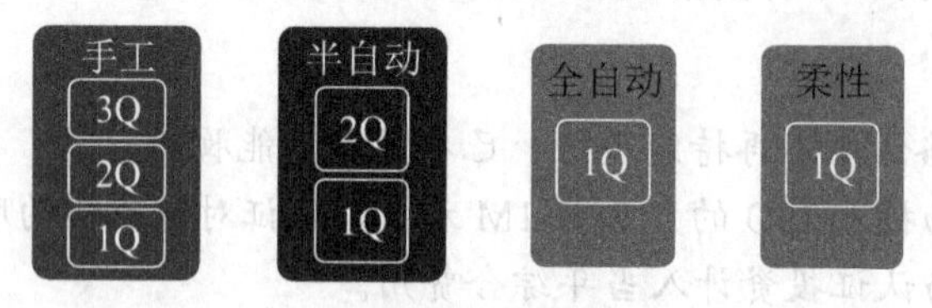

图 3-8 ERP 沙盘模拟四种生产线

1. 生产线购买

（1）生产线只能购买，公司之间不能转让。

（2）购买生产线必须按照安装周期分期支付，只有实现支付，才能计算安装周期。

（3）购买生产线支付时不一定需要持续，可以在支付过程中停顿，安装周期顺延。

（4）只有当投资全部完成后，才算安装完成。也就是说，一条生产线待最后一期投资到位后，必须到下一季度才算安装完成，允许投入使用，且生产线一经安装不允许移动位置。

（5）生产线全部投资到位后的下一周期可以领取产品标识，开始生产。

提示要点：

（1）将生产线全部投资资金集中到一个桶中，投资完成后，放置到“生产线净值”处，为“设备价值”。

（2）当年建成的生产线不计提折旧。

2. 生产线转产

生产线转产是指生产线转产生产其他产品，生产线转产时可能需要一定的转产周期或转产费用。

（1）有在制品的生产线不允许转产处理，转产仅可当生产线空闲时，将其倒扣置于盘面生产线处，分期支付转产费用。

（2）手工生产线、柔性生产线的灵活性大，不需要转产周期及费用，产品下线后可直接转产。

（3）半自动生产线、全自动生产线需要转产周期及转产费用，转产完毕的下一周期方可更换产品标识进行转产生产。

3. 生产线维护

为了保证生产线的正常运转，满足生产需求，生产线每年都需提取维护费以维护生产线。

（1）模拟企业每条生产线的维护费均为1M元每年，不论是否参加生产任务。

（2）当年在建的和当年出售的生产线均不用交维护费。

（3）当年在建的生产线一旦建成，不论是否生产，都必须交纳维护费。

（4）正在进行转产的生产线也必须交纳维护费。

4. 生产线折旧

（1）当年投资在建或建成的生产线计入在建工程，不参加折旧。

（2）每年按生产线净值的1/3（取整数）计提折旧，当设备价值低于3M元时，每年计提折旧1M元，直至提完为止。

（3）完成规定年份的折旧后的生产线净值虽为0，生产线可以继续使用，但不再计提折旧。

5. 生产线出售

（1）有在制品的生产线不允许出售。

（2）生产线卖出时，只能按残值出售，实际价值继续参加折旧，直到折完为止。

（3）当年已售出的生产线不再计提折旧和支付维护费。

提示要点：

（1）如果生产线净值小于或等于残值，将生产线净值直接转到现金库中。

（2）如果生产线净值大于残值，从生产线净值中取出等同于残值的部分转化为现金，将差额部分作为费用处理，置于综合费用的“其他”处。例如，有1条半自动生产线的净值为3M元，残值为2M元，模拟企业将其出售时，2M元放入现金库，余下1M元放置于综合费用的“其他”处。

3.2.6 产品生产规则

产品研发完成后，模拟企业可开始接单生产。生产时，要严格按照产品结构（或物料清单）要求将相应品种和数量的原材料放在生产线上并支付加工费，各条生产线生产产品的加工费均为1M元。有关P系列产品生产所需要的原材料、加工费以及直接成本如表3-8所示。

表3-8 P系列产品的生产成本

产　品	原 材 料	原料价值/M元	加工费/M元	直接成本/M元
P1	1R1	1	1	2
P2	1R1+1R2	2	1	3
P3	2R2+1R3	3	1	4
P4	1R2+1R3+2R4	4	1	5

（1）原材料只有在生产线上无产品时才能上线生产，一条生产线同一时间只能生产

一个产品。

（2）生产线只能按标识的产品生产，即生产线上生产的产品应与“标识”处标明的产品一致。

产品上生产线操作如图 3-9 所示（以 P2 产品示例）。

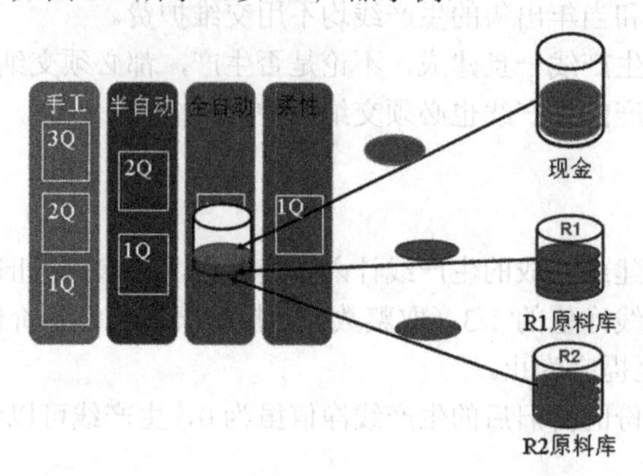

图 3-9 P2 产品上全自动生产线操作示例

提示要点：

（1）各生产线不能同时生产两个产品。

（2）上线生产产品必须有原料，否则只能“停工待料”。

3.2.7 原材料采购规则

采购原材料需经过下原料订单和采购入库两个步骤，这两个步骤之间的时间差称为订单提前期，各种原材料订单提前期如表 3-9 所示。

表 3-9 各种原材料订单提前期

原 材 料	订单提前期/季度
R1（红色）	1
R2（橙色）	1
R3（蓝色）	2
R4（绿色）	2

采购时，用空桶表示原材料订货，1 个空桶代表任意一个原材料订单，将其放在相应的订单位置上。根据上季度所下采购订单接收相应的原材料入库，并按规定付款或计入应付账款。采购原材料需要注意的规则如下。

（1）没有下订单的原材料不能入库。

（2）原材料订单不得违约、反悔，所有下订单的原材料到期必须入库。

（3）下原材料订单时不需要付款，原材料抵达入库时应按规定支付现金或计入应付账款。

提示要点：

（1）R1、R2 订购必须提前一个季度。

（2）R3、R4 订购必须提前两个季度。

3.2.8 融资规则

在 ERP 沙盘模拟演练过程中，各模拟企业需要进行融资，融资方式有长期贷款、短期贷款、高利贷以及应收账款贴现等，具体采取哪种方式，各企业可根据自身实际经营情况综合考虑融资成本后进行选择各融资方式的详细信息，如表 3-10 所示。

表 3-10　各融资方式详细信息

融资方式	规定贷款时间	最高额度	财务费用	还款方式
长期贷款	每年年末	上年所有者权益×2-已有长期贷款+一年内到期的长期贷款	年息 10%	年底付息，到期还本
短期贷款	每季度初	上年所有者权益×2-已有短期贷款-一年内到期的长期贷款	年息 5%	到期一次还本付息
高利贷	任何时间	与指导教师协商	年息 20%	到期一次还本付息
应收账款贴现	任何时间	应收账款额度的 6/7，取整数	贴息 1/7	贴现时收取贴现费用
操作说明	● 长期贷款每年必须归还利息，到期还本。本利双清后，如果还有额度的话，才允许重新申请贷款，即如果有贷款需要归还，同时还拥有贷款额度时，必须先归还到期的贷款，才能申请新贷款。不能以新贷还旧贷，短期贷款也按本规定执行 ● 高利贷的额度为 20M 元，即各公司的盘面上最多只能有 20M 元的高利贷（注：凡借入高利贷的企业均按 3 分每次扣减总分） ● 借入各类贷款时，需要财务总监填写“贷款记录表”，记录上年权益、已贷款额度、需要贷款额度，监督员（或指导教师）审核后方可执行			

（1）长期贷款额度：各自为上年权益总计的 2 倍，申请额度必须为 20 的倍数；如果上年权益为 11M 元～19M 元，只能按 10M 元来计算贷款额度，即贷款额度为 20M 元。权益低于 10M 元，将不能获得贷款。

（2）期限：长期贷款最多可贷 5 年；短期贷款和高利贷为 4Q，即 1 年，不足 1 年的按 1 年计息。

（3）利息及还款：长期贷款每年支付利息，到期还本；短期贷款到期时还本并支付利息。

（4）应收账款贴现：按 1∶6 提取贴现费用，即从任意账期的应收账款中取 7M 元，6M 元变为现金，1M 元支付贴现费用（只能贴 7 的倍数），只要有应收账款，就可以随时贴现。

（5）高利贷：利息为每年 20%，以 20M 元为单位放贷，最长期限为 4Q，到期还本付息。

提示要点：

（1）贴现时，不论应收账款期限长短，贴现费用的提取比例均一样。

（2）短贷、高利贷贷款期限不足 1 年的，按 1 年计息。

3.2.9 综合费用与折旧、税金规则

1. 综合费用

（1）综合管理费、广告费、市场开拓费、产品研发费、ISO 认证费、生产线转产费、

设备维护费、厂房租金等计入综合费用。

（2）综合管理费为每季度支付 1M 元。

（3）广告费为每年拿订单时的广告投入。

2. 折旧

（1）采用余额递减折旧方法，每次按资产设备价值的 1/3 取整折旧。余额少于 3M 元时，每次折旧数额为 1M 元，直到提完为止。

（2）当年已售出的资产设备不计提折旧。

（3）当年在建或新建成的生产线不计提折旧。

（4）厂房不计提折旧。

提示要点：

（1）每年折旧时，财务总监从设备净值（或生产线净值）中取出折旧费放置在沙盘综合费用“折旧”处。

（2）折旧时不涉及现金支出。

3. 税金

（1）为简化学生操作，模拟经营中各企业只考虑所得税，其他税金暂不考虑。

（2）每年所得税计入应交税金，税额为本年净利润的 1/3（取整数），在下一年初交纳。

（3）准许企业将本年度发生的亏损向以后年度结转，用以后年度的净利润弥补，但弥补年限最长不得超过 3 年，弥补后仍有盈余则按规定交纳所得税。

注意：从 2008 年 1 月 1 日起执行修订后的《中华人民共和国企业所得税法》，企业所得税税率按 25%进行计算。在 ERP 沙盘模拟演练中，教师可对企业所得税税率进行适当调整。

3.2.10 广告投放与销售订单争取规则

销售预测和客户订单是各企业可以信任的客户需求数据，各企业可以根据这些数据安排生产经营。企业投入广告费有两个作用：一是获得拿取订单的机会；二是确定选单顺序。

1. 广告费与获得订单的机会

（1）广告分市场、分产品投放。

（2）订单按市场和产品发放，如本地市场的 P1、P2、P3、P4 产品，区域市场的 P1、P2、P3、P4 产品等次序发放。

（3）不是广告投放得越多，公司拿的订单就越多，还要看市场的需求总量。

（4）公司每进行 1M 元广告费投入，就可能获得一次拿单的机会；一轮订单选取结束之后，如果接收订单的能力有剩余，要想另外获得拿单机会，就需要多投入 2M 元获得一次机会，每个机会可以拿一张订单，如 7M 元广告费表示可能有 4 次拿单的机会，最多可以拿 4 张订单。

提示要点：

无论模拟企业投入多少广告费，每轮只能选择一张订单，然后等待下一轮选单机会。

2. 广告费填写

（1）将广告费填写在每个市场的相应产品栏中。

（2）要保持市场准入资格时，每个市场最少投放1M元广告费。

（3）如果要获取有ISO要求的订单，首先要开发完成ISO认证，然后在每次投入广告费时，要在ISO 9000和ISO 14000 的位置上分别投放1M元的广告费，或只选择二者之一投放广告费，这样就有资格在该市场的任何产品中取得标有ISO 9000或ISO 14000的订单（前提是具有获得产品订单的机会），否则，无法获得有ISO要求的订单。

3. 选单排名顺序

各公司按照排定的顺序来选择订单，选单顺序根据如下原则排定。

（1）第一年，本地市场以第一次投入P1产品广告费的多少产生该产品的选单顺序，在以后各年中，新市场同样以产品广告费的多少决定选单顺序。

（2）第二年开始，上年市场"老大"优先，即上年该市场所有产品订单销售额（包括P1、P2、P3、P4产品）第一且完成所有订单的公司，本年度在该市场的所有产品上可以优先选单（前提是在产品上投放了广告费）。

（3）如果各公司对某产品的广告投入一样，按各公司在同一市场的全部产品的广告总投入量（包括ISO认证的投入）进行排名。

（4）如果各公司对某市场的广告总投入量一样，按上年的该市场排名顺序排名。

（5）如果上年排名相同，采用竞标方式选单，即把某一订单的销售价、账期去掉，按竞标公司所出的销售价和账期（按出价低、账期长的顺序）决定谁获得该订单。

提示要点：

（1）对于新进入的市场，第一轮选单时，按照该市场广告费投入的多少来决定选单顺序。

（2）第一轮选单结束后，如还有剩余的订单，则多投2M元的模拟企业可参加第二轮选单，第二轮（和以后各轮）的选单顺序也由上述选单排名顺序原则决定。

（3）发放订单或选单顺序依次为本地市场—区域市场—国内市场—亚洲市场—国际市场。

（4)在同一市场内发放订单或选单顺序依次为P1产品—P2产品—P3产品—P4产品。

4. 销售排名及"市场老大"规则

市场地位是针对每个市场而言的，企业的市场地位是根据上一年度各模拟企业的市场销售额决定的，销售额最高的公司成为"市场领导者"，俗称"市场老大"。换句话说，本地、区域、国内、亚洲、国际各市场都有一个企业为"市场老大"。

（1）每年竞单完成后，根据某个市场的总订单销售额排名。

（2）排名第一的为市场老大，如果无违约，下年只要投入1M元的广告费，就可以第一个选单。

（3）其余的公司仍按选单排名方式确定选单顺序。

提示要点：

（1）市场老大按市场分而不是按产品分。

（2）第一年没有市场老大，刚开拓出的新市场也没有市场老大。

5. 放弃原则

（1）本地市场不允许放弃（每次最少在一个产品上投入 1M 元）。

（2）其他市场可以放弃（即当年未投入 1M 元的市场维持费），但若要再次进入市场，必须再次开发（已开发的投入将被收回）。

6. 订单放单原则

（1）按总需求量放单。例如，某个产品的总需求量为 6 张订单，市场有 7 张订单，则只放 6 张。

（2）按供应量放单。如果订单总数超过需求总数，则拿出全部订单。

（3）如果只有独家需求，则全部放单。

7. 选单流程

（1）按选单顺序先选第一轮，每个公司一轮只有一次机会，选择 1 张订单。

（2）第二轮按顺序再选，机会用完的公司则退出选单，如老大只投了 1M 元广告费，第二轮选单，则老大退出，由前两次排名最靠前的公司选单。

8. 订单种类

（1）普通订单：一年之内任何交货期均可交货。

（2）加急订单：第一季度必须交货。

（3）ISO 9000 或 ISO 14000 订单：要求具有 ISO 9000 或 ISO 14000 资格，并且在市场广告上投放了 ISO 9000 或 ISO 14000 广告费（1M 元）的公司才可以拿单。

9. 交货规则

各模拟公司交货时，必须按照订单规定的数量整单交货。

10. 违约处罚规则

所有订单必须在规定的期限内完成（按订单上的产品数量交货），即加急订单必须在第一季度交货，普通订单必须在本年度交货等；如果订单没有完成，则按下列规则加以处罚。

（1）下一年市场地位下降一级，如果是市场第一的，则下一年市场第一空缺，所有公司均没有优先选单的资格。

（2）下一年必须先交上违约的订单后，才允许交下一年的正常订单。

（3）下一年交货时扣除订单额 25%的违约金，如订单总额为 20M 元，交货时只能获得15M元的货款，计入当年的销售收入。

（4）对于加急订单的违约，除了下一年市场地位下降一级外，违约订单必须在本年度其余3个规定的交货日中交货，且必须先交该加急订单后，才能交本年度其他订单（包括其他市场的订单）。交单时，扣除违约订单销售总额的25%（销售总额的1/4，取整），实际收入计入当年的销售收入。

3.3 模拟企业利用ERP提升竞争力

为了便于学生深刻地理解企业经营模拟的本质以及如何利用ERP思想及理念获取竞争优势，现以一个从事制造业的模拟企业为例，从传统的经营模式到现代化的信息化经营模式，分别从采购、生产、销售以及财务等方面剖析企业经营管理的流程、各职能部门的矛盾与协调、企业经营的本质，最终借助ERP的思想和理念实现信息的联动和共享，逐步实现对业务过程的全面管理，实现对关键流程的控制，从而体现事前计划、事中控制、事后分析的系统管理思想。

3.3.1 模拟企业的愿景、目标和组织结构

1. 模拟企业的愿景和目标

某模拟企业是一个生产P系列产品（P1、P2、P3、P4产品）的民营企业，目前该企业只有生产P1产品的能力，从市场情况看，这个产品还算畅销。

然而，令公司高管头疼的是，企业管理中的计划、预算、采购、生产、制造、销售、市场等方面的问题错综复杂，并且相关部门相互独立，信息分散且又有各自的需求，因此，每次制订计划、进行财务预算决策时，各部门为了自己部门的利益和需求都会争执不下。每当各部门意见僵持不下、无法开展工作时，企业CEO往往“拍脑袋经营”，致使整个企业的管理水平以及工作质量和效率都不高。

因此，该模拟企业希望通过市场开拓、新产品研发以及扩大生产规模等策略，借助先进的管理思想、方法和IT技术，用六年时间，借助ERP的思想和理念打造一个现代化的管理企业，从而在激烈的竞争中求得更好的生存和发展空间。

2. 模拟企业的组织结构

该模拟企业采用了简化的组织结构，企业组织有五个主要角色——CEO、营销总监、生产总监、采购总监和财务总监，其各自的职责如下。

（1）CEO：负责带领团队成员共同做出重大决策，大家意见相左时，由CEO最终决策。

（2）营销总监：负责市场开拓和销售管理，根据市场需求预测及客户需求制订销售计划，有选择地进行广告投放，取得与自身企业生产能力相匹配的客户订单。

（3）生产总监：负责管理企业的一切生产活动，负责制订主生产计划，并通过组织、

指挥和控制等手段实现对企业资源的合理分配。

（4）采购总监：负责根据合理的主生产计划编制物料需求计划，确保在合适的时间采购品种和数量合适的原材料。

（5）财务总监：负责企业的财务和会计工作，记录公司日常现金收支，核算企业经营成果，编制现金预算，根据预算需求采用经济、有效的方式进行融资。

3.3.2 往年年初计划会烦恼

“好好合计合计，今年 P 产品交易会的广告该怎么投？”像往年年初一样，CEO 把自己关在办公室里，开始思考年初计划会的思路。

对于 P 产品交易会，营销总监一点儿都不陌生：“这个交易会的规模非常大，不仅参展的厂商多，来订货的用户也非常多，每年的成交额都在百亿元以上。”

对于该模拟企业而言，如果能在交易会上拿下几个好订单，那这一年就不用担心销售问题了，所以，营销总监的愿望是大手笔地在广告上投入资金。

生产总监则急忙说道：“光想广告可不行，抢订单固然重要，可目前我们公司只能生产 P1 产品，而 P1 产品的利润率越来越低，我们也该考虑新产品的研发了。另外，我们目前的生产线也比较落后，该考虑更新了。”

采购总监说：“今年得多买些原材料，一是因为去年原材料不够，造成咱们的‘停工待料’损失，二是明年原材料可能要涨价。”

财务总监苦笑道：“各位总监，公司需要用钱的地方太多了，尽管目前向银行贷了一些款，但还总是捉襟见肘、入不敷出。另外，你们每年提交的计划用款能不能尽量符合实际啊。”

……同样的问题每年都在重复。

3.3.3 市场需求预测分析

为了更加准确地掌握市场的需求以及相关动态信息，该模拟企业委托某咨询公司进行了详细的市场调查。图 3-10 所示是在未来 6 年内，P 系列产品的市场需求预测。

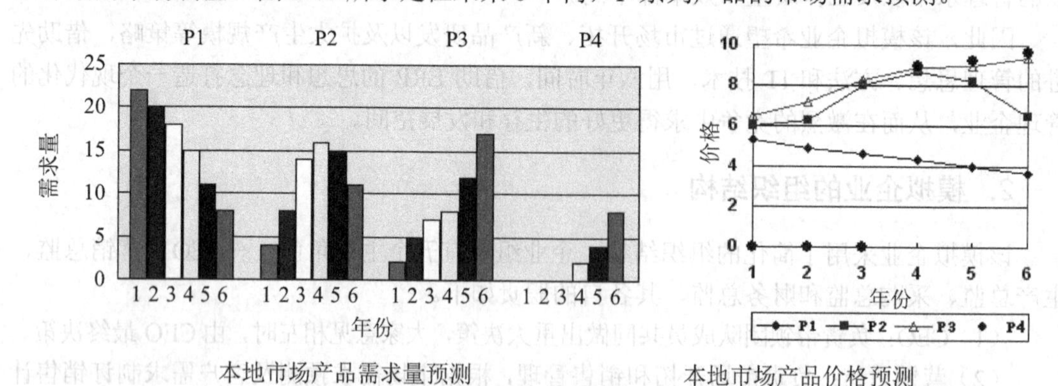

本地市场产品需求量预测　　本地市场产品价格预测

图 3-10　未来 6 年 P 系列产品的市场需求预测

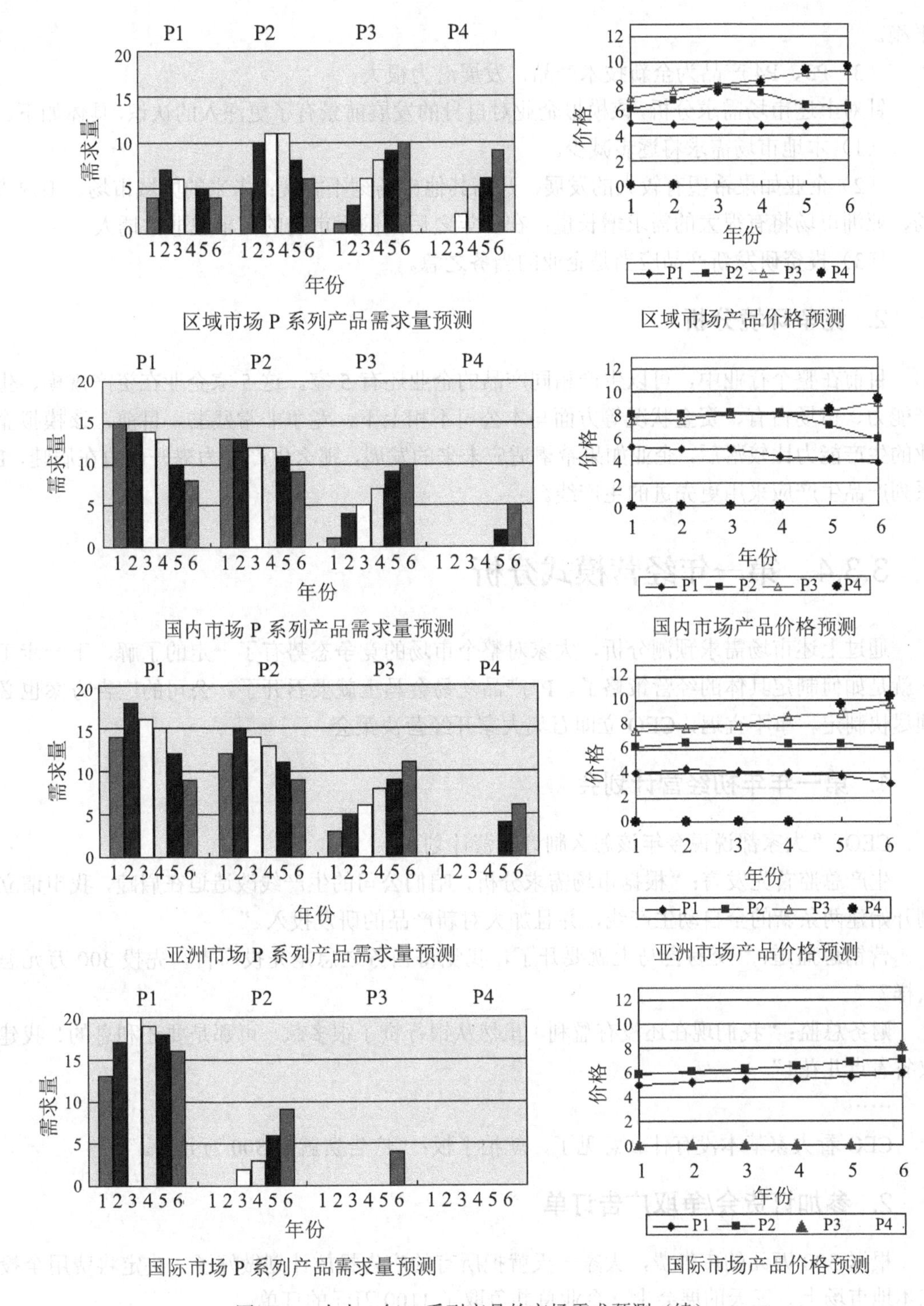

图 3-10　未来 6 年 P 系列产品的市场需求预测（续）

1. 市场客户需求分析

（1）P1 产品由于技术水平低，虽然近几年需求较旺，但未来将会逐渐下降。

（2）P2 产品是 P1 产品的技术改进版，前两年需求增长得比较迅速，其后需求趋于平稳。

（3）P3、P4 产品为全新技术产品，发展潜力很大。

针对上述市场需求分析，该模拟企业对自身的发展前景有了更深入的认识，具体如下。

（1）本地市场需求将逐步减少。

（2）企业如果希望有较大的发展，开拓其他市场刻不容缓：未来的区域市场、国内市场、亚洲市场将有很大的需求增长量；在 3 年之后，国际市场的需求也非常诱人。

（3）投资研发新产品应当是企业的当务之急。

2. 竞争环境分析

目前在整个行业中，可以生产相同产品的企业还有 5 家。这 5 家企业在资产规模、生产能力、市场占有、资金状况等方面与本公司不相上下，竞争非常残酷。目前，该模拟企业的生产能力比较落后，企业如果希望适应未来的发展，那么生产能力提升已迫在眉睫，P 系列产品生产应采用更先进的生产线。

3.3.4 第一年经营模式分析

通过上述市场需求预测分析，大家对整个市场的竞争态势有了一定的了解，下一步工作就是如何制定具体的经营策略了。P 产品交易会马上就要召开了，公司的广告方案也必须尽快制定。事不宜迟，CEO 立即召集大家开经营决策会。

1. 第一年年初经营计划会

CEO："大家都说说今年该怎么制订经营计划。"

生产总监首先发言："根据市场需求分析，咱们公司的生产线改造迫在眉睫，我申请立刻开始建两条新的全自动生产线，并且加大对新产品的研发投入。"

营销总监道："交易会马上就要开了，我觉得当务之急是先投广告，先投 300 万元怎么样？"

财务总监："我们现在还没有盈利，虽然从银行贷了很多款，可那是要还利息的！我建议省着点儿花！"

……

CEO 看大家基本没有什么意见了，就拍了板："广告费就投 300 万元了。"

2. 参加订货会/争取广告订单

根据 300 万元的广告费，大家一天就把所有的广告投放计划做好了，决定将费用全投在本地市场上。三天的展会中，企业总共争取了 1100 万元的订单。

3. 第一年财务状况统计核算

转眼之间，一年过去了。CEO 还在负责公司的整体运作，生产总监准时完成了生产计划，营销总监按时交货并收到了货款……财务总监进入一年中最忙碌的时期，因为年终财务报表的编制迫在眉睫了。

1）资产负债表不平衡

财务总监把下属分成几组，分赴各个部门查账、盘点。数据量太大了，有时算不全，有时算错了，失误就得重新来。

财务总监："各位老总，经过我们财务部门的加班加点，经过兄弟部门的通力配合，公司的年终财务报告终于出来了，今天我给大家汇报一下，其中还有些问题，希望大家帮忙。这张是我们的资产负债表（见表 3-11），公司目前的总资产是 1.80 亿元，总负债是 1.40 亿元，所有者权益是 0.39 亿元……这里面有个问题……"

表 3-11　第一年错误的资产负债表　　单位：百万元

资　　产	期　初　数	期　末　数	负债和所有者权益	期　初　数	期　末　数
流动资产：			负债：		
现金		97	长期负债		120
应收账款		11	短期负债		20
在制品		4	应付账款		
成品		14	应交税金		
原料		1	一年内到期的长期负债		
流动资产合计		127	负债合计		140
固定资产：			所有者权益：		
土地和建筑		32	股东资本		45
机器与设备		13	利润留存		18
在建工程		8	年度净利		−24
固定资产合计		53	所有者权益合计		39
资产总计		180	负债和所有者权益总计		179

2）其他总监对资产负债表的认知

生产总监发话："不错，有这么多资产了，我们发展得很快啊！"

财务总监一肚子气，说："你看得懂资产负债表吗？我们的总资产中大部分是负债，也就是说，大部分是银行的钱。关键问题是，我们的账到目前为止都平不了，也就是资产负债表的左右两边是不平衡的。总资产比负债和所有者权益多了 100 万元，我查了好几遍了也不知道怎么回事。"

营销总监："不平就不平吧，多出 100 万元不是好事情吗？"

财务总监气急败坏地说："别说 100 万元，就是差 1 元都不行！大家看看各自涉及的账目，会不会哪里多报了 100 万元或者哪里少报了 100 万元。"

众人开始在报表里寻找和自己相关的项目，可都没有发现自己出错。

就在财务总监焦头烂额时，采购总监突然说道："我刚才看见地上有一个灰色的币，以为是咱们的，就捡起来直接放进现金库了，是不是因为这一个代表 100 万元的币啊？"

财务总监一听又气又急："你可害惨我了！"

第一年正确的资产负债表如表 3-12 所示。

表 3-12　第一年正确的资产负债表　　单位：百万元

资　　产	期　初　数	期　末　数	负债和所有者权益	期　初　数	期　末　数
流动资产：			负债：		
现金		96	长期负债		120
应收账款		11	短期负债		20
在制品		4	应付账款		
成品		14	应交税金		
原料		1	一年内到期的长期负债		
流动资产合计		126	负债合计		140
固定资产：			所有者权益：		
土地和建筑		32	股东资本		45
机器与设备		13	利润留存		18
在建工程		8	年度净利		−24
固定资产合计		53	所有者权益合计		39
资产总计		179	负债和所有者权益总计		179

4．第一年经营成果分析

CEO：“财务总监，一年过去了，来给我们算算去年赚了多少钱吧！”

财务总监：“好吧，这张就是我们的利润表（见表 3-13），显示了我们去年的盈亏状况！”

表 3-13　第一年利润表　　单位：百万元

项　　目	上　年　数	本　年　数
销售收入		11
直接成本		4
毛利		7
综合费用		28
折旧前利润		−21
折旧		2
支付利息前利润		−23
财务收入/支出		−2
其他收入/支出		1
税前利润		−24
所得税		
净利润		−24

CEO 一看报表，很高兴地说：“不错，刚开始就盈利了，还不少呢！”

财务总监回应道：“总裁，我们哪里有盈利呀？我们的毛利只有 700 万元，综合费用是 2800 万元，包括人员的工资、福利、办公成本等，另外我们的机器设备都必须要折旧，这又要 200 万元，再加上我们的贷款那么多，光利息就是 200 万元，还有一些额外支出，算起来，我们在税前亏了 2400 万元！”

营销总监说：“去年的广告费投得少了，如果再给我 300 万元，还能拿更多的订单。”

生产总监说：“你的说法不对，接那么多单子哪能生产得出产品来，别忘了，我只有 3

条生产线，2 条手工的，1 条半自动的。”

财务总监说：“关于亏损，我想原因是收入太少，只有 1100 万元，毛利没有多少钱……还有就是我们在投入上的花费太多，研发、生产线、ISO 认证及区域市场开拓，这些都是要在今年或者明年才可以见效的，属于长期工程，但是成本都必须分摊到去年，所以今年的盈利可能会多一点。”

3.3.5　第四年全成本核算

到了第四年，模拟企业逐步积累了经营管理企业的经验，今年的年初计划会召开之前，各个部门的相关数据基本上准备完毕。

1．和谐的年初计划会

营销总监：“组织市场部对市场进行了分析与预测，对于产品的需求分布、价格、数量，以及对手情况了解得更为清晰了。建议今年的广告投入达到 1200 万元，以便争取拿到 1 亿元的销售订单。”

生产总监：“生产制造管理软件已顺利导入，使得今年所有生产方案的原材料需求数量和时间计算得精准无误，甚至连付款时间也考虑到了。根据几种生产方案的预测，分别列出了原材料采购和货款支付情况（如表 3-14～表 3-16 所示）。虽然总采购金额达到 9500 万元，但支付时间已经分散。”

表 3-14　第四年生产计划　　单位：百万元

产　品	第四年（本年）				第五年（下年）	
	第一季度	第二季度	第三季度	第四季度	第一季度	第二季度
P1	1	4	1	1	2	
P2	2	6		1		
P3		3		3	3	
P4		2		2	2	

表 3-15　第四年原材料采购计划　　单位：百万元

产　品	第三年（上年）		第四年（本年）			
	第三季度	第四季度	第一季度	第二季度	第三季度	第四季度
R1		3	10		2	2
R2		2	14		9	8
R3		5		5	5	
R4		4		4	4	

表 3-16　第四年加工费用和原材料付款计划　　单位：百万元

预计加工费用		预计原材料付款	
第一季度	3	第一季度	5
第二季度	15	第二季度	33
第三季度	1	第三季度	1
第四季度	7	第四季度	12

财务总监："现金流预算已经进行了信息化管理，但由于缺乏生产加工费用和原材料付款费用的数据支持，使得计算结果还有问题。"

采购总监提供的采购费用计划和加工费用计划对财务核算十分重要，财务总监在把这些数据输入计算机后，发现这种投入在第三季度将出现现金断流情况，如表 3-17 所示，不过可以把计划相应调整一下。

表 3-17 第四年现金预算表

单位：百万元

项 目 名 称	第 一 季 度	第 二 季 度	第 三 季 度	第 四 季 度
期初库存现金	45	57	1	−9
支付上年应交税	0			
市场广告投入	12			
贴现费用				
利息（短期贷款）				
支付到期短期贷款				
原料采购支付现金	5	33	1	20
转产费用				
生产线投资	4	4	4	4
工人工资	3	15	1	7
产品研发投资	3	3	3	3
收到现金前的所有支出	27	55	9	34
应收款到期	40			
支付管理费用	1	1	1	1
利息（长期贷款）				3
支付到期长期贷款				20
设备维修费用				5
租金				3
购买新建筑				
市场开拓投资				
ISO 认证投资				
其他				
库存现金余额	57	1	−9	−75

根据生产计划，本年第二季度是公司全年采购的高峰期，原材料的支出要 3300 万元，加上其他的一些费用，流动资金到了第三季度初就减少到 100 万元了；再看第三季度，虽然没有大额的支出，但是一些生产和运营费用的支出就是 1000 万元，按照现在的计划计算，到了第三季度就要出现资金断流的情况，因此，要调整有关计划，如争取客户订单时可重点关注应收账期较短的订单或及时筹款等。

2. 参加订货会/争取销售订单

计划会议之后，一切都进行得十分顺利。营销总监在市场上拿到了 1 亿元的销售订单；采购部门按计划订货和采购，每季度订多少货、要求什么时间到货等都安排得有条不紊；财务总监也轻松了不少，如果各个部门都按照计划执行，现金的压力可以不用再考虑。

3.3.6 第六年全面信息化建设

这几年，模拟企业各个业务部门都引入了信息化系统，大大提高了公司的整体运作效率，如表3-18所示。

表3-18 信息化建设情况

年 份	信息化建设情况
第二年	财务部率先采用财务软件系统，财务报表全由计算机处理，甩掉了手工账
第三年	库存管理应用计算机管理系统，库存产品和原材料统计实现了自动化
第四年	财务部门使用了现金流预算软件；生产部门也根据生产计划通过计算机制定原材料采购订单，使得原材料采购方面的积压、短缺等现象杜绝
第五年	生产制造也实现了计算机管理，基本消除了生产计划制订和生产排程的混乱现象

按理说各个部门都信息化了，麻烦应该越来越少才是，可是这样的系统越多，麻烦事情却越多。

1. “信息孤岛”现象

所谓的“信息孤岛”是指相互之间在功能上不关联互助、信息不共享互换以及信息与业务流程和应用相互脱节的计算机应用系统。目前，公司几乎所有岗位都在进行计算机管理，可最终还是有些环节的效益不理想。大家都使用了计算机管理，每年数据报表汇总后数据却总对不上。财务说库存数据不对，库存说生产数据不对，还有人说引进的软件有问题，最终还是一片混乱。这种问题属于典型的“信息孤岛”现象，也是许多企业的常见问题。

应当看到，在整个信息技术产业飞速发展的过程中，企业的IT应用也伴随着技术的发展而前进。但与企业的其他变革明显不同的是，IT应用的变化速度更快。也就是说，企业进行的每一次局部的IT应用都可能与以前的应用不配套，也可能与以后的“更高级”的应用不兼容。因此，从产业发展的角度来看，“信息孤岛”的产生有着一定的必然性。

例如，每个季度做报表时，财务总监就抱怨：“财务系统好是好，领导定期看财务数据方便了，采购、库存、生产、销售、市场等部门的数据给得也挺快的，几天就能准时交表，可我这里一汇总就充分理解什么是信息爆炸的时代了！我们财务部的人员现在都是录入员了，天天捧着各个部门的报表往财务系统里录数据，各个部门提供的报表还变来变去的。我的人天天都在系统里做数据录入，根本没有时间做财务分析。怎么就不能让各个部门的数据直接导入我的财务系统？那可比人工快多了，也准确多了！”

从企业的自身原因分析，前期的信息化建设大多缺乏长远与统筹规划，不同阶段只考虑各种短期需求，造成了各种不同应用系统的盲目引进，如有上级部门下发推广的，有自行开发或合作开发引进的，等等。由于大多数应用系统之间没有统一的技术和数据标准，数据不能自动传递，缺乏有效的关联和共享，从而形成了一个个彼此隔离的信息孤岛。

企业信息孤岛的常见类型如图3-11所示。

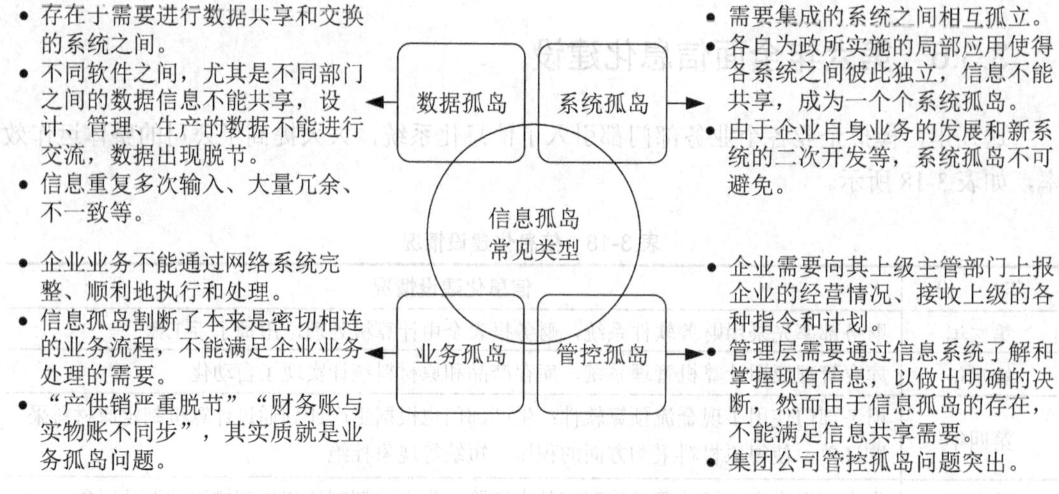

图3-11　企业信息孤岛的常见类型

2. “信息孤岛”的危害

当所有部门都分别进行计算机管理之后，效率虽然提高了，但各个部门仅关心自己部门的业绩改进，并且所有管理改进措施都围绕自己部门进行，根本不考虑其他部门甚至企业整体的情况。由此导致信息共享程度比较低，大部分部门的系统的信息服务对象单一，仅服务于某个部门或单位，各个部门之间还没有形成有效的信息共享，造成数据有重复录入且不一致的现象产生，致使工作重复、效率低下。例如，采购、销售和仓库与财务之间形成财务业务数据不一致；手工管理的部门与局部信息化的部门不能信息共享，已经信息化的部门之间也不能信息共享。由于缺少统一的工作平台，企业内部运行受制于效率最低的部门。

从目前的信息化应用情况来看，各公司的信息系统对生产业务运营、经营管理发挥了一定的支撑作用，但是目前这些零散独立的系统是以往不同时期由不同部门为满足各自业务需要而建立的，因此几乎每个下属单位都有功能各异、大小不同的信息系统，这些应用系统在不同程度上满足了使用部门的工作需要，对提高企业生产经营管理水平起到了极大的辅助作用。但这些系统缺乏与公司战略层面的融合匹配，各信息系统各自为政，相互独立，“信息孤岛”现象较为严重。在这种情况下，集团公司总体的管理水平并没有得到提升，也不可能实现集中统一管控。尤其是作为各级管理者和公司高层主管领导，由于不能及时掌握全局的购销存业务、财务、生产、成本、效益等信息，造成决策缺乏翔实、准确、及时的数据支撑，从而影响决策的科学性。

“信息孤岛”的存在所带来的弊端是显而易见的。

（1）导致信息的多口采集、重复输入以及多头使用和维护，信息更新的同步性差，从而影响了数据的一致性和正确性，并使企业的信息资源杂乱分散和大量冗余，信息的使用和管理效率低下，且失去了统一的、准确的依据。

（2）由于缺乏业务功能交互与信息共享，致使企业的物流、资金流和信息流脱节，结果造成账账不符、账物不符，不仅难以进行准确的财务核算，而且难以对业务过程及业务标准实施有效的监控，导致不能及时发现经营管理过程中的问题，造成计划失控、库存过量、采购与销售环节的暗箱操作等现象，给企业带来无效劳动、资源浪费和效益流失等严重后果。

（3）孤立的信息系统无法有效地提供跨部门、跨系统的综合性信息，各类数据不能形成有价值的信息，局部的信息不能提升为管理知识，以致对企业的决策支持只能成为空谈，同时企业信息孤岛的存在还将降低信息系统在集团公司和行业中的应用价值。

为解决以上问题，我们要搭建数据中心信息平台，进行企业信息系统集成。从源头数据收集开始进行源头数据资源建设，任何一个原始数据由一个部门的一位员工负责录入系统中之后，立即存储并显示在所有相关的记录和报表上，不再需要第二个部门或任何其他员工重新录入。即便以后需要修改，也只能由原始录入人员操作。这样不仅有助于提高数据的准确度，还可以减少时间，提高数据采集的效率。

3. 企业整体信息化建设

现在许多企业都在进行信息化建设，但理解信息化建设意义的企业并不多，有的企业的信息化管理甚至是为了赶时髦，为了向上级汇报成绩。得到各种真实、准确的有关数据是决策的基础，也是决策的绝对前提。然而，工作中涉及的信息的数量实在太多。有些企业中，一种产品大概需要上万种原材料，很可能由于一个螺丝钉的短缺导致产品在生产线上就不能下线。如果生产计划保险一些，就需要多储备原材料，但多储备原材料势必造成库存大量积压，大量占用流动资金。为解决这些问题，公司需要整体进行信息化建设，框架如图3-12所示。

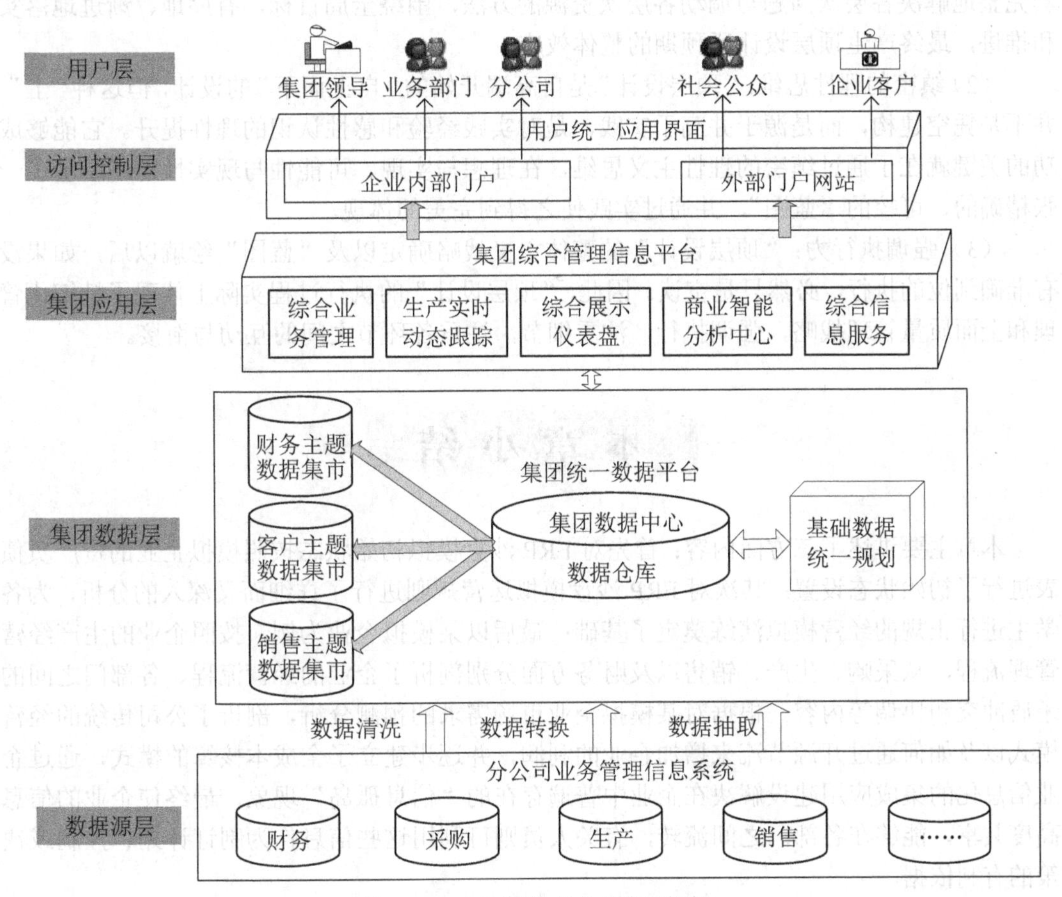

图3-12 企业整体信息化建设框架

通过以上信息化建设，从数据源层到应用层，能够实现业务操作信息化、集成化。为提升整个公司的管理水平，可根据决策需求进行数据抽取挖掘形成数据仓库，并利用在线分析处理技术等实现公司的统一管理监控、辅助决策的信息化和可视化。形成一个“标准唯一、源头唯一、结构合理、上下一致、内外兼有、统一存放、授权共享、集中管理”的公司管理模式。

要实现上述信息化建设蓝图，信息系统的顶层规划和设计对于企业来讲至关重要，它是对企业信息化建设的一个战略部署，能够勾勒出企业信息化建设的愿景、使命、目标和战略，规划出企业信息化建设的未来架构。在进行信息化战略规划制定时，应由高层领导、信息化用户代表、信息化专家以及咨询顾问等根据企业总体战略的要求，谋划企业信息化的发展目标和方向，最终的目标是推动企业战略目标的实现。

在进行信息化顶层设计时，应按照系统论思想，自上而下地开始总体构想和战略设计，注重规划设计与实际需求的紧密结合，实现结构上的优化、功能上的协调、资源上的整合，遵循将复杂对象简单化、具体化、程式化的设计方法。设计中，不仅需要从系统和全局的高度对设计对象的结构、功能、层次、标准进行统筹考虑和明确界定，且应十分强调从理想到现实的技术化、精确化建构。所以，企业的信息化顶层设计是铺展在意图与实践之间的“蓝图”。其特点主要体现在以下三个方面。

（1）整体主义战略：在根据任务需求确定核心或终极目标后，“顶层设计” 考虑-整套完整地解决各层次问题与调动各层次资源的方法，围绕全局目标，有序地、渐进地落实和推进，最终产生顶层设计所预期的整体效应。

（2）缜密的理性思维：“顶层设计”是自高端开始的“自上而下”的设计，但这种“上”并不是凭空建构，而是源于并高于实践，是对实践经验和感性认识的理性提升。它能够成功的关键就在于通过缜密的理性主义思维，在理想与实现、可能性与现实性之间绘制了一张精确的、可控的“蓝图”，并通过实践使之得到完美的体现。

（3）强调执行力：“顶层设计” 的整体主义战略确定以及“蓝图” 绘就以后，如果没有准确到位的执行，必然只是空谈。因此，“顶层设计” 的执行过程实际上体现了精细化管理和全面质量管理战略，强调执行，注重细节，注重各环节之间的互动与衔接。

本章小结

本章主要讲述了三方面内容：首先对 ERP 沙盘模拟初始状态按照模拟企业的资产负债表进行了初始状态设置；其次对 ERP 沙盘模拟运营规则进行了详细而又深入的分析，为各学生进行正规的经营模拟演练奠定了基础；最后以某模拟企业为例，按照企业的生产经营管理流程，从采购、生产、销售以及财务方面分别剖析了企业的经营流程、各部门之间的矛盾冲突和协调等内容。根据对某模拟企业市场需求的预测分析，剖析了公司传统的经营模式以及如何通过开源节流来增加企业的利润，并逐步建立了全成本核算的模式，通过企业信息化的集成应用建设解决在企业中普遍存在的“信息孤岛”现象，最终使企业的信息高度共享，能够在各部门之间流转，有关人员则可利用这些信息作为制订计划、控制或决策的有利依据。

第 4 章　ERP 沙盘模拟运营演练

【学习目标】

- ✧ 体验 ERP 沙盘模拟演练的企业运营流程
- ✧ 深入理解模拟企业在年初、年中、年末涉及的各项工作内容
- ✧ 学会应用沙盘模拟演练中所产生的企业报表
- ✧ 在指导教师的带领下进行起始年的经营模拟
- ✧ 各模拟企业开始接管未来六年的企业经营

企业模拟运营应当严格遵守运营规则，按照规定的流程进行运营。想要经营、管理好企业，管理者应当做好预测、决策、预算、计划、控制、核算、分析等工作。其中，预测、决策（规划）、预算、计划工作应当在每年经营结束后、下一年度运营之前进行，目的是使企业经营活动有序地进行；控制主要是在经营过程中，根据企业运营流程和事先计划进行生产经营；核算是在模拟企业每一年度经营结束后对当年的经营情况进行盘点，并编制各种报表，以反映当期的经营情况和年末的财务状况；分析主要是在经营结束后，将本期核算的结果与预算进行比较，找出差异，并对差异进行分析，以便以后更好地开展工作。

4.1　ERP 沙盘模拟企业运营流程

在企业模拟运营过程中，模拟企业每年的运营流程（以用友公司设计的沙盘为例）如表 4-1 所示。此流程为简化后的任务清单及工作流程，企业竞争模拟中，各小组应严格按工作顺序逐步运行，同时在沙盘盘面上做相应操作。

表 4-1　模拟企业运营流程

任务清单 （请按顺序执行下列各项操作）	每执行完一项操作，CEO 请在相应的方格内打钩。 财务总监（助理）在方格中填写现金收支情况。			
1. 新年度规划会议				
2. 参加订货会/登记销售订单				
3. 制订新年度计划				
4. 支付应付税				
5. 季初现金盘点（请填余额）				

续表

任 务 清 单 （请按顺序执行下列各项操作）	每执行完一项操作，CEO 请在相应的方格内打钩。 财务总监（助理）在方格中填写现金收支情况。			
6．更新短期贷款/还本付息/申请短期贷款				
7．更新应付款/归还应付款				
8．原材料入库/更新原材料采购订单				
9．下原材料采购订单				
10．更新生产/完工入库				
11．投资新生产线/变卖生产线/生产线转产				
12．向其他企业购买原材料/出售原材料				
13．开始下一批生产				
14．更新应收款/应收款收现				
15．出售厂房				
16．向其他企业购买成品/出售成品				
17．按订单交货				
18．产品研发投资				
19．支付行政管理费				
20．其他现金收支情况登记				
21．支付利息/更新长期贷款/申请长期贷款				
22．支付设备维护费				
23．支付租金/购买厂房				
24．计提折旧				
25．新市场开拓/ISO 资格认证投资				
26．结账				
27．现金收入合计				
28．现金支出合计				
29．期末现金对账（请填余额）				

从表 4-1 可以看出，企业模拟经营的业务流程可分为年初工作、按季度执行的工作和年末工作。在实际模拟运营时，由 CEO 主持工作大局，指挥其团队中各成员各司其职，按照任务清单的顺序执行任务，每执行完一项任务，各成员应在任务清单对应的方格内进行详细的记录。

4.1.1　模拟企业年初运营工作

模拟企业年初运营的工作主要有新年度规划会议、参加订货会/登记销售订单、制订新年度计划以及支付应付税 4 项，工作序号和表 4-1 中任务清单序号一一对应。

具体是在 CEO 的带领下集合各位业务主管召开新年度规划会议，根据各位主管掌握的信息和企业的实际情况，初步提出企业在新一年的各项投资规划，包括市场和认证开发、产品研发、设备投资、生产经营等规划。同时，为了能准确地在一年一度的产品订货会上争取尽量多的销售订单，还应当根据规划精确地计算出企业在该年的产品完工数量，确定企业可接受的订单数量。

1. 新年度规划会议

新年度规划会议主要涉及企业在新的一年如何开展各项工作的问题，其主要内容涉及企业的发展战略规划、投资规划、生产规划和资金筹集规划等。要做出科学合理的规划，企业应当综合考虑目前和未来的市场需求、竞争对手可能采取的策略以及本企业的实际情况。在进行规划时，企业首先应当对市场进行准确的预测，包括预测各个市场的产品需求状况和产品价格水平，预测竞争对手可能的目标市场和产能情况，预测各个竞争对手在新的一年的资金状况；其次，在上述预测的基础上，各业务主管提出新年度规划的初步设想，大家就此进行论证；最后，在权衡各方利弊得失后，做出企业新年度的初步规划，以有效预防经营过程中决策的随意性和盲目性，减少经营失误。模拟企业在进行新年度规划时，可以从以下几个方面展开。

1）市场开拓规划

企业拥有的市场决定了企业产品的销售渠道。投入资金开拓市场会导致企业当期现金的流出，增加企业当期的开拓费用，减少当期的利润。所以，企业在制订市场开拓规划时，应当考虑当期的资金情况和所有者权益情况。只有在资金有保证，减少的利润不会对企业造成严重后果（例如，由于开拓市场增加费用而减少的利润使企业所有者权益为负数）时才能进行市场开拓。在进行市场开拓规划时，企业应当明确以下几个问题。

（1）企业的销售策略是什么。企业可能会考虑哪个市场的产品价格高就进入哪个市场，也可能是哪个市场的需求量大就进入哪个市场，也可能这两个因素都会考虑。企业应当根据销售策略明确需要开拓什么市场、开拓几个市场。

（2）企业的目标市场是什么。企业应当根据销售策略和各个市场的产品需求状况、产品价格水平、竞争对手的情况等明确企业的目标市场。

（3）何时开拓目标市场。企业应当结合自身的资金状况和产品生产情况明确企业目标市场的开拓时间。

2）ISO 认证开发规划

企业只有取得 ISO 认证资格，才能在竞单时取得标有 ISO 条件的订单。不同的市场、不同的产品、不同的时期对 ISO 认证的要求有所不同。不是所有的市场在任何时候对任何产品都有 ISO 认证要求。所以，企业应当对是否进行 ISO 认证开发进行决策。要进行 ISO 认证，需要投入资金。如果企业决定进行 ISO 认证开发，也应当考虑其资金状况和认证开发资金对所有者权益的影响。由于 ISO 认证开发是分期投入资金的，因此，在进行开发规划时，企业应当考虑以下两个问题。

（1）开发何种认证。ISO 认证包括 ISO 9000 认证和 ISO 14000 认证。企业可以开发其中的一种或者两种都开发。究竟开发哪一种取决于企业的目标市场对 ISO 认证的要求和企业自身的资金状况。

（2）何时开发。ISO 认证开发可以配合市场对认证要求的时间来进行。企业可以从有关市场的预测资料中了解市场对认证的要求情况。一般而言，时间越靠后，市场对认证的要求会越高。企业如果决定进行 ISO 认证开发，在资金和所有者权益许可的情况下，可以适当地提前开发。

3）产品研发投资规划

企业在经营前期，产品品种单一，销售收入增长缓慢。企业如果要增加收入，就必须多销售产品。而要多销售产品，除了销售市场要足够多外，还必须要有多样化的产品，因为每个市场对单一产品的需求总量是有限的。为此，企业需要做出是否进行新产品研发的决策。企业如果要进行新产品的研发，就需要投入资金，同样会影响当期现金流量和所有者权益。所以，企业在进行产品研发投资规划时，应当注意以下两个问题。

（1）研发投资哪几种产品。由于资金、产品的原因，企业一般不会同时研发所有的产品，而是根据市场的需求和竞争对手的情况，选择其中的一种或两种进行研发。

（2）何时开始研发这几种产品。不同的产品可以同时研发，也可以分别研发，各企业可以根据自身开拓市场的能力、资金、产能以及竞争对手的情况等来确定。

4）设备投资规划

模拟企业所使用的生产设备的数量和质量会影响其产品的生产能力。企业要提高生产能力，就必须对落后的生产设备进行更新，补充现代化的生产设备。要更新设备，需要用现金支付设备款，支付的设备款计入当期的在建工程，设备安装完成后，固定资产增加。所以，设备投资支付的现金不影响当期的所有者权益，但会影响当期的现金流量。正是因为设备投资会影响现金流量，所以在设备投资时，应当重点考虑资金的问题，防止出现由于资金问题而使投资中断或者投资完成后由于没有资金不得不停工待料等情况，企业在进行设备投资规划时，应当考虑以下几个问题。

（1）新的一年，企业是否要进行设备投资。应当说，每个企业都希望扩大产能、扩充新的生产线、改造落后的生产线，但是，要扩充或更新生产线涉及时机问题。一般而言，企业如果资金充裕，未来市场容量大，就应当考虑进行设备投资，扩大产能。反之，就应当暂缓或不进行设备投资。

（2）扩建或更新什么生产线。由于生产线有手工、半自动、全自动和柔性四种，这就涉及该选择投资什么生产线的问题。一般情况下，企业应当根据资金状况和生产线是否需要转产等做出决策。

（3）扩建或更新几条生产线。如果企业决定扩建或更新生产线，还应考虑具体的数量问题。扩建或更新生产线的数量一般根据企业的资金状况、厂房内生产线位置的空置数量、新研发产品的完工时间等来确定。

（4）什么时候扩建或更新生产线。如果不考虑其他因素，应该说，生产线可以在流程规定的每个季度进行扩建或更新。但是，实际运作时，企业不得不考虑当时的资金状况、生产线完工后上线的产品品种、新产品研发完工的时间等因素。一般而言，如果企业有新产品研发，生产线建成的时间最好与研发时间一致（柔性生产线和手工生产线除外），这样可以减少转产和空置的时间。从折旧的角度看，生产线完工时间最好在某年的第一季度，这样可以相对减少折旧费用。

2. 参加订货会/登记销售订单

在新年度规划会议以后，企业要参加一年一度的产品订货会。参加产品订货会需要在目标市场投放广告费，只有投放了广告费，企业才有资格在该市场争取订单。因此，在参加订货会之前，各模拟小组需要分市场、分产品在“竞单表”上登记投放的广告费金额。

1）广告费投放

在参加订货会之前，营销总监应做好广告费的投入产出比分析，以期拿好单、多获利。需要注意的是，广告费的投放绝不是越多越好，也不是越少越好，要恰到好处，能使投入产出比达到最高值为最好。按照比赛规则，前五年，每年都有一个新的市场开放，每个模拟企业都存在着关于争夺市场领导者的决策问题。市场老大要不要争？这历来是困扰受训者的一个难题。

成为某市场老大后，企业可以获得在该市场以后年度的竞单中优先选单的特权，因此在实际模拟时，各个模拟企业往往争得“头破血流”。在以往的沙盘模拟经营中，甚至出现有的模拟企业在某市场开放之际一次投入 22M 元广告费来争夺市场老大地位的情形。有一点需要企业谨记，即使目前取得市场老大地位，在以后的经营年度内还存在着如何保持该地位的问题，因为按照比赛规则计算比赛结果时，第五年的市场老大才加分。如果估计其他模拟企业的广告费投入较高，本企业可采用少投入广告费，不争市场老大的地位，保存企业实力的策略，以坐收渔翁之利。

沙盘模拟中，广告费一般一次性支付，所以企业在投放广告费时，应当充分考虑企业的支付能力。也就是说，投放的广告费一般不能超过企业年初未经营前现金库中的现金余额。支付广告费时，由财务总监从现金库中取出“竞单表”中登记的广告费，放在综合费用的广告费中，并在运营任务清单对应的方格内记录支付的现金数（用“-”表示现金支出，下同）。

2）参加订货会选单

一般情况下，营销总监代表企业参加订货会，争取销售订单。但为了从容应对竞单过程中可能出现的各种复杂情况，企业也可安排营销总监与 CEO 或采购总监一起参加订货会。竞单时，应当根据企业的可接订单数量选择订单，尽可能地按企业的产能争取订单，使企业生产的产品在当年被全部销售出去。应当注意的是，企业争取的订单一定不能突破企业的最大产能，否则，如果不能按期交单，将给企业带来巨大的损失，如被取消市场老大资格或交违约金。因此，在选单时，模拟企业要想准确地拿单，就必须准确地计算出当年的产品完工数量，据此确定企业当年甚至每一个季度的可接订单数量。企业某年某产品可接订单数量的计算公式为

某年某产品可接订单数量=年初该产品的库存量+本年该产品的完工数量

式中，年初产品的库存量可以从沙盘盘面的仓库中找到，最关键的是确定本年产品的完工数量，而完工产品数量是生产部门通过排产来确定的。在模拟企业中，生产总监根据企业现有生产线的生产能力，结合企业当期的资金状况确定产品上线时间，再根据产品的生产周期推算产品的下线时间，从而确定出每个季度每条生产线的产品完工情况。

3）登记销售订单

为了准确地掌握销售情况，科学地制订本年度工作计划，企业应将参加订货会争取的销售订单进行登记。拿回订单后，财务总监和营销总监分别在任务清单的“订单登记表”中逐一对订单进行登记。为了对已经销售和尚未销售的订单进行区分，营销总监在登记订单时只登记订单号、所属市场、所订产品、产品数量、应收账期，暂时不登记销售额、成本和毛利，当产品销售时再进行登记，如表 4-2 所示。

表 4-2　订单登记表（尚未销售订单登记）

订　单　号										合　　计
市场										
产品										
数量										
账期										

3. 制订新年度计划

企业选单的过程中存在很大的不确定性，有时会发生企业获得订单所确定的收入和企业预算存在很大差异的情况。企业参加订货会选单完毕后已经明确了当年的销售任务，这时，企业要根据销售订单对前期制定的新年度规划进行调整，以销售为龙头，结合企业对未来的预期，编制生产计划、采购计划、设备投资计划并进行相应的资金预算，如图 4-1 所示。

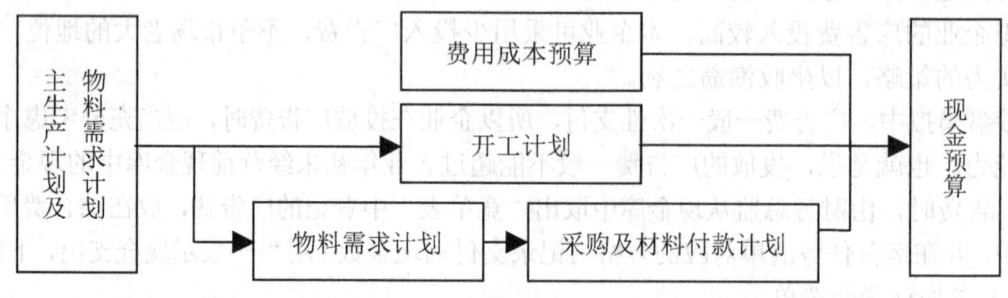

图 4-1 制订新年度计划流程

1）主生产计划及物料需求计划

为了准确地测算产品的完工时间和数量，模拟企业可以编制“产品生产计划表”，当然也可以根据产品上线情况同时确定原材料的需求数量，两者结合既可以确定产品的完工时间和完工数量，同时又可以确定每个季度原材料的需求量。这里，我们将这两者结合的表格称为“主生产计划及物料需求计划表”（见附录 B）。下面举例介绍其编制方法。

例 4-1 某模拟企业第三年年初有手工生产线、半自动生产线和全自动生产线各一条（全部空置），预计从第一季度开始在手工生产线上投产 P1 产品，在半自动生产线和全自动生产线上投产 P2 产品（产品均已开发完成，可以上线生产；原材料能满足生产需要）。我们可以根据各生产线的生产周期编制主生产计划及物料需求计划，如表 4-3 所示。

表 4-3 主生产计划及物料需求计划表

生产线		第三年				第四年			
		第一季度	第二季度	第三季度	第四季度	第一季度	第二季度	第三季度	第四季度
1	产品				P1			P1	
手工	材料	1R1			1R1				
2	产品			P2		P2		P2	
半自动	材料	1R1+1R2		1R1+1R2		1R1+1R2			
3	产品		P2	P2	P2	P2	P2		
全自动	材料	1R1+1R2	1R1+1R2	1R1+1R2	1R1+1R2	1R1+1R2			
完工	P1				1			1	
产品	P2		1	2	1	2	1	1	
投入	R1	3	1	2	2	2			
材料	R2	2	1	2	1	2			

从表 4-3 可以看出，企业从第一季度开始连续投产加工产品，第三年的第一季度没有完工产品，第二季度完工 1 个 P2 产品，第三季度完工 2 个 P2 产品，第四季度完工 1 个 P1

产品和 1 个 P2 产品，同时，我们还可以看出企业在每个季度的原材料需求数量。根据该表提供的信息，营销总监可以确定可拿订单的数量，采购总监可以确定企业物料采购的数量。

需要注意的是，在编制主生产计划及物料需求计划时，首先，企业应明确产品在各条生产线上的投产时间；其次，根据各生产线的生产周期推算每条生产线投产产品的完工时间；最后，将各条生产线完工产品的数量加总，得出企业在某一时期各种产品的完工数量。同样地，在该表中，企业根据产品的投产数量可以推算出各种产品投产时需要投入的原材料数量，然后将各条生产线上需要的原材料数量加总，可以得到企业在每个季度所需要的原材料数量，采购总监可以根据该信息确定企业需要采购什么、什么时间采购、采购多少等。

2）开工计划及物料采购计划

虽然各模拟企业为了正确地估算下一年产品的完工数量，已经根据自己的生产线情况编制了“主生产计划及物料需求计划”。但是，由于取得的销售订单可能与预计有差异，企业有时需要根据取得的销售订单对产品生产计划进行调整，为此就需要重新编制该计划。重新编制的计划包括“开工计划”（见附录 C）和“物料采购计划”。

“开工计划”是生产总监根据“主生产计划及物料需求计划”编制的，它将各条生产线产品投产数量按产品加总，将分散的信息集中在一起，可以直观地显示企业在每个季度投产了哪些产品、分别有多少。同时，根据产品的投产数量，能确定出每个季度投产产品所需要的加工费。财务总监根据该计划提供的加工费信息编制现金预算。

下面举例介绍如何依据“主生产计划及物料需求计划”编制企业的“开工计划”。

例 4-2 接例 4-1（不考虑所拿订单情况下），从“主生产计划及物料需求计划”可以看出，企业在第三年第一季度投产 1 个 P1、2 个 P2，共计投产 3 个产品。根据规则（每个产品上线需投入加工费 1M 元），第一季度投产的 3 个产品需要 3M 元的加工费。同样地，企业根据产品投产数量可以推算出第二季度、第三季度、第四季度需要的加工费。该企业编制的第三年的“开工计划”如表 4-4 所示。

表 4-4 开工计划表

产 品	第 三 年			
	第 一 季 度	第 二 季 度	第 三 季 度	第 四 季 度
P1	1			
P2	2	1	2	1
P3				
P4				
加工费/M 元	3	1	2	1
付款/M 元				

模拟企业制订出开工计划之后，就可以着手准备确定企业在每个季度所要采购的原材料的数量以保证产品生产。模拟企业中，一般采用的是现款采购的规则。也就是说，订购的原材料到达企业时，必须支付现金。

物料采购计划相当于实际工作中企业编制的“直接材料预算”，它是以生产需求计划为基础编制的，在编制物料采购计划时，主要应当注意以下三个问题。

（1）订购原材料的数量。订购材料的目的是保证生产的需要，如果订购得过多，就占用了资金，造成资金使用效率的下降；如果订购得过少，又不能满足生产的需要。所以，材料的订购数量应当以既能满足生产需要，又不造成资金的积压为原则，尽可能地做到材料零库存。为此，应当根据原材料的需要量和原材料的库存数量来确定企业材料的订购数量。

（2）订购的时间。一般情况下，企业订购的材料在当前季度不能入库，要在下一季度或下两个季度才能到达企业，为此，企业在订购材料时，应当考虑材料运输途中的时间，即材料的提前订货期。

（3）采购材料付款的时间和金额。采购的材料一般在入库时付款，付款的金额就是材料入库应支付的金额，如果订购了材料，就必须全部购买。当期下达原材料订单时不需要付款。

企业编制材料采购计划可以明确企业订购材料的时间，采购总监可以根据该计划订购材料，防止多订、少订、漏订材料，保证满足生产的需要。同时，财务总监根据该计划可以了解企业采购材料的资金需求情况，及时纳入现金预算，保证资金的供应。

下面介绍依据“主生产计划及物料需求计划”和“开工计划”编制“采购及材料付款计划”（见附录 D）的方法。

例 4-3 接例 4-2（不考虑所拿订单情况下），从表 4-3 可以看出，企业在每个季度都需要一定数量的 R1 和 R2 原材料，根据规则，R1 和 R2 原材料的提前订货期均为一个季度，也就是说，企业需要提前一个季度订购原材料。例如，企业在第三年的第一季度需要 3 个 R1 和 2 个 R2，则必须在上年（即第二年）的第四季度订购。当上年第四季度订购的材料在第三年第一季度入库时，需要支付材料款 5M 元。同样地，企业可以推算在每个季度需要订购的原材料以及付款的金额。据此，采购总监编制采购及材料付款计划，如表 4-5 所示。

表 4-5 采购及材料付款计划表

原　料	第二年				第三年			
	第一季度	第二季度	第三季度	第四季度	第一季度	第二季度	第三季度	第四季度
R1				3	1	2	2	
R2				2	1	2	1	
R3								
R4								
材料								
付款/M 元					5	2	4	3

3）现金预算

在 ERP 沙盘模拟经营过程中，各企业常常出现现金短缺的“意外”情况，导致正常经营不得不中断。其主要原因有三个：一是没有编制现金预算表；二是编制的现金预算表不准确，和实际严重脱节；三是企业没有严格地按计划进行经营，导致实际严重脱离预算。根据以往的教学经验，最常见的原因是没有编制现金预算表或现金预算表只是一个摆设。其实，现金预算表的编制并不复杂，而且沙盘模拟的经营过程都是简化了的，可以采用简化的程序，即根据销售订单，先编制产品主生产计划表，再编制材料需求计划表，最后编制现金预算表。

现金预算是对有关预算的汇总，由现金收入、现金支出、现金多余或不足、资金的筹集和运用四个部分组成。模拟企业中，现金收入相对比较单一，主要是销售产品收到的现金，可以根据企业的销售订单和预计交单时间准确地估算。当企业当年的投资和生产计划确定后，企业的现金支出也就基本确定，所以，企业应该能够通过编制现金预算表较为准确地预计企业经营期的现金多余或不足，从而有效地预防“意外”情况的发生。如果企业通过编制现金预算表发现资金短缺，且通过筹资仍不能解决，则应当修订企业当年的投资和经营计划，最终使企业的资金满足需要。

“现金预算表”的格式有很多种，下面介绍用友公司设计的现金预算表，其格式是根据模拟企业的运营规则设计的，如表 4-6 所示。

表 4-6　现金预算表　　单位：百万元

项　目	第一季度	第二季度	第三季度	第四季度
期初库存现金	18	13	14	4
支付上年应交税				
市场广告投入	8			
贴现费用				
利息（短期贷款）				
支付到期短期贷款				
原料采购支付现金	5	2	4	3
转产费用				
生产线投资			8	8
工人工资（加工费）	3	1	2	2
产品研发投资	3	3	3	3
收到现金前的所有支出	19	6	17	16
应收款到期	15	8	8	18
支付管理费用	1	1	1	1
利息（长期贷款）				4
支付到期长期贷款				
设备维护费用				2
租金				
购买新建筑				
市场开拓投资				2
ISO 认证投资				2
其他				
库存现金余额	18+15−20=13	13+8−7=14	14+8−18=4	4+18−17=−5

下面我们简要举例介绍“现金预算表”的编制方法。

例 4-4　根据本章前三个例子以及如下资料，编制该模拟企业第三年内的现金预算表。模拟企业有关现金预算资料如下。

（1）年初现金：18M 元。

（2）上年应交税金：0 元。

（3）支付广告费：8M 元。

（4）应收款到期：第一季度 15M 元，第二季度 8M 元，第三季度 8M 元，第四季度 18M 元。

（5）年末偿还长期贷款利息：4M 元。

（6）年末支付设备维护费：2M 元。

（7）投资规划：从第一季度开始连续开发 P2 和 P3 产品，开发国内和亚洲市场，同时进行 ISO 9000 和 ISO 14000 认证，从第三季度开始购买安装两条全自动生产线。

产品生产及材料采购需要的资金见前面的“开工计划表”和“采购及材料付款计划表”。

根据上述资料并结合生产和物料采购计划编制的模拟企业第三年的现金预算，如表 4-6 所示。

从表 4-6 可以看出，该模拟企业在第三年的第一季度末、第二季度末、第三季度末的库存现金都大于零，说明现金能满足需要。但第三季度末企业库存现金余额为 4M 元，也就是第四季度初期库存现金为 4M 元，而第四季度在收到现金前的所有支出为 16M 元，不能满足现金需求。因此，企业必须在第三季度初或第四季度初筹集相关资金。按照 ERP 沙盘模拟中所设定的流程可知，企业在每季度初可进行短期贷款，所以，如果情况允许的话（主要参照所有者权益），该模拟企业应当在第四季度初考虑贷 20M 元的短期贷款。

由此可见，通过编制现金预算表企业可以在经营之前预见经营过程中可能出现的现金短缺或盈余问题，便于企业安排资金的筹集和使用；同时，可以对企业的规划及时进行调整，防止出现由于资金断流而破产的情况。

4. 支付应付税

企业在年初应按照上一年资产负债表中的“应交税金”科目数额交纳税金。交纳税金时，财务总监从现金库中拿出相应的现金放在沙盘“综合费用”的“税金”处，并在运营任务清单对应的方格内记录现金的减少数。

4.1.2 模拟企业日常运营工作

制订新年度计划后，企业就可以按照运营规则和工作计划进行经营了。ERP 沙盘模拟中，模拟企业日常（年中）运营工作主要有十九项，下面按照其先后顺序（年中工作任务序号接年初工作序号，并和表 4-1 中任务清单序号一一对应）进行介绍。

1. 季初现金盘点

为了保证账实相符，企业应当定期对企业的资产进行盘点。盘点的方法主要采用实地盘点法，就是对沙盘盘面的资产逐一清点，确定出实有数，然后将任务清单上记录的余额与其核对，最终确定出余额。

季初现金盘点时，财务总监应盘点当前现金库中的现金，并记录现金余额。

2. 更新短期贷款/还本付息/申请短期贷款

短期贷款主要解决企业流动资金不足的问题，需要注意的是短期贷款的时间、利息的支付和本金的归还都是在季初进行的，若有需要，也可考虑高利贷。其余时间要筹集资金，只能采取其他的方式，不能进行短期贷款。具体操作如下。

（1）更新短期贷款。如果企业有短期贷款，财务总监则将代表短期贷款的空桶往现金库方向推进一格，表示短期贷款离还款时间更接近。如果空桶已经推进现金库，则表示该贷款到期，应还本付息。

（2）还本付息。财务总监从现金库中拿出利息放在沙盘“综合费用”的“利息”处，同时拿出相当于应归还借款本金的现金以偿还短期贷款。

（3）申请短期贷款（高利贷）。如果企业需要短期贷款，则财务总监应填写“贷款申请表”，如表4-7所示（详见附录E）。申请到款项后，放置相应的空桶数在短期借款的第四账期处，并将现金放在现金库中。

表4-7 贷款申请表

贷 款 类		第 一 年			
		第一季度	第二季度	第三季度	第四季度
短期贷款	借				
	还				
高利贷	借				
	还				
短期贷款余额					
长期贷款	借				
	还				
长期贷款余额					
上年权益					
指导教师签字					

待财务总监正确完成以上操作后，在企业经营流程任务清单对应处的方格内打“√”（下同，不再赘述）。

3. 更新应付款/归还应付款

企业如果采用赊购方式购买原材料，就涉及应付账款。如果应付账款到期，必须支付货款。在实际模拟过程中，按照设定规则，购买原材料时需使用现金，因此，原材料的采购不涉及此项操作。如果企业之间发生产品交易，则可能会有此项业务发生，操作如下。

（1）更新应付款。财务总监将代表应付款的空桶向现金库方向推进一格，当应付款到达现金库时，表示应付款到期，必须用现金偿还，不能延期。

（2）归还应付款。从现金库中取出现金付清应付款。

若不进行此项业务操作，直接在任务清单中对应的方格内打“×”（下同）。

4. 原材料入库/更新原材料采购订单

企业只有在前期订购了原材料，并在指导教师处登记了原材料采购数量，才能购买原材料。“原材料采购订单登记表”（详见附录F）如表4-8所示。

表 4-8 原材料采购订单登记表

项目	第一年															
	第一季度				第二季度				第三季度				第四季度			
原材料	R1	R2	R3	R4	R1	R2	R3	R4	R1	R2	R3	R4	R1	R2	R3	R4
订购数量																
采购入库																

如果原材料采购订单本期已经推到原材料库，表示原材料已经到达企业，模拟企业必须无条件接收全部原料并支付材料款。采购总监向财务总监申请原材料款，然后持现金到指导教师处买回原材料，放在沙盘对应的原料库中，财务总监记录采购原材料的现金支出。

5. 下原材料采购订单

采购总监根据年初制订的物料采购计划决定采购原材料的品种和数量。企业购买原材料必须提前下原材料采购订单，在“原材料采购订单登记表”上登记订购的原材料品种和数量，没有下订单则不能购买。每个空桶代表一批原材料采购订单，请采购总监将相应数量的空桶放置于对应品种的原材料采购订单处。

6. 更新生产/完工入库

由生产总监将生产线上的在制品向前推一格，如果产品已经推到生产线以外，表示产品完工下线，将该产品放在产成品库对应的位置。

7. 投资新生产线/变卖生产线/生产线转产

企业要提高产能，必须对生产线进行改造，包括新购、变卖和转产等。新购的生产线安置在厂房空置的生产线位置，如果没有空置的位置，必须先变卖生产线。变卖生产线主要是出于战略考虑，如将手工生产线换成全自动生产线等。如果生产线要转产，应当考虑转产周期和转产费。具体操作如下。

（1）投资新生产线。投资新生产线时，生产总监从指导教师处申请新生产线标识，将标识翻转（背面朝上）放置在某厂房空置的生产线位置，并在标识背面放置与该生产线安装周期期数相同的空桶。在全部投资完成后的下一季度，将生产线标识翻转过来，并将空桶以及桶内所装的建设生产线资金放置在生产线净值处，同时领取产品标识，开始投入使用生产线。

（2）变卖生产线。当某一生产线上的在制品完工后，可以变卖该生产线，但只能按残值变卖。变卖时，将生产线及其产品生产标识交还指导教师。

提示要点：

如果所变卖的生产线的净值大于残值，则将净值与残值的差额放在“综合费用”的“其他”处，表示出售生产线的净损失；如果所变卖的生产线净值小于残值，则直接将生产线净值转到现金库。财务总监要做好相应记录。

（3）生产线转产。生产线转产是指某生产线转产生产其他产品。不同种类的生产线，其转产时间、费用等有所不同，请仔细阅读相关规则。转产时，若存在转产周期，生产总监将生产线标识翻转放置，放一个空桶在上面用于盛放转产费；同时，生产总监持原产品标识在交易处（或指导教师处）更换新的产品生产标识，并将新的产品生产标识反扣在生产线的“产品标识”处，待该生产线转产期满可以生产产品时，翻转生产线标识，使其正面朝上，同时，再将该生产线将要生产的产品标识正面放置在“标识”处。无转产周期时，交回旧产品标识，领取新产品标识，即可开始生产。需要注意的是，如果转产需要支付转产费，还应按季度向财务总监申请转产费，将转产费放在“综合费用”的“转产费”处，同时财务总监做好现金收支记录。

各模拟企业投资或变卖生产线均要登记“生产线买卖记录表”（详见附录 G），如表 4-9 所示。

表 4-9　生产线买卖记录表

第　一　年	手工生产线		半自动生产线		全自动生产线		柔性生产线	
	买	卖	买	卖	买	卖	买	卖
第一季度								
第二季度								
第三季度								
第四季度								

8. 向其他企业购买原材料/出售原材料

企业如果没有下原材料订单，就不能购买材料。如果企业生产急需原材料，又不能从指导教师处购买，就只能从其他企业处购买。当然，如果企业有暂时多余的原材料，也可以向其他企业出售，收回现金。买卖双方要签署公司间原材料交易订单（详见附录 H），如表 4-10 所示。

表 4-10　公司间原材料（产品）交易订单

购买单位			购买时间		年			季
销售单位			完工时间		年			季
	原　料				产　品			
原料/产品	R1	R2	R3	R4	P1	P2	P3	P4
成交数量								
成交金额								
付款方式								
购买人								
售货人								
审核人								

在进行企业间的原材料买卖时，双方首先要谈妥原材料的交易价格，然后采取一手交钱一手交货的方式进行交易。

原材料买方操作如下。

（1）若买方按原值购入，买方视同“原材料入库”处理，买方采购总监用等值现金换取原材料，放入相应的原料库，买方财务总监做好现金支出记录。

（2）若买方按高于原值的价格购入，买方将差额计入利润表中的“其他支出”，同时做好现金支出记录。

原材料卖方操作如下。

（1）若卖方按原值出售，则卖方采购总监从原料库中取出原料，向购买方收取等值现金，放入现金库并做好现金收入记录。

（2）若买方按高于原值的价格购入，卖方则将差额计入利润表中的“其他收入”，同时做好现金收入记录。

原材料买卖双方的会计账务处理如下。

（1）原材料买方。

借：原材料

　　贷：现金

其他支出（高于原值购入）

（2）原材料卖方。

借：现金

　　贷：原材料

其他收入（高于原值卖出）

9. 开始下一批生产

当某些生产线的在制品已经完工入库，企业就要考虑开始生产新产品。由生产总监按照产品结构或物料清单从原料库中取出原材料，并向财务总监申请产品加工费用，将上线产品摆放在离原料库最近的生产周期处。

10. 更新应收款/应收款收现

财务总监将应收账款向现金库方向推进一格，到达现金库时即成为现金，同时登记现金收支记录。当企业应收账款没有收回，企业又极缺现金时，可以将应收账款贴现。应收账款贴现随时可以进行，财务总监按 7 的倍数取出应收账款，其中 1/7 作为贴现费用置于沙盘上的“贴息”处，剩余 6/7 放入现金库，同时登记现金收支记录。

11. 出售厂房

企业如果需要筹集资金，可以随时出售厂房。厂房按原值出售，但当期不能收到现金，得到的是 4 账期的应收账款。年末时，如果没有厂房，企业必须支付租金。

12. 向其他企业购买成品/出售成品

企业参加产品订货会时，如果取得的销售订单超过了企业的最大生产能力，致当年不能按订单交货，则构成违约，按规则将受到严厉的惩罚。为避免遭受处罚，企业可以从其他企业购买产品来交单。当然，如果企业有积压的产品，也可以向其他企业出售。买卖双方要填写产品交易订单，如表 4-10 所示。

进行企业间的产品买卖同企业间原材料交易一样，双方首先要谈妥产品的交易价格，并采取一手交钱一手交货的方式进行交易。

产成品买方操作如下。

（1）营销总监从财务总监处申请、取得购买产品所需要的现金，买进后，将产品放置在对应的产品库，在任务清单对应的方格内记录购入的产品数量，同时财务总监记录现金支出。

（2）无论以成本价还是以高于成本价的价格购买，买方都以购买价入账，计入“直接成本”。

提示要点：

购进产品的成本应当是购进时支付的价款，在计算产品销售成本时应当按该成本计算。

产成品卖方操作如下。

（1）卖方营销总监从产品库取出产品，从买方取得现金后将产品交给买方，并将现金交由本公司财务总监放入现金库，同时，在任务清单对应的方格内记录卖出的产品数量。

（2）无论以成本价还是以高于成本价的价格卖出，卖方都以卖出价入账，计入“销售收入”。

13. 按订单交货

营销总监检查成品库中产成品的数量是否满足客户订单的要求，满足则按照客户订单交付约定数量的产品给客户（必须按整单交货），并在订单登记表中登记销售订单的销售额，如表 4-11 所示，计算出销售成本和毛利。如果销售产品收到的是应收账款，则在“应收账款登记表”（详见附录 I）上登记应收账款的金额，如表 4-12 所示，并由营销总监将现金置于应收账款的相应账期处；如果是 0 账期，则直接入现金库。

表 4-11　订单登记表（按订单交货）

销　售　额										
成本										
毛利										
未售										

表 4-12　应收账款登记表

款　　类		第　一　年			
		第 一 季 度	第 二 季 度	第 三 季 度	第 四 季 度
应收款账期	1Q				
	2Q				
	3Q				
	4Q				
到款					
贴现					
贴现费					

14. 产品研发投资

按照年初制订的产品研发计划，企业如果需要研发新产品，应填写产品开发登记表（详见附录 J），如表 4-13 所示。同时，生产总监从财务总监处申请、取得研发所需要的现金，放置在产品研发对应位置的空桶内，注意每季度的研发费用在季末一次性支付。如果产品研发投资完成，则从指导教师处领取相应产品的生产资格证放置在沙盘盘面的“生产资格”处，企业从下一季度可以投入生产该产品。

表 4-13 产品开发登记表

年　度	P2	P3	P4	总　计	完　成	指导教师签字
第一年						
第二年						
第三年						
第四年						
第五年						
第六年						
总计						

15. 支付行政管理费

企业在生产经营过程中会发生如办公费、人员工资等行政管理费用，模拟企业中，行政管理费在每季度末一次性支付 1M 元，无论企业经营情况好坏、业务量多少，费用都是固定不变的，这是和实际工作有差异之处。

16. 其他现金收支情况登记

企业在经营过程中可能会发生上述费用以外的其他现金收入或支出，如应收账款贴现等，企业应对这些现金收入或支出进行记录。

17. 现金收入合计

统计本季度现金收入总额。

18. 现金支出合计

统计本季度现金支出总额。第四季度的统计结果中包括第四季度本身的支出和年底发生的支出。

19. 期末现金对账

第一季度至第四季度及年末，财务总监盘点现金余额并做好登记。

企业每个季度都要执行以上十九项工作。

4.1.3 模拟企业年末运营工作

企业日常（年中）运营活动结束后，企业还应当进行年末账项的计算和结转，编制各种报表，计算当年的经营成果，反映当前的财务状况，并对当年的经营情况进行分析总结。年末运营工作主要包含 6 项，工作序号和表 4-1 中的任务清单序号一一对应。

1. 支付利息/更新长期贷款/申请长期贷款

企业为了发展，可能需要借入长期贷款。长期贷款主要是用于长期资产投资，如购买生产线、产品研发等。模拟企业中，长期贷款只能在每年年末进行，企业应填写贷款申请表，如表 4-7 所示，贷款期限在一年以上，每年年末付息一次，到期还本。具体操作如下。

（1）支付利息。长期贷款的规则是每年付息，到期还本。每年每桶需要支付 20×10%=2M 元的利息。每年由财务总监从现金库中取出长期贷款的利息置于沙盘上的“利息”处，并登记现金收支明细。

（2）更新长期贷款。如果有长期贷款，请财务总监将空桶往现金库方向推一格，当推至现金库时，意味着长期贷款到期，需要从现金库中取现金还贷。

（3）申请长期贷款。长期贷款只有在年末可以申请，申请时，财务总监持上年报表和贷款申请表到指导教师处办理贷款手续，之后，放置相应数量的空桶到长期贷款对应的账期处。

2. 支付设备维护费

ERP 沙盘模拟中规定，只有生产线需要支付维护费。年末，只要有生产线，无论是否生产，都应支付维护费；尚未安装完工的生产线不支付维护费。设备维护费每年年末用现金一次性集中支付，每条生产线支付 1M 元的设备维护费。财务总监取相应的现金置于沙盘上的“维护费”处，同时登记现金收支。

3. 支付租金/购买厂房

大厂房为自主厂房，如果在小厂房安装了生产线，企业此时要决定对该厂房是购买还是租赁。如果购买，财务总监取出与厂房价值相等的现金置于沙盘上的厂房价值处；如果租赁，财务总监取出与厂房租金相等的现金置于沙盘上的“租金”处，同时进行相应的现金收支登记。

4. 计提折旧

ERP 沙盘模拟中的固定资产计提折旧的时间、范围和方法主要采用简化的方法，与实际工作有一些差异。这些差异主要表现在厂房、在建工程以及当年新建设不计提折旧，计提折旧的范围仅仅限于生产线，每年年末计提一次；在会计处理上，折旧费全部作为当期的期间费用，没有计入产品成本；财务总监从设备价值中取出折旧费放置在沙盘上的“折旧”处，与现金收入或支出无关。折旧费的计算方法如下。

（1）当生产线价值大于 3M 元时，折旧费为原有设备价值的 1/3，向下取整。

（2）当生产线价值降至 3M 元及以下时，每年折旧 1M 元，折完为止。

需要注意的是，在实际模拟过程中，若某些生产线已经折旧完毕，其净值为零，则只要该生产线没有变卖或清理，仍可继续使用，但每年仍需支付维护费。

5. 新市场开拓/ISO 资格认证投资

随着客户需求的不断提升，企业需要不断地开拓新市场，部分市场对产品有 ISO 资格认证要求，企业可能就需要进行 ISO 资格认证投资。按照年初制订的计划进行市场开拓或 ISO 资格认证投资时，企业应填写市场开发投入登记表和 ISO 资格认证投资表（详见附录 J），分别如表 4-14 和表 4-15 所示。模拟企业每年开拓市场和进行 ISO 资格认证的费用在年末支付，计入当期的综合费用。

表 4-14 市场开发投入登记表

年 度	区域市场（1 年）	国内市场（2 年）	亚洲市场（3 年）	国际市场（4 年）	完 成	指导教师签字
第一年						
第二年						
第三年						
第四年						
第五年						
第六年						
总计						

表 4-15 ISO 资格认证投资表

项 目	年 度					
	第一年	第二年	第三年	第四年	第五年	第六年
ISO 9000						
ISO 14000						
总计						
指导教师签字						

新市场开拓与ISO 资格认证投资的具体操作如下。

（1）新市场开拓。财务总监取出现金放置在要开拓的市场区域，并做现金支出记录；市场开发完成，从指导教师处领取相应的市场准入证。

（2）ISO 资格认证投资。财务总监取出现金放置在要认证的区域，并做现金支出登记；认证完成后，从指导教师处领取 ISO 资格证。

6. 结账

模拟企业每年的经营结束后，为及时反映当年的财务和经营情况，年终要做一次盘点总结，主要编制产品核算统计表、综合管理费用明细表、利润表和资产负债表（见附录 A 表 A-19、表 A-20、表 A-21 及表 A-22）。

4.2 ERP 沙盘模拟企业报表

4.2.1 模拟企业的报表分类

根据 ERP 沙盘模拟实际操作和使用，按照年初运营、日常运营以及年末运营工作可将模拟企业报表分为年初业务报表、日常业务报表以及年末业务报表三大类。

1. 年初业务报表

年初四项主要工作所产生和使用的主要报表有广告登记表（见附录 A 表 A-9）、订单登记表（尚未销售订单登记）、主生产计划及物料需求计划表、开工计划表、采购及材料付款计划表，以及现金预算表。

2. 日常业务报表

日常（年中）十九项工作所产生和使用的主要报表有贷款申请表、原材料采购订单登记表、生产线买卖记录表、原材料（产品）交易订单、订单登记表（按订单交货）、应收账款登记表、产品开发登记表、违约订单登记表（见附录 K）以及扣分登记表（见附录 L）。

3. 年末业务报表

年末六项工作所产生和使用的主要报表有市场开发投入登记表、ISO 资格认证投资表、产品核算统计表、综合管理费用明细表、利润表和资产负债表。

ERP 沙盘模拟过程中所产生和使用的企业报表的分类、内容以及报表负责人如表 4-16 所示。

表 4-16 企业报表分类、内容以及责任人一览表

报表分类	报表名称	报表内容	填制责任人	复核责任人
年初业务报表	广告登记表	每年的广告费投入	营销总监	CEO
	订单登记表	尚未销售订单	营销总监	CEO
	主生产计划及物料需求计划表	主生产计划及物料需求计划	所有总监	CEO
	开工计划表	本年开工生产计划	生产总监	CEO
	采购及材料付款计划表	原材料的采购及付款计划	采购总监	CEO
	现金预算表	本年度现金收入和支出预算	财务总监	CEO
日常业务报表	贷款申请表	企业申请长贷、短贷以及高利贷情况	财务总监	CEO
	原材料采购订单登记表	登记下达的原材料采购订单	采购总监	财务总监
	生产线买卖记录表	登记生产线买卖情况	财务总监	生产总监
	原材料（产品）交易订单	模拟企业之间原材料及产品的买卖	采购总监	CEO
	订单登记表	按订单交货后登记其销售额、毛利等	财务总监	CEO
	应收账款登记表	登记应收账款	财务总监	CEO
	违约订单登记表	登记订单违约情况	营销总监	指导教师
	扣分登记表	登记违规等扣分情况	指导教师	CEO
	产品开发登记表	登记所开发的产品	生产总监	CEO
年末业务报表	市场开发投入登记表	市场开发投入情况	营销总监	CEO
	ISO 资格认证投资表	ISO 9000 和 ISO 14000 认证情况	营销总监	CEO
	产品核算统计表	经营年度产品销售情况汇总	财务总监	CEO
	综合管理费用明细表	经营年度发生的综合管理费用	财务总监	CEO
	利润表	经营年度企业经营成果	财务总监	CEO
	资产负债表	经营年度企业财务状况	财务总监	CEO

4.2.2 资产负债表及利润表

为了反映经营年度的经营成果以及财务状况，首先应核算本年度的销售情况以及所发生的成本费用，然后在此基础之上，编制资产负债表和利润表。

1. 产品核算统计表

产品核算统计表是核算企业在经营期间销售各种产品情况的报表，如表 4-17 所示。它按照企业本年度所销售的产品种类，分别登记销售数量、销售收入、产品销售成本和毛利，是编制利润表的依据。需要注意的是，若模拟企业之间发生产品交易，则买方的销售成本为从其他企业购入该产品的价格。

表 4-17 产品核算统计表

项　目	产　品				
	P1	P2	P3	P4	合计
数量/个					
销售额/M 元					
成本/M 元					
毛利/M 元					

2. 综合管理费用明细表

综合管理费用明细表综合反映了企业在经营期间发生的除了产品生产成本、财务费用外的其他费用，具体内容如表 4-18 所示，通常根据沙盘上的“综合费用”处的支出填写该表。

表 4-18 综合管理费用明细表

项　目	金额/百万元	备　注
管理费		
广告费		
保养费		
租金		
转产费		
市场准入开拓		□区域　□国内　□亚洲　□国际
ISO 资格认证		□ISO 9000　□ISO 14000
产品研发		P2（　）　P3（　）　P4（　）
其他		
合计		

（1）市场准入开拓。根据企业本年开发市场支付的开发费填列。为了明确开拓的市场，需要在“备注”栏本年开拓的市场前打“√”。

（2）ISO 资格认证。根据企业本年 ISO 认证开发支付的开发费填列。为了明确产品认证的种类，需要在“备注”栏本年认证的名称前打“√”。

（3）产品研发。根据本年企业研发产品支付的研发费填列。为了明确产品研发的品种，应在“备注”栏产品的名称后打“√”。

（4）其他。主要根据企业发生的其他支出填列，如出售生产线净值大于残值的部分等。

3. 利润表

利润表是反映企业一定时期经营成果的会计报表，如表 4-19 所示。利润表把一定时期内的营业收入与同一时期相关的成本费用相配比，从而计算出企业在一定时期的利润。通过编制利润表，可以反映企业生产经营的收益情况、成本耗费情况，表明企业的生产经营成果。同时，通过比较利润表提供的不同时期的数据，可以分析企业利润和获利能力的发展趋势。

表 4-19　利润表　　单位：百万元

项　　目	上　年　数	本　年　数
销售收入		
直接成本		
毛利		
综合费用		
折旧前利润		
折旧		
支付利息前利润		
财务收入/支出		
其他收入/支出		
税前利润		
所得税		
净利润		

利润表中的“上年数”栏反映各项目的上年实际发生数，根据上年利润表的“本年数”填列；利润表中的“本年数”栏反映各项目本年的实际发生数，根据本年实际发生额的合计填列。具体编制方法如下。

（1）“销售收入”反映企业本年销售产品的收入总额，根据“产品核算统计表”填列。

（2）“直接成本”反映企业本年已销售产品的实际成本，根据“产品核算统计表”填列。

（3）“毛利”反映企业销售产品实现的毛利，根据销售收入减去直接成本后的余额填列。

（4）“综合费用”反映企业本年发生的综合费用，根据“综合费用表”的合计数填列。

（5）“折旧前利润”反映企业在计提折旧前的利润，根据毛利减去综合费用后的余额填列。

（6）“折旧”反映企业当年计提的折旧额，根据当期计提的折旧额填列。

（7）“支付利息前利润”反映企业支付利息前实现的利润，根据折旧前利润减去折旧后的余额填列。

（8）“财务收入/支出”反映企业本年发生的财务收入或者财务支出，如贷款利息、贴息等，根据沙盘上的“利息”填列。

（9）“其他收入/支出”反映企业其他业务形成的收入或者支出，如出租厂房取得的收入以及变卖生产线取得的收入或支出等。

（10）“税前利润”反映企业本年实现的利润总额，根据支付利息前的利润加财务收入减去财务支出，再加上其他收入减去其他支出后的余额填列。

（11）“所得税”反映企业本年应交纳的所得税费用，根据税前利润除以 3（取整）后的数额填列。

（12）“净利润”反映企业本年实现的净利润，根据税前利润减去所得税后的余额填列。

4. 资产负债表

资产负债表是反映企业财务状况的会计报表，它是根据“资产=负债+所有者权益”的会计等式编制的。ERP 沙盘模拟过程中简化使用的资产负债表如表 4-20 所示。

表 4-20 资产负债表

单位：百万元

资 产	期 初 数	期 末 数	负债和所有者权益	期 初 数	期 末 数
流动资产：			负债：		
现金			长期负债		
应收账款			短期负债		
在制品			应付账款		
成品			应交税金		
原料			一年内到期的长期负债		
流动资产合计			负债合计		
固定资产：			所有者权益：		
土地和建筑			股东资本		
机器与设备			利润留存		
在建工程			年度净利		
固定资产合计			所有者权益合计		
资产总计			负债和所有者权益总计		

从资产负债表的结构可以看出，资产负债表由期初数和期末数两个栏目组成。资产负债表“期初数”栏的各项目数字应根据上年末资产负债表“期末数”栏内所列数字填列，“期末数”各项目主要是根据有关项目期末余额资料编制。填写时需注意以下事项。

（1）资产类项目主要根据沙盘盘面的资产状况通过盘点后的实际金额填列。

（2）负债类项目包括“长期负债”和“短期负债”，根据沙盘上的长期贷款和短期贷款数额分别填列。如果有一年内到期的长期负债，应单独反映。

（3）“应交税金”根据企业本年“利润表”中的“所得税”项目的金额填列。

（4）关于所有者权益类中的股东资本项目，如果本年股东没有增资，直接根据上年末“资产负债表”中的“股东资本”项目填列；如果发生了增资，则为上年末的股东资本加上本年增资的资本。

（5）“利润留存”根据上年“资产负债表”中的“利润留存”和“年度净利”的合计数填列。

（6）“年度净利”根据“利润表”中的“净利润”项目填列。

4.3　ERP 沙盘起始年运营模拟

模拟起始年运营的主要目的是便于新管理团队的磨合，使其进一步熟悉并掌握运营规则，明晰企业的运营流程。起始年运营在指导教师的控制下进行。通过起始年的模拟运营，可使学生熟悉操作流程，为以后自己独立经营打下基础，使其成为真正的驾驭沙盘的行家。

4.3.1　起始年运营提示

由初始状态设定，我们知道除了按照资产负债表上的价值分布定位后，还有两个 R1 原材料订单、三年期的应收账款 15M 元、四年期的应收账款 20M 元和五年期的应收账款 20M 元（共计 40M 元）的长期贷款。在起始年运行时，我们假设条件如下。

（1）年初支付 1M 元广告费。

（2）不申请任何贷款。

（3）不做任何投资（包括产品开发、ISO 认证、市场开发和生产线的投资等）。

（4）起始年也要向零库存目标靠拢。

4.3.2　起始年模拟运营工作及流程

1. 模拟企业年初的 4 项工作

（1）由 CEO 召开新年度规划会议，由于初始年按照原来制定的规划进行生产，即只生产 P1 产品，不做其他项目的开发和更新，因此没有更多的讨论内容。开完会后，CEO 在表 4-1 所示任务清单第一行的相应表格内打“√”（其他业务发生并完成时的操作类似，不再赘述）。

（2）参加订货会/登记销售订单。营销总监参加订货会议，初始年并无悬念，ERP 沙盘模拟经营过程中的 6 个模拟企业都投了 1M 元广告费，得到 1 张相同的订单，如图 4-2 所示。

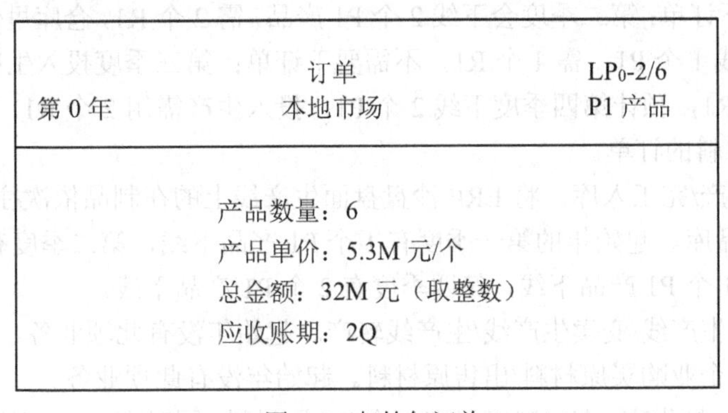

第 0 年　订单　本地市场　LP$_0$-2/6　P1 产品

产品数量：6

产品单价：5.3M 元/个

总金额：32M 元（取整数）

应收账期：2Q

图 4-2　起始年订单

销售会议完成并拿到订单后，将市场订单登记在表 4-21 中。

表 4-21 市场订单登记表

订 单 号	×××						
市场	本地						
产品	P1						
数量	6						
账期	2Q						
销售额*							
成本*							
毛利*							

注：*交货时填写

（3）制订新年度计划。现有 4 台设备均已满负荷生产，按照起始年假设条件，起始年不做任何投资或开发。

（4）支付应付税。根据上一年结出的应付税金，取 1 个灰色的币放到沙盘中的"税金"处，并在任务清单中对应格内填入"1M 元"。

2. 模拟企业第一季度的 19 项日常业务工作

（1）季初现金盘点。期初库存现金数为 20M 元，参加订货会投入广告费和交纳应付税金共支付 2M 元，所以在对应格内填入"18M 元"。

（2）更新短期贷款/还本付息/申请短期贷款（高利贷）。本栏目是反映短期贷款在这一时期的借贷与更新。因起始年没有短期贷款，所以在对应格内填入"×"（业务没有发生，下同）。

（3）更新应付款/归还应付款。起始年没有此项业务，所以在对应格内填入"×"。

（4）原材料入库/更新原材料采购订单。为上一期下达的 2 个 R1 原材料订单支付 2M 元现金后，将其放入原料库，所以此处填入"2M 元"。

（5）下原材料采购订单。按起始年运作提示，在满足生产需求的情况下，尽量减少原材料的库存，向零库存目标靠拢。现原料库里已经有 5 个 R1 原材料，本季度有 1 个 P1 下线，第一季度投入生产需要用到 1 个 R1 原材料，原料库存能满足需求，用完后还剩 4 个 R1，因此不需要下订单；第二季度会下线 2 个 P1 产品，需 2 个 R1，仓库里仍剩余 2 个 R1，第三季度预计下线 1 个 P1，需 1 个 R1，不需要下订单；第三季度投入生产需用 1 个 R1，仓库里剩余 1 个 R1，预计第四季度下线 2 个 P1，投入生产需用 2 个 R1，因此，只需下达采购 1 个 R1 原材料的订单。

（6）更新生产/完工入库。将 ERP 沙盘盘面生产线上的在制品依次往前推进一格，下线的产品放入成品库。起始年的第一季度有 1 个 P1 产品下线，第二季度有 2 个 P1 产品下线，第三季度有 1 个 P1 产品下线，第四季度有 2 个 P1 产品下线。

（7）投资新生产线/变卖生产线/生产线转产。起始年没有此项业务。

（8）向其他企业购买原材料/出售原材料。起始年没有此项业务。

（9）开始下一批生产。在原料库里取 1 个 R1 原材料，同时取 1M 元现金（人工成本），做成 P1 在制品放在空出的生产线的第一期格内。由于支付了 1 个灰币的人工费，所以在对应格内填入“1M 元”。

（10）更新应收款/应收款收现。将现有的应收账款向现金库方向移动一格，起始年第一季度的操作是将 15M 元的应收账款从第三期移入。

（11）出售厂房。起始年没有此项业务。

（12）向其他企业购买成品/出售成品。起始年没有此项业务。

（13）按订单交货。第一季度中，查点成品库的成品数量，如果不够交货数量，则没有此操作；第二季度货物数量满足订单需求，可按单整单交货。

（14）产品研发投资。初始年没有此项业务。

（15）支付行政管理费。按照 ERP 沙盘模拟规则可知，每季度必须支付 1M 元的行政管理费。取 1 个灰币放入沙盘中“管理费”处，在任务清单对应格内填入“1M 元”。

（16）其他现金收支情况登记。无此项业务。

（17）现金收入合计。第一季度没有现金收入，在对应格内填入“0M 元”。

（18）现金支出合计。第一季度共支出现金 4M 元，在对应格内填入“4M 元”。

（19）期末现金对账。季初现金盘点 18M 元，加本期现金收入 0M 元，减本期现金支出 4M 元，得 14M 元，在对应的格内填入“14M 元”。

第二季度、第三季度、第四季度的操作过程与第一季度一样，不再赘述。

3. 模拟企业年末的 6 项工作

（1）支付利息/更新长期贷款/申请长期贷款。支付长期贷款利息 4M 元，财务总监取出 4 个灰色的币放入沙盘盘面“利息”处；将四年期的 20M 元长期贷款移入第三年格，即转为三年期长期贷款，五年的长期贷款移入第四年格内，即转为四年期长期贷款；起始年不申请长期贷款。

（2）支付设备维护费。每条生产线每年支付 1M 元维护费，起始年共 4 条生产线，财务总监取出 4 个灰色的币放在沙盘盘面“维护费”处。

（3）支付租金/购买厂房。起始年无此业务。

（4）计提折旧。按照 ERP 沙盘模拟规则，每条生产线折旧额为原有价值的 1/3，取整。因此，具体操作为在每条生产线的净值处的桶里各取出 1 个币（共 4M 元），放入沙盘盘面“折旧”处，注意不涉及现金收支记录。由于不实际支付现金，故此数字在表中用“( )”标出。

（5）新市场开拓/ISO 资格认证投资。起始年无此业务。

（6）结账。将期末数字转入下一年期初。

按照模拟企业的业务运行流程，根据以上年初 4 项工作、年中 19 项业务以及年末 6 项业务所生成的任务清单如表 4-22 所示。

表 4-22 起始年任务清单

新年度规划会议	√				按订单交货	×	√	×	×
参加订货会/登记销售订单	1				产品研发投资	×	×	×	×
制订新年度计划	√				支付行政管理费/M 元	1	1	1	1
支付应付税	1				其他现金收支情况登记	×	×	×	×
季初现金盘点/M 元	18	14	11	24	支付利息/更新长期贷款/申请长期贷款/M 元				4

续表

更新短期贷款/还本付息/申请短期贷款	×	√	√	√	支付设备维护费/M 元				4
更新应付款/归还应付款	×	×	×	×	支付租金/购买厂房				√
原材料入库/更新原材料采购订单/M 元	2	0	0	1	计提折旧				（4）
下原材料采购订单	√	√	√	√	新市场开拓/ISO 资格认证投资				√
更新生产/完工入库	√	√	√	√	结账				√
投资新生产线/变卖生产线/生产线转产	√	√	√	√	现金收入合计/M 元	0	0	15	32
向其他企业购买原材料/出售原材料	×	×	×	×	现金支出合计/M 元	4	3	2	12
开始下一批生产/M 元	1	2	1	2	期末现金对账/M 元	14	11	24	44
更新应收款/应收款收现/M 元	√	√	15	32					
出售厂房	×	×	×	×					
向其他企业购买成品/出售成品	×	×	×	×					

4.3.3 起始年企业财务状况及经营成果

1. 起始年产品核算统计表

年末统计出全年的产品销售，并填写产品核算统计表，如表 4-23 所示。

表 4-23　起始年产品核算统计表

项　目	产　品				
	P1	P2	P3	P4	合计
数量/个	6				6
销售额/M 元	32				32
成本/M 元	12				12
毛利/M 元	20				20

2. 起始年综合管理费用明细表

将全年的费用汇总，填写全年的费用明细表，如表 4-24 所示。

表 4-24　起始年综合管理费用明细表　　单位：百万元

项　目	金　额	备　注
管理费	4	
广告费	1	
保养费	4	
租金		
转产费		

续表

项　目	金　额	备　注
市场准入		□区域　□国内　□亚洲　□国际
ISO 资格认证		□ISO 9000　□ISO 14000
产品研发		P2（　）　P3（　）　P4（　）
其他		
合计	9	

3. 起始年利润表

根据本年发生的经济业务，编制本年（即起始年）的简易利润表，如表 4-25 所示。

表 4-25　起始年利润表　　单位：百万元

项　目		上 年 数	本 年 数
销售收入	+	35	32
直接成本	−	12	12
毛利	=	23	20
综合费用	−	11	9
折旧前利润	=	12	11
折旧	−	4	4
支付利息前利润	=	8	7
财务收入/支出	+/−	−4	−4
额外收入/支出	+/−		
税前利润	=	4	3
所得税	−	1	1
净利润	=	3	2

4. 起始年资产负债表

根据本年发生的经济业务编制本年（即起始年）的资产负债表，如表 4-26 所示。

表 4-26　起始年资产负债表　　单位：百万元

资　产		年　初	本　年	负债+所有者权益		年　初	本　年
流动资产：				负债：			
现金	+	20	44	长期负债	+	40	40
应收账款	+	15	0	短期负债	+	0	0
在制品	+	8	8	应付账款	+	0	0
成品	+	6	6	应交税金	+	1	1
原料	+	3	0	一年内到期的长期负债	+		
流动资产合计	=	52	58	负债合计	=	41	41

续表

资　　产		年　　初	本　　年	负债+所有者权益		年　　初	本　　年
固定资产：				所有者权益：			
土地和建筑	+	40	40	股东资本	+	50	50
机器与设备	+	13	9	利润留存	+	11	14
在建工程	+			年度净利	+	3	2
固定资产合计	=	53	49	所有者权益合计	=	64	66
资产总计	=	105	107	负债和所有者权益总计	=	105	107

经过初始年的经营后，ERP 沙盘盘面上状态如下。

1）流动资产

（1）现金库 44M 元。

（2）生产线上 4 个 P1，价值 8M 元。

（3）成品库中 3 个 P1，价值 6M 元。

2）固定资产

（1）大厂房 40M 元。

（2）3 条手工生产线和 1 条半自动生产线，各自的净值分别为 2M 元、2M 元、2M 元、3M 元。

3）负债

（1）三年期和四年期长期贷款各为 20M 元，共 40M 元。

（2）应付税 1M 元，税金于下一年度交纳，盘面上没有直接反映出来。

起始年年末，盘面上共计 107 个币，其中灰色币 100 个、红色币 7 个。

下面请各模拟企业做好准备，从现在起第一年至第六年由你们经营。

本章小结

本章主要在掌握企业战略规划、经营策略以及 ERP 知识的基础之上，通过实际的模拟演练参与、体验整个企业的科学的经营管理。以用友公司设计的沙盘为例，详细地分析和描述了在企业模拟演练过程中各模拟企业必须严格遵循的运营流程或任务清单。依据简化的业务流程和任务清单，我们分别详细地介绍了各模拟企业年初运营的 4 项主要工作，即新年度规划会议、参加订货会/登记销售订单、制订新年度计划以及支付应付税，同时还介绍了制订新年度计划后，模拟企业所要进行的 19 项日常运营工作以及年末的 6 项运营工作，最后进行年末账项的计算和结转，编制各种报表，计算当年的经营成果，反映当前的财务状况，并对当年的经营情况进行分析总结。为使各位学生互相理解、互相磨合以及进一步熟悉并掌握运营规则，明晰企业的运营流程，指导教师带领各模拟企业进行起始年的经营模拟操作，使各模拟企业能够在同一起跑线上，正式开始进入企业经营管理。

第5章　ERP沙盘模拟企业的经营分析与诊断

【学习目标】

✧ 提高学生和各模拟企业的决策水平
✧ 体会企业经营管理中各类要素的分析过程
✧ 深刻理解ERP管理思想及其应用
✧ 学会分析与诊断企业的经营问题与症结
✧ 提升模拟企业整体经营管理水平

在整个ERP沙盘模拟过程中，学生要熟悉并从事企业采购、生产、经营以及销售各个环节的流程，根据企业事先制定的发展战略制定并实施每一期的广告决策、市场决策、研发决策、资本决策以及采购生产决策等。经营模拟过程中每一环节的决策都是通过筛选和分析多种相关条件所制定并实施的。因此，本章将对ERP沙盘模拟企业经营过程中涉及的生产、销售、采购等业务能力进行相应剖析，以便于学生做出合理的决策。

另外，每年经营结束之后，指导教师要进行点评。点评内容主要涉及企业的市场地位、生产运营状况、资金与成本、财务经营指标等经常出现的问题，如参加企业经营竞争模拟的企业经营者都要对企业的经营结果进行深刻的反思，成在哪里，败在哪里；竞争对手的情况如何；是否需要对企业战略进行调整等。同时，指导教师应进一步引导学生根据现有的经营数据进行企业诊断，发现问题，并提出相关建议等。

5.1　生产能力分析

企业要增加利润，就必须扩大销售，扩大销售就必须以提高产能为保证，而要增加产量就必须要上新的生产线。因此，在ERP沙盘模拟演练中，可以说前期看资金，后期看产能。模拟企业在扩大产能时会遇到一些生产线的选择问题。本节主要对各种生产线加以分析，以帮助学生进行生产决策。

5.1.1　企业生产能力的定义

企业生产能力是指整个企业的最大产出能力（产量）。一般情况下，企业生产能力是指生产设施的能力。然而，企业生产能力除主要与生产设施的能力有关以外，还受到生产操作人员的能力以及企业管理水平的影响。因此，有必要对生产能力进行对比分析和规划，采取必要措施解决何时扩大产能、扩大多少产能等一系列问题。

企业生产能力满足市场需求的程度是企业能力分析考虑的中心问题。如果生产能力不能满足市场需求，可能导致客户需求不能及时被满足，客户满意度下降。严重的生产能力不足使得企业不能按时交货，还会遭到客户索赔，如此企业当然就不能提高市场占有率，不能获得发展。反过来，生产运作能力过高又会导致设施闲置、资金浪费，给企业造成损失。

因此，上新的生产线时就会带来一系列的决策问题，如上哪种生产线更好？用新生产线生产什么产品？产品的产能达到多少为宜？对上述各问题，模拟企业应逐一分析后再做出相应决策。

5.1.2 不同类型生产线性能对比分析

我们在前面的模拟企业运营规则中已经说明，不同类型生产线的生产效率和灵活性存在较大差异，如表 5-1 所示，可根据此表对各种生产线进行比较分析。

表 5-1 不同类型生产线对比分析

生产线	购买价/M 元	安装周期/季度	生产周期/季度	转产周期/季度	转产费用/M 元	维护费用/（M 元/年）	残值/M 元
手工	5	无	3	无	无	1	1
半自动	8	2	2	1	1	1	2
全自动	16	4	1	2	4	1	4
柔性	24	4	1	无	无	1	6

1. 全自动生产线和柔性生产线的产能较高

（1）全自动生产线和柔性生产线每年能生产 4 个 P 产品，产能较高。

（2）全自动生产线转产时的灵活性没有柔性生产线好，但柔性生产线的购买价格较高。

2. 半自动生产线的产能及灵活性适中

半自动生产线的优点是价格低，但产能不如全自动生产线，灵活性不如柔性生产线，不过在实战中也有公司依靠半自动生产线而取得好成绩的案例。

3. 手工生产线的效率太低

手工生产线生产周期为 3 个季度，每年能生产 1.3 个 P 产品，上新生产线时很少被考虑，但原有的 3 个手工生产线可加以利用。手工生产线的灵活性好，原来的 3 个手工生产线可以看作 1 个柔性生产线，在不卖掉的情况下可以随时转产，十分便捷，同时节省投资成本。

现在，我们将 3 条手工生产线同 1 条柔性生产线进行比较分析，如表 5-2 所示。

表 5-2　3 条手工生产线与 1 条柔性生产线对比分析

项　目	购买价/M 元	安装周期/季度	转产周期/季度	转产费用/M 元	占用厂房/个	年维护费/M 元	年折旧费
3 条手工生产线（原有）	0	无	无	无	3	3	少
1 条柔性生产线	24	4	无	无	1	1	多

假设模拟企业的经营期为 6 年，那么从表 5-2 中我们可以看出，3 条手工生产线支付的资金仅为每年的维护费，6 年共计 18M 元；而柔性生产线仅购买价就为 24M 元，以后也要每年支付维护费，而且手工生产线发生的折旧费也比柔性生产线的折旧费要少很多，折旧费的减少会相应地增加企业的权益值。因此，当模拟企业的厂房余地空间较大时，不妨考虑利用原有的手工生产线。

此外，模拟企业还要考虑占用厂房和维护费问题。现在，我们将 2 条半自动生产线和 1 条全自动生产线进行比较分析，如表 5-3 所示。2 条半自动生产线从价格和产能上看与 1 条全自动生产线相等，前者具有安装周期短和可分两次投资的特点，但前者要多占厂房中的 1 条生产线位置，并且每年多交 1M 元的维护费（在租用小厂房有多余机位和资金紧张时另当别论）。

表 5-3　2 条半自动生产线与 1 条全自动生产线对比分析

项　目	购买价/M 元	安装周期/季度	转产周期/季度	转产费/M 元	占用厂房/个	年维护费/M 元	年折旧费
2 条半自动生产线	16	2	1	2	2	2	一样
1 条全自动生产线	16	4	2	1	1	1	一样

5.1.3　生产线生产不同产品的投资回收期分析

投资什么生产线？新投资的生产线用来生产什么产品性价比最高，最合理？在投资生产线时，模拟企业会经常遇到此类问题。按照比赛规则，我们可以从生产线的投资回收期考虑，如表 5-4 所示。

表 5-4　新生产线生产不同产品的投资回收期

生产线	手工				半自动				全自动				柔性			
产品	P1	P2	P3	P4	P1	P2	P3	P4	P1	P2	P3	P4	P1	P2	P3	P4
投资/M 元	5.00	5.00	5.00	5.00	8.00	8.00	8.00	8.00	16.00	16.00	16.00	16.00	24.00	24.00	24.00	24.00
安装时间/年	—	—	—	—	0.5	0.5	0.5	0.5	1.0	1.0	1.0	1.0	1.0	1.0	1.0	1.0
年产能/个	1	1	1	1	2	2	2	2	4	4	4	4	4	4	4	4
预计单价/M 元	4.00	7.00	8.00	9.50	4.00	7.00	8.00	9.50	4.00	7.00	8.00	9.50	4.00	7.00	8.00	9.50
单位成本/M 元	2.00	3.00	4.00	5.00	2.00	3.00	4.00	5.00	2.00	3.00	4.00	5.00	2.00	3.00	4.00	5.00
毛利/M 元	2.00	4.00	4.00	4.50	4.00	8.00	8.00	9.00	8.00	16.00	16.00	18.00	8.00	16.00	16.00	18.00

续表

生　产　线	手　工				半 自 动				全 自 动				柔　性			
产　品	P1	P2	P3	P4	P1	P2	P3	P4	P1	P2	P3	P4	P1	P2	P3	P4
维修费/M 元	1.00	1.00	1.00	1.00	1.00	1.00	1.00	1.00	1.00	1.00	1.00	1.00	1.00	1.00	1.00	1.00
利息/M 元	0.25	0.25	0.25	0.25	0.40	0.40	0.40	0.40	0.80	0.80	0.80	0.80	1.20	1.20	1.20	1.20
回收期/年	6.7	1.8	1.8	1.5	3.6	1.7	1.7	1.6	3.6	2.1	2.1	2.0	5.1	2.7	2.7	2.5

注：① 毛利=（预计单价-单位成本）×年产能

② 利息为生产线投入资金的机会成本，我们假设按年利率 5%计算。

③ 回收期=安装时间+生产线投入资金/（毛利-维修费-利息）

从表 5-4 可以看出，投资所有类型生产线生产 P1 产品，投资回收期都较长，是不可取的。另外，用柔性生产线生产所有产品投资回收期同全自动生产线和半自动生产线的投资回收期相比，都显得稍长一些。因此，柔性生产线不宜上得太多，有人认为模拟企业在考虑上柔性生产线时，以投资 1～2 条的柔性生产线为宜。

5.1.4 生产线产能总量分析

生产线产能要达到多少才算合适？这一问题，六组模拟企业可从每年的各产品需求量来考虑。每种产品（不包括 P4 产品）的逐年需求量如表 5-5 所示（表中数据根据附录 A 中市场需求预测表中图示整理而成）。

表 5-5 P1、P2、P3 产品年需求量　　单位：个

年　度	P1	P2	P3	合　计	企业平均数	调整后平均数
第一年	23			23	3.8	4
第二年	27	18	8	53	8.8	9
第三年	38	38	18	94	15.7	16
第四年	33	55	31	119	19.8	20
第五年	39	45	40	124	20.7	21
第六年	29	36	51	116	19.3	20

每个模拟企业的产能设置可参考表中“调整后平均数字”，即从第一年到第六年依次为 4、9、16、20、21、20，若企业成为某市场的领导者，则可优先选取订单，能选到一些好单，产能设置时可高于这组数据；反之，则应与此组数据大致相仿或略低于此组数据。

5.1.5 指导教师点评各模拟企业的生产管理

为有助于学生的生产管理以及模拟企业资产投资效益的提高，指导教师每年经营结束后应对各模拟企业生产管理情况进行点评，点评时关注以下几个问题。

1. 获取厂房方式是否合理

按照模拟规则，企业的厂房可以通过购买或租赁两种方式获得，企业究竟采用哪一种

方式，要依据企业战略及当时的财务状况进行适当选择。指导教师要对厂房的获取方式、资金投资的效率、回报率等进行点评。

2. 生产线更新及改良情况如何

在 ERP 沙盘模拟演练过程中，四种生产线各具特点，价格也不相同。指导教师点评时要注意关注以下几点。

（1）模拟企业生产线的更新顺序及组合方式是否最佳？

（2）生产线能否和市场需求相匹配，即满足订单的交货期要求和需求数量？

（3）生产线更新和建设的时间是否与企业战略安排及产品研发同步？

（4）生产线的建设能否在 6～8 年的模拟经营周期内尽量少提折旧？

（5）生产线所在厂房安排是否合理？所耗费的厂房成本是否最低？

3. 模拟企业的生产流程调度安排是否合理

指导教师要点评各模拟企业全盘生产流程调度决策是否合理以及库存管理与产销的配合程度。

（1）各模拟企业是否合理利用现有生产线并合理安排 P 类产品生产，使各种产品产能最大化？

（2）各模拟企业的各种产品产量是否与销售订单基本吻合，使产品的库存降到最低？

（3）各模拟企业是否根据所需产品的物料清单合理地安排 R 原材料的下订单时间和数量，使得所采购的原材料既能满足生产的需求，又不至于存货过多而占用企业的流动资金，避免给财务总监筹资工作造成进一步的压力？

5.2　营销策略分析

在 ERP 沙盘模拟课程中，营销策略主要集中在广告费用的投放上。下面以实际的 ERP 沙盘模拟演练为例，从市场占有率以及广告投入产出比两个方面来评价模拟企业的市场营销策略水平。

5.2.1　市场占有率分析

市场占有率分析包括某年度市场占有率、某市场累计占有率、累计市场占有率和某产品某年度的市场占有率分析，可以按销售数量统计，也可以按销售收入统计，综合评定这两个指标可以反映企业在市场中销售产品的能力和获取利润的能力，分析结果以直观的饼状图展现出来。

1. 某年度市场占有率

某年度市场占有率是指各模拟企业在某年度所有市场中的各种产品销售额占总销售额

的比例。

如图 5-1 所示，经过了 3 年的模拟经营，各模拟企业都获取了一定的市场份额，在市场中占有一席之地。从图 5-1 中所展现的数字比例可以看出，A 公司第三年度的市场占有率最高，为 25%；B 公司第三年度的市场占有率最低，仅为 8%。

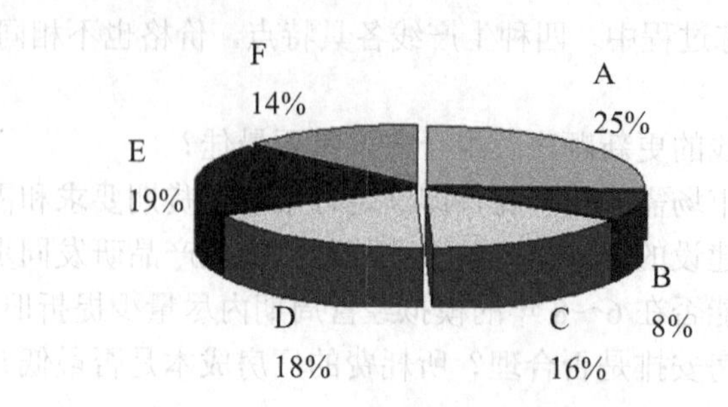

图 5-1　第三年各模拟企业的市场占有率

2. 某市场累计占有率

某市场累计占有率是指经营若干年之后，对某个市场进行的占有率分析，分析重点是告诉经营者哪个企业在这个市场中做得比较好。

如图 5-2 所示，A 公司、B 公司、C 公司、D 公司、E 公司、F 公司经过 3 年经营之后，在本地市场中，D 公司做得比较好，本地市场累计占有率为 26%；在区域市场中做得较好的是 C 公司，其区域市场累计占有率为 33%；在国内市场中做得较好的是 C 公司和 E 公司，二者在国内市场的累计占有率相同，为 21%；在亚洲市场中做得较好的是 C 公司，其累计市场占有率超过一半，为 59%，而 B 公司和 D 公司则还没有涉足亚洲市场。

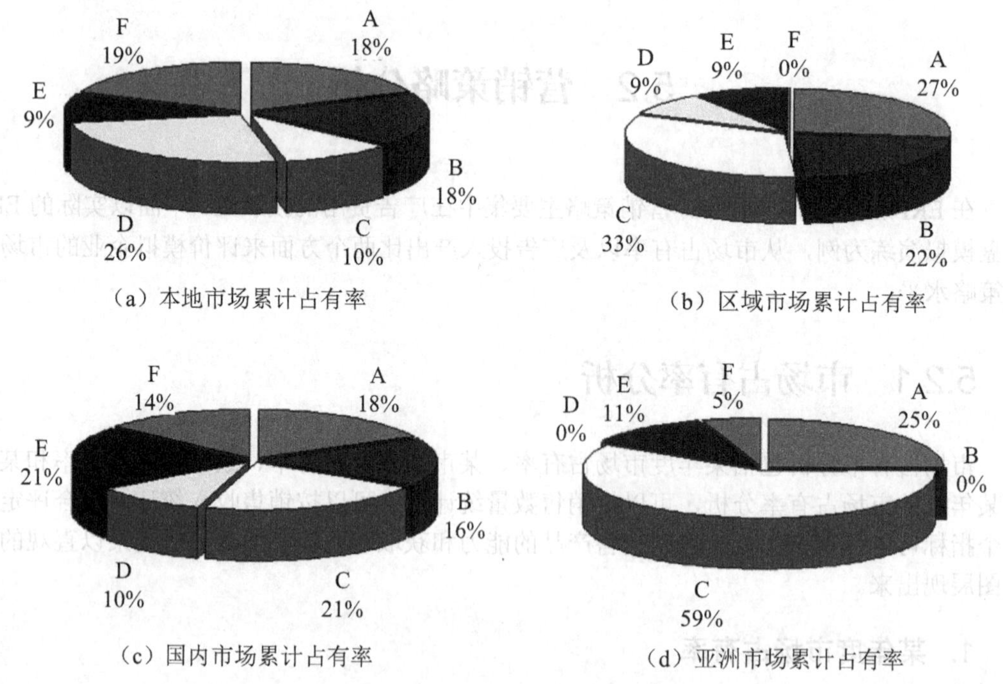

（a）本地市场累计占有率　　（b）区域市场累计占有率

（c）国内市场累计占有率　　（d）亚洲市场累计占有率

图 5-2　第三年某市场累计占有率

3. 累计市场占有率

累计市场占有率是反映企业在所有市场中历年经营状况的指标，如图 5-3 所示，可以从该指标比较不同企业在相同的时段内的经营业绩。

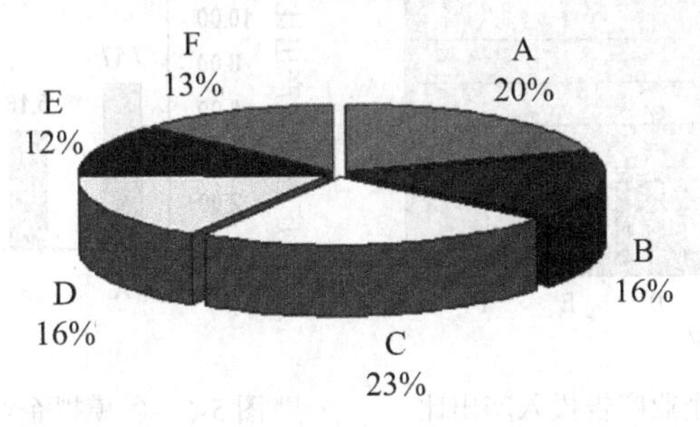

图 5-3　各模拟企业三年累计市场占有率

由图 5-3 可知，A、B、C、D、E、F 六个公司经过 3 年经营之后，C 公司在所有市场中所占的份额最大，为 23%；而 E 公司在所有市场中所占份额最小，仅为 12%。

4. 某产品某年度的市场占有率

某产品某年度的市场占有率是从产品的角度反映各模拟企业的市场占有率，如图 5-4 所示，此指标可说明各公司对产品的销售能力。

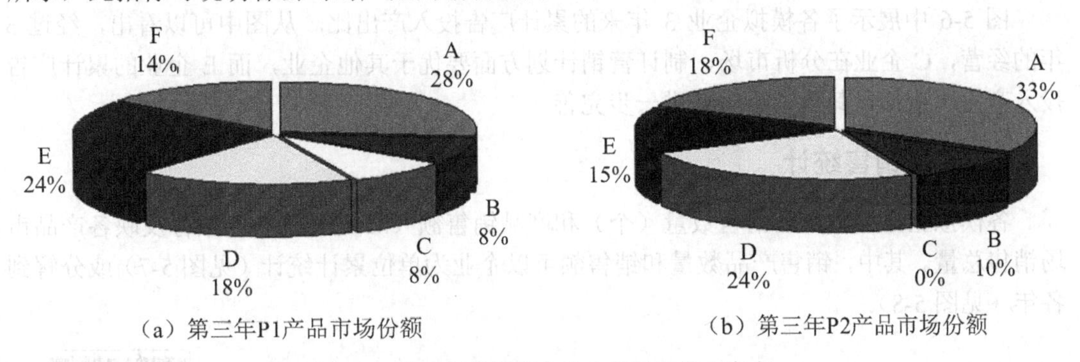

（a）第三年P1产品市场份额　　（b）第三年P2产品市场份额

图 5-4　第三年各模拟企业 P 产品市场占有率

从图 5-4 可知，第三年 A 公司的 P1 产品、P2 产品所占市场份额均为最大，分别为 28%和 33%；C 公司 P1 产品、P2 产品所占市场份额最小，分别为 8%和 0%，但其发展势头较好，着重于高端产品的研发与生产。

5.2.2　广告投入产出比分析

广告投入产出比是评价广告投入收益率的指标，其计算公式为

$$\text{广告投入产出比}=\frac{\text{订单销售总额}}{\text{广告投入}}$$

广告投入产出比分析用来比较各企业在广告投入上的差异。这个指标告诉经营者本公司与竞争对手之间在广告投入策略上的差距，以警示营销主管深入分析市场和竞争对手，寻求节约成本、策略取胜的突破口。

根据市场和时间的不同，系统提供了两项统计指标：一是某一年的广告投入产出比，如图 5-5 所示；二是累计广告投入产出比，如图 5-6 所示。

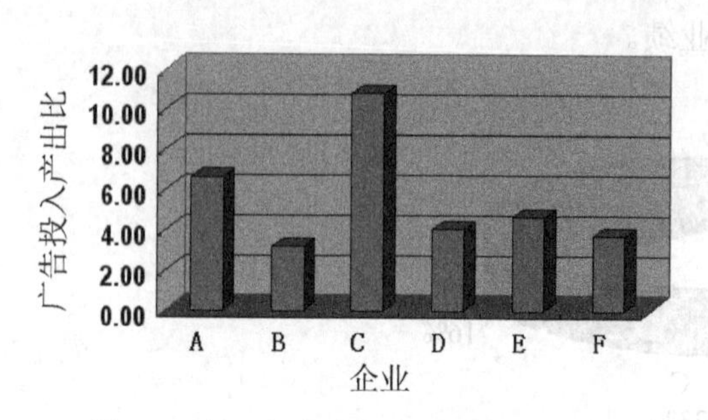

图 5-5　第三年各模拟企业广告投入产出比

图 5-6　各模拟企业 3 年累计广告投入产出比

1. 某一年各企业广告投入产出比

图 5-5 中比较了第三年 A、B、C、D、E、F 六个模拟企业的广告投入产出比。从图中数据可以看出，C 企业的广告投入产出比最高，为 10，也就是说，C 企业每 1M 元的广告投入为它带来 10M 元的销售收入；B 企业的广告投入产出比最低，约为 2.3。

2. 累计广告投入产出比

图 5-6 中展示了各模拟企业 3 年来的累计广告投入产出比。从图中可以看出，经过 3 年的经营，C 企业在分析市场、制订营销计划方面要优于其他企业，而 E 企业的累计广告投入产出比最低，其营销策略需进一步完善。

3. 产品销售统计

各模拟企业可用产品销售数量（个）和产品销售额（M 元）这两个指标反映各产品市场销售总量。其中，销售产品数量和销售额可以企业为单位累计统计（见图 5-7）或分解到各年（见图 5-8）。

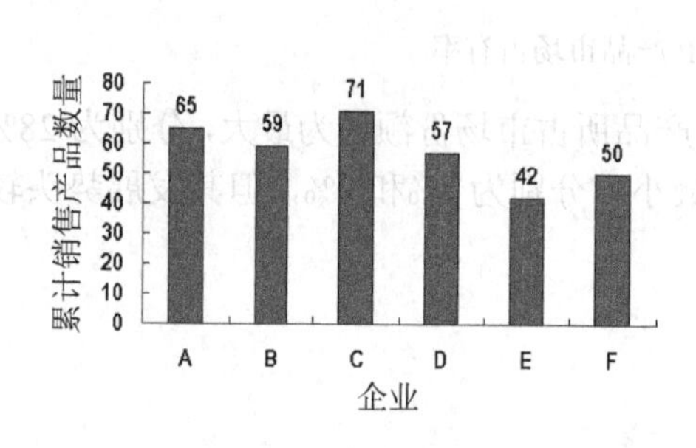

（a）各模拟企业 3 年累计销售产品数量

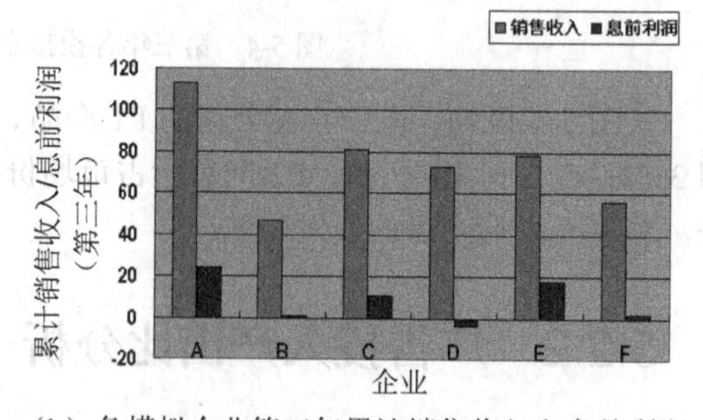

（b）各模拟企业第三年累计销售收入和息前利润

图 5-7　各模拟企业 3 年累计产品销售统计

由图 5-7 可知，A、B、C、D、E、F 六个公司经过 3 年的努力经营，各自的累计产品销量和利润有所不同。就 3 年累计产品销量而言，C 公司 3 年的累计销售产品数量最多，而 E 公司 3 年累计销售产品数量最少；而就第三年息前利润而言，A 公司的利润最大；D 公司的利润最小，出现了一定程度的亏损。

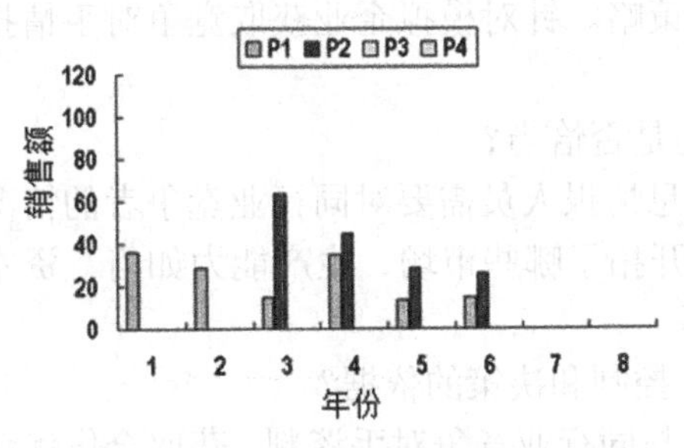

（a）B 公司各年产品销售额变化

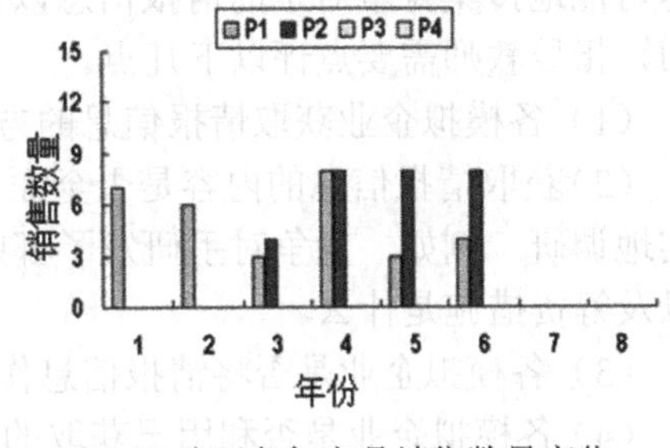

（b）B 公司各年产品销售数量变化

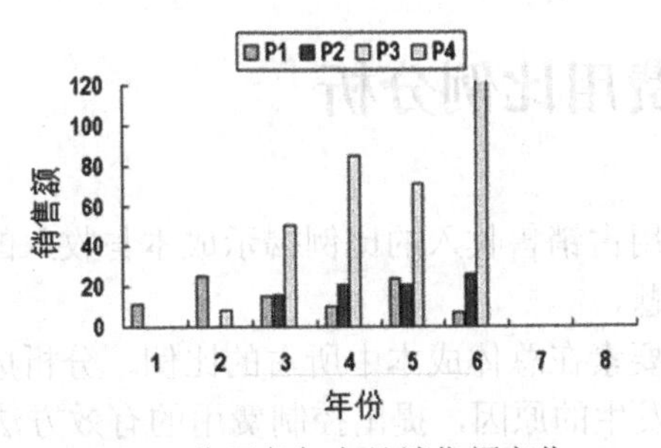

（c）C 公司各年产品销售额变化

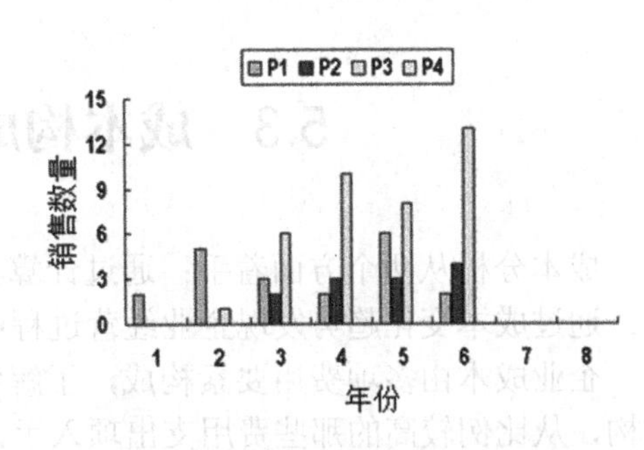

（d）C 公司各年产品销售数量变化

图 5-8　第三年 B、C 公司产品销售统计

由图 5-8 可知，各模拟企业因受市场开拓、产品研发、广告投入等因素影响，其每年的产品销售数量以及销售数额都会有所变化。各模拟企业可根据实际情况进行相应的方案调整。

5.2.3　指导教师点评各模拟企业的营销及销售能力

市场营销与销售能力是营销策略中各模拟企业重点考虑的一个问题。指导教师可根据各模拟企业实际的营销与销售情况对其进行点评，帮助各模拟企业深刻认识其市场营销策略的实际情况。点评时应关注以下几个问题。

1．各模拟企业的市场需求预测分析和判断是否准确

市场预测是对市场趋势的判断，不同市场对产品的需求量有所差异，不同产品的价格、利润率以及需求时间也不同。因此，把握市场趋势的准确程度直接影响着市场开拓、产品研发、生产线投资等的决策和效果。指导教师可点评各模拟企业的市场开拓时间和效率的合理性以及对未来 6～8 年的市场趋势的理解和把握程度。

2．各模拟企业在市场中的竞单效率如何

指导教师点评各模拟企业在市场中的竞单效率主要通过企业的广告投入产出比和市场占有率两个指标，着重分析每一期各模拟企业的广告投入产出比，分析各模拟企业的竞争策略，并分析企业在市场营销方面的策略是否得当。

3．各模拟企业获取竞争对手情报的能力如何

在 ERP 沙盘模拟演练过程中，为合理利用企业自身资源，获取竞争优势，各模拟企业

要尽可能地搜集竞争对手的情报信息以优化竞争策略。针对模拟企业获取竞争对手情报的能力，指导教师需要点评以下几点。

（1）各模拟企业获取情报信息的方法与技巧是否恰当？

（2）获取情报信息的内容是否全面？市场信息情报人员需要对同行业竞争者的情况进行实地调研。例如，竞争对手研发了哪些产品、开拓了哪些市场、生产能力如何、资本结构以及筹资措施是什么。

（3）各模拟企业是否将情报信息作为计划、控制和决策的依据？

（4）各模拟企业是否利用已获取的情报信息与同行业竞争对手谈判，获取合作优势？

5.3 成本构成和费用比例分析

成本分析从两个方面着手：通过计算各项费用占销售收入的比例揭示成本与收入的关系；通过成本变化趋势发现企业经营过程中的问题。

企业成本由多项费用要素构成，了解各费用要素在总体成本中所占的比例，分析成本结构，从比例较高的那些费用支出项入手，分析发生的原因，提出控制费用的有效方法。

费用比例分析包括经常性费用比例分析和全成本比例分析。费用比例的计算公式为

$$费用比例=\frac{费用}{销售收入}$$

如果将各项费用比例相加，再与 1 相比，则可以看出总费用占销售收入的比例，如果比值超过 1，则说明支出大于收入，企业亏损，并可以直观地看出亏损的程度。

5.3.1 经常性费用比例分析

经常性费用（见图 5-9）仅包括直接成本、广告费、经营费、管理费、折旧和利息，这些费用项目是经营过程中每个时期必不可少的费用支出项目。这里说的经营费用是根据下式计算出来的。

经营费=设备维护费+场地租金+转产费+其他费用

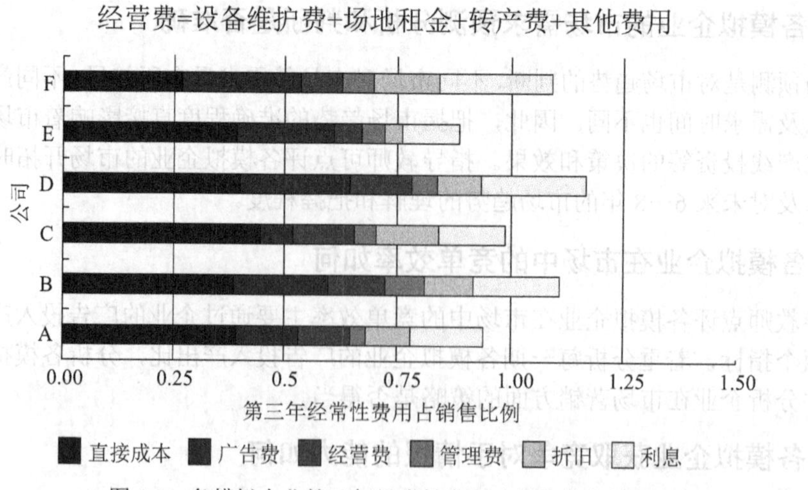

图 5-9 各模拟企业第三年经常性费用占销售收入比例

各模拟企业经过 3 年的经营都获取了一定的市场份额和产品生产能力。然而，为满足生产要求，所发生的经常费用比例有所不同。例如，各模拟企业第三年经常性费用占销售收入比例可由图 5-9 得知：D 公司第三年经常性费用比例最大，直接成本、广告费以及利息所占比例较大；E 公司第三年经常性费用比例最小，主要原因在于其折旧和利息较低。

5.3.2　全成本比例分析

在全部成本中，除包括上述经常性费用之外，还包括产品开发和软资产开发（市场开发、ISO 资格认证投入）等阶段性成本支出项目。

如图 5-10 所示，在各模拟企业第三年全部成本占销售收入比例中，D 公司第三年全部成本比例最大，主要原因在于其经常性费用占比最大且市场开拓、ISO 认证投入力度最大；E 公司第三年全部成本占销售收入比例最小，原因在于其经常性费用占比最小且产品开发、市场开发等投入较少。

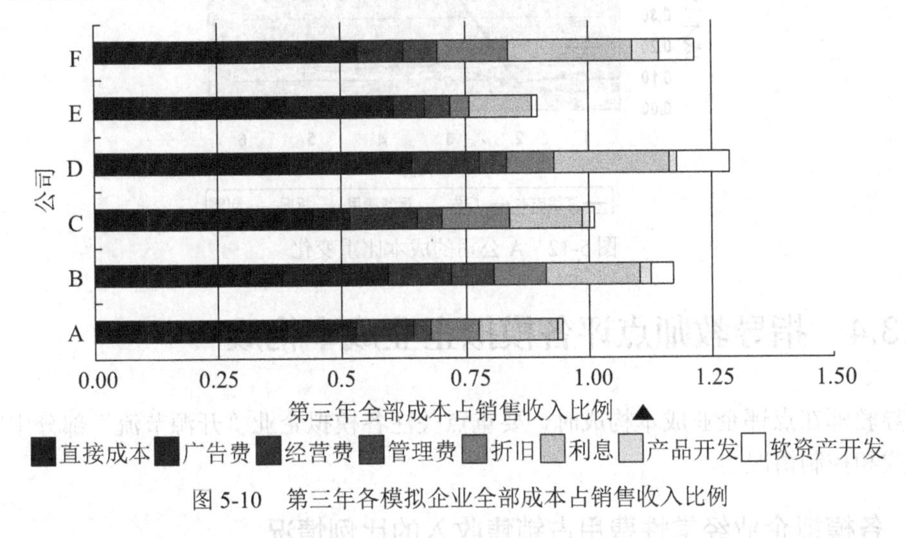

图 5-10　第三年各模拟企业全部成本占销售收入比例

5.3.3　成本构成变化分析

企业经营是持续性活动，由于资源的消耗和补充是缓慢进行的，所以单从某一时间点的各项费用指标很难评价企业经营的好坏，但可以将相关指标同其他同类企业横向比较，以评价本企业在同类企业中的优劣。企业在经营过程中很可能由于在某一时间点出现了问题，而直接或间接地影响企业未来的经营活动，所以不能轻视经营活动中每一个时间点的指标状况。那么，如何通过每一时间点的指标数据发现经营活动中的问题，从而可以警惕呢？在这里，企业需要关注一个警示信号，那就是比例变化信号。

如图 5-11 所示，A 公司第一年、第二年和第三年的成本费用比例指标均有很大的变化，这说明企业经营遇到了问题，经营的环境正在发生变化，这个信号提醒管理者格外注意各种变化情况，及时调整经营战略和策略。在以后的年份中，其成本费用的比例变化比较平稳，没有突变的情况，说明企业运营得比较正常。

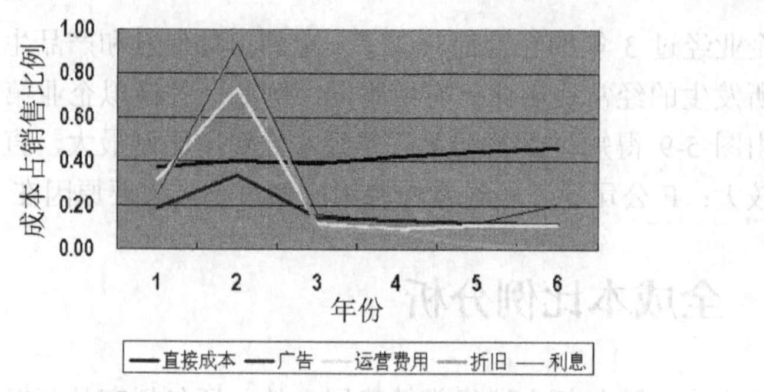

图 5-11　A 公司成本费用比例的变化

如图 5-12 所示，在 A 公司成本比例构成中，直接成本的比例变化较大，其他成本比例变化较为平稳。

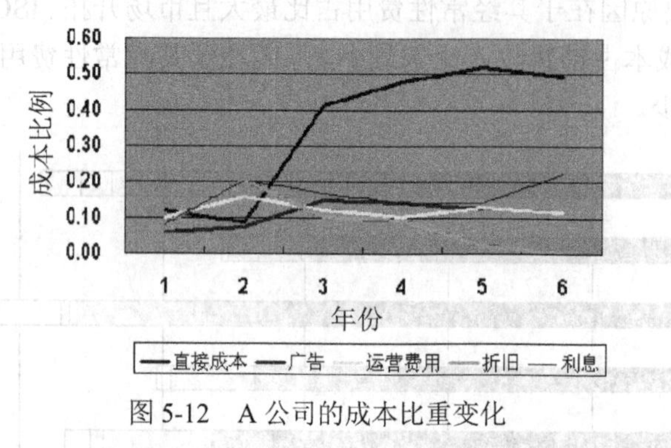

图 5-12　A 公司的成本比重变化

5.3.4　指导教师点评各模拟企业成本构成

指导教师在点评企业成本构成时，要重点关注各模拟企业“开源节流”部分中的成本费用构成和控制情况。

1. 各模拟企业经常性费用占销售收入的比例情况

在经常性费用构成中，管理费用不变，直接成本、广告投入以及利息费用所占比例较大。在 ERP 沙盘模拟演练过程中，各模拟企业都是制造型企业，其资金大多用在生产方面，如生产线的投资、厂房的购置、原材料的采购和直接人工等。因此，在各模拟企业成本费用构成比例中，直接成本所占比例最大，要高于其他间接成本和费用。除此之外，点评时还要考虑以下几个问题。

（1）各模块企业是否合理安排生产线的投建，使得折旧数额尽可能地少？

（2）各模拟企业的广告投入数额是多少？其广告投入效果如何？

（3）各模拟企业的利息费用是多少？是否存在着不合理的筹资现象？

2. 各模拟企业综合费用占销售收入的比例情况

在全部综合费用构成比例中，除经常性费用之外，还包括产品开发和软资产开发（市场开发、ISO 资格认证投入）。指导教师在这部分应重点点评各模拟企业的产品开发进展情况以及市场开拓、ISO 资格认证投资力度及合理性。

3. 各模拟企业成本构成比例变化

重点考虑各模拟企业的成本构成比例变化是否合理和是否超出预警值。

5.4 杜邦财务分析体系

财务管理是企业经营管理的核心内容，而实现股东财富最大化或企业价值最大化是财务管理的中心目标。任何一个企业的生存与发展都依赖于企业创造的价值。企业的每一个成员都负有实现企业价值最大化的责任。出于向投资者（股东）展示经营成果和提高经营管理水平的需要，企业需要一套实用、有效的财务指标体系，以便据此评价和判断企业的经营绩效、经营风险、财务状况、获利能力和经营成果。

5.4.1 杜邦分析法

杜邦分析体系（dupont system）是一种比较实用的财务比率分析体系。这种分析方法最早是由美国杜邦公司创造出来的，故名杜邦分析法。

杜邦分析法将涉及企业获利能力方面的各项指标（净资产收益率、销售利润率）、营运能力方面的指标（总资产周转率）以及负债能力指标（权益乘数）有机地联系起来，通过综合分析，发现问题，如图 5-13 所示。

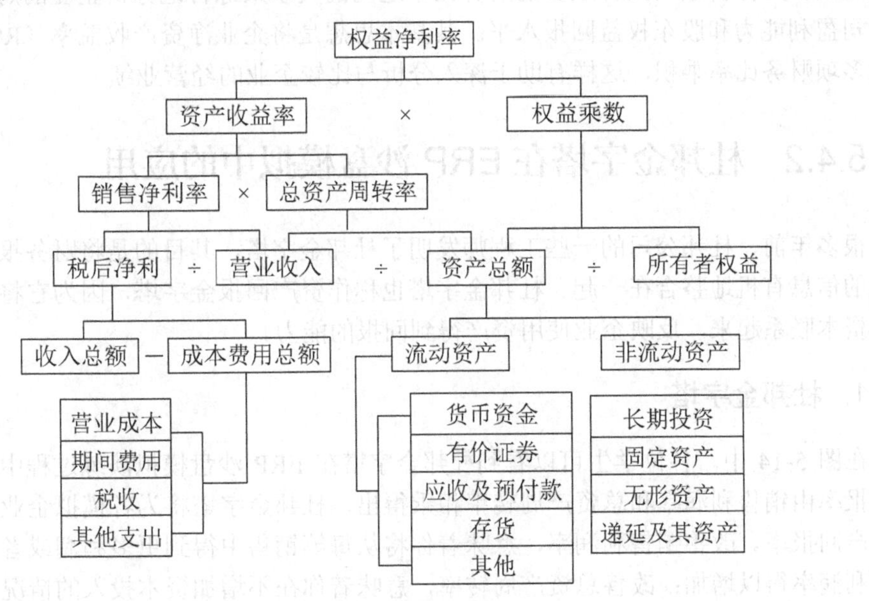

图 5-13 杜邦财务分析图

1. 净资产收益率

净资产收益率是杜邦分析法的核心指标，这是因为任何一个投资人投资某一特定企业的目的都在于该企业能给他们带来更多的回报。因此，投资人最关心这个指标，同时，这个指标也是企业管理者制定各项财务决策的重要参考依据。通过杜邦分析，将影响这个指标的三个因素从幕后推向台前，使我们能够目睹它们的庐山真面目。所以，在分析净资产收益率时，应该从构成该指标的三个因素分析入手。

2. 总资产收益率

分析总资产收益率水平高低的原因可进行类似的指标分解。总资产收益率低的原因可能在于销售利润较低，也可能在于总资产周转率较低。如果属于前一种情况，则需要在开源节流方面挖掘潜力；倘若属于后一种情况，则需要提高资产的利用效率，减少资金闲置，加速资金周转。

为了找出导致销售利润率及总资产周转率水平高或低的原因，可将其分解为财务报表有关项目，从而进一步发现问题产生的原因。销售利润率及总资产周转率与财务报表有关项目之间的关系在杜邦分析图中一目了然。有了这张图，可以非常直观地发现是哪些项目影响了销售利润率或者是哪个资产项目扯了总资产周转率的“后腿”。

3. 权益乘数

权益乘数反映企业的负债能力。这个指标较高，说明企业资产总额中的大部分是通过负债形成的，这样的企业将会面临较高的财务风险。而这个指标较低，说明企业的财务状况比较稳健，负债较少，风险也小，但获得超额收益的机会也不会很多。

通过杜邦分析法用几种主要的财务比率之间的关系来综合地分析企业的财务状况，评价公司盈利能力和股东权益回报水平。其基本思想是将企业净资产收益率（ROE）逐级分解为多项财务比率乘积，这样有助于深入分析与比较企业的经营业绩。

5.4.2 杜邦金字塔在 ERP 沙盘模拟中的应用

很多年前，杜邦公司的一些工程师发明了杜邦金字塔，其目的是将财务报表中的各种分散的信息有机地整合在一起。杜邦金字塔也称作资产回报金字塔，因为它将运行结果与投入资本联系起来，反映企业使用资产得到回报的能力。

1. 杜邦金字塔

在图 5-14 中，各位学生可以看到杜邦金字塔在 ERP 沙盘模拟演练过程中的应用。资产回报率由销售利润率和总资产周转率相乘得出，杜邦金字塔将为各模拟企业展现如何改善资产回报率。改善销售利润率，意味着你将从每笔销售中得到更多利润或者因成本降低而使利润率得以增加；改善总资产周转率，意味着你在不增加资本投入的情况下就可以增加利润，提升企业的资产回报率。

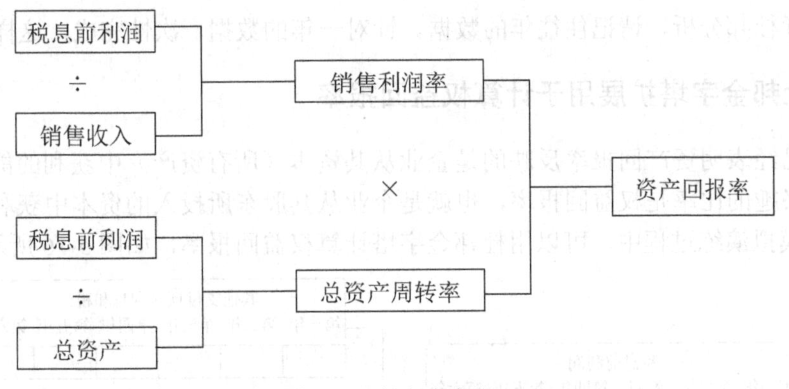

图 5-14　杜邦金字塔

2. 杜邦金字塔在 ERP 沙盘模拟中的展开

在 ERP 沙盘模拟演练中，各模拟企业可以根据自身实际经营情况把杜邦金字塔展开以计算资产回报率，如图 5-15 所示。资产回报率反映了企业使其投资产生回报的能力。在此，比较所得结果（在减去资金占用成本之前）与投入资产中的资本量。在资产负债表中列出的资产就是在财务年度末企业所拥有的价值，除非这一项资产因为各种原因偏离了正常企业所申报的资产，否则它反映了为了经营该企业所需的资金投入。

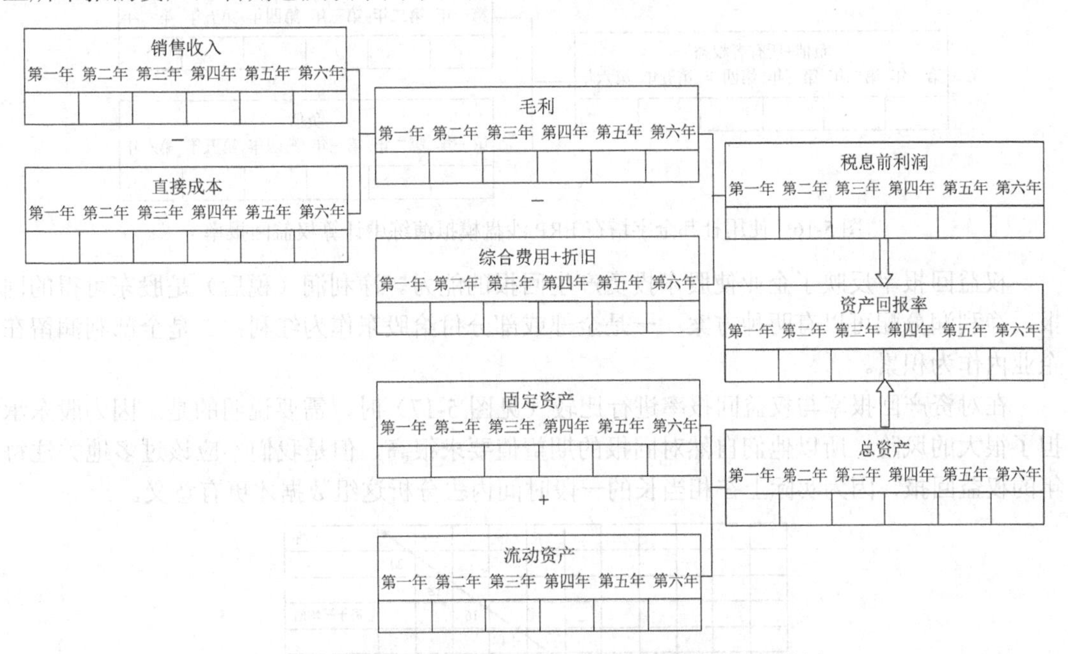

图 5-15　杜邦金字塔在 ERP 沙盘模拟演练中的应用扩展

资产回报率是投资者最感兴趣的，因为它反映了投资回报的能力。作为投资企业的另一种理论上的选择，我们设想将企业所拥有的资产变现（售出），将所得资金投资在诸如股票、证券上。正因为企业经营中存在相当的风险，因此必须要求各模拟企业以比较安全的投资方式进行投资，从而取得高的投资回报率。具体的“风险溢价”是讨论的主题。如果投资在债券上的回报率达到每年 8%，那么资产回报率可能定在每年 12%～16%。然而在现实生活中存在着企业资产回报率抵不上其他相对更安全的投资的回报率的现象。

为进行杜邦分析，请记住往年的数据。针对一年的数据一次性完成，这样会容易些。

3. 杜邦金字塔扩展用于计算权益回报率

前述已经表明资产回报率反映的是企业从其资本（所有资产）中获利的能力。另一个使股东感兴趣的比率是权益回报率，也就是企业从其股东所投入的资本中获利的能力。在 ERP 沙盘模拟演练过程中，可以用杜邦金字塔计算权益回报率，如图 5-16 所示。

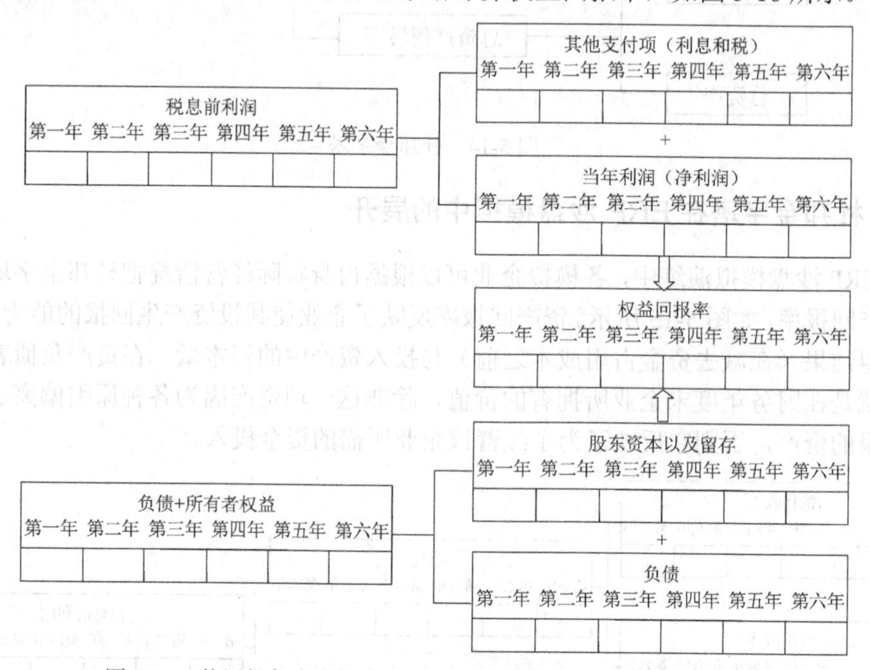

图 5-16 使用杜邦金字塔在 ERP 沙盘模拟演练中计算权益回报率

权益回报率反映了企业使股东投资产生回报的能力。净利润（税后）是股东可得的回报，净利润分配可以有两种方案：一是全部或部分付给股东作为红利；二是全部利润留在企业内作为积累。

在对资产回报率与权益回报率进行比较（见图 5-17）时，需要说明的是：因为股东承担了很大的风险，所以他们自然对回报的期望值要求很高，但是我们不应该过多地关注每年的权益回报，因为实际上在相当长的一段时间内去分析这组数据才更有意义。

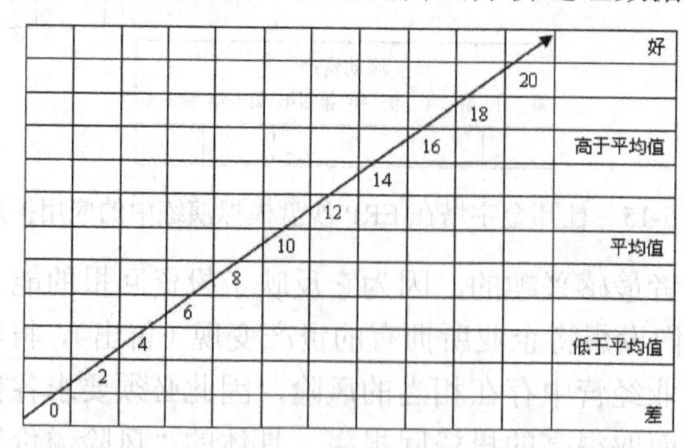

注：箭头代表发展方向，图中数字为百分率。

图 5-17 资产回报率与权益回报率分析

5.5　模拟企业业绩评价的五力分析模型

五力分析模型是由迈克尔·波特于 20 世纪 80 年代初提出的，他认为行业中存在着决定竞争规模和程度的五种力量，五力分别是供应商的讨价还价能力、购买者的讨价还价能力、潜在竞争者的进入能力、替代品的替代能力、行业内竞争者现在的竞争能力，这五种力量综合影响着产业的吸引力。五力分析模型是用来分析企业所在行业竞争特征的一种有效的工具，可用于竞争战略的分析，可以有效地分析竞争环境对企业战略制定产生的深远影响。

通过借鉴迈克尔·波特的五力模型结构，在 ERP 沙盘模拟演练中可以从收益力、成长力、安定力、活动力和生产力五个方面对各模拟企业的业绩进行评价，如图 5-18 所示。

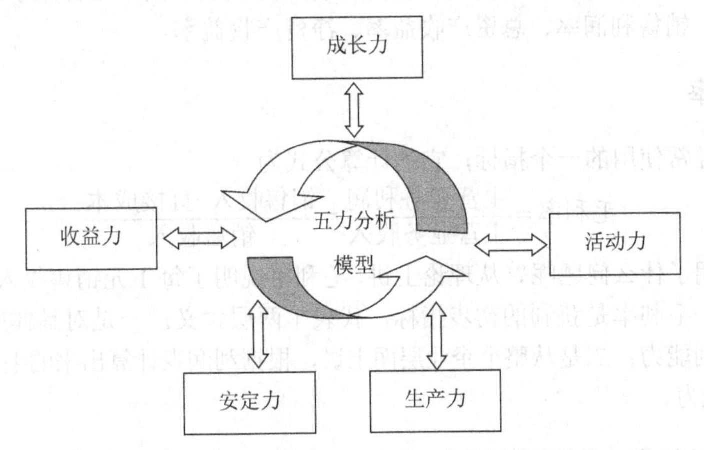

图 5-18　模拟企业业绩评价的五力分析模型结构

如果企业的上述五项能力处于优良水平，就说明企业的业绩优良。

为了测评模拟企业的收益力、成长力、安定力、活动力和生产力情况，需要对各项内容进行指标分解，可用的指标如表 5-6 所示。

表 5-6　模拟企业五力分析指标内容

编　号	项　目	指　标
1	收益力	毛利率
		销售利润率
		总资产收益率
		净资产收益率
2	成长力	销售收入成长率
		利润成长率
		净资产成长率
3	安定力	流动比率
		速动比率
		固定资产长期适配率
		资产负债率

续表

编　号	项　目	指　标
4	活动力	应收账款周转率
		存货周转率
		固定资产周转率
		总资产周转率
5	生产力	人均利润
		人均销售收入

5.5.1 收益力分析指标

收益力表明了企业是否具有盈利的能力。收益力从以下四个指标入手进行定量分析，分别是毛利率、销售利润率、总资产收益率、净资产收益率。

1. 毛利率

毛利率是经常使用的一个指标，它的计算公式为

$$毛利率=\frac{主营业务利润}{主营业务收入}=\frac{销售收入-直接成本}{销售收入}$$

毛利率说明了什么问题呢？从理论上讲，毛利率说明了每 1 元销售收入所产生的利润。更进一步思考，毛利率是获利的初步指标，代表了两层含义：一是对具体产品而言，代表一种产品的盈利能力；二是从整个企业层面上讲，根据利润表计算出来的毛利率代表了企业产品线的盈利能力。

2. 销售利润率

销售利润率是毛利率的延伸，是毛利减掉三项费用后的剩余。它的计算公式为

$$销售利润率=\frac{营业利润}{主营业务收入}$$

本指标代表了主营业务的实际利润，反映企业主业经营的好坏。两个企业可能在毛利率一样的情况下，最终的销售利润率不同，原因就是三项费用不同造成的结果。

3. 总资产收益率

总资产收益率是反映企业资产的盈利能力的指标，它包含了财务杠杆概念的指标，它的计算公式为

$$总资产收益率=\frac{税息前利润}{资产合计}$$

4. 净资产收益率

净资产收益率反映投资者投入资金的最终获利能力，它的计算公式为

$$净资产收益率=\frac{净利润}{所有者权益合计}$$

这项指标是投资者最关心的指标之一，也是公司总经理向公司董事会年终“交卷”时关注的指标，但它涉及企业对负债的运用。根据负债的多少可以将经营者分为激进型和保守型。

负债与净资产收益率的关系是显而易见的。在总资产收益率相同时，企业负债的比率对净资产收益率有着放大和缩小的作用。

例如，A、B 两公司的总资产收益率相同，税息前利润均为 20 万元，总资产 100 万元，假设所得税税率 30%，但 A 公司负债 70 万元，所有者权益 30 万元，负债年利率 10%；B 公司负债 30 万元，所有者权益 70 万元，负债年利率 10%。

因此，A 公司能获得的净利润为

$$\text{利润-负债息-所得税}=20-7-3.9=9.1\text{（万元）。}$$

$$\text{净资产收益率}=\frac{\text{净利润}}{\text{所有者权益}}=\frac{9.1}{30}\times 100\%=30.3\%$$

即股东投入 100 元，能获得 30.3 元。

同理计算 B 公司，虽然其负债年利小，可以获得净利润 11.9 万元（20−3−5.1=11.9），但因所有者权益为 70 万元，净资产收益率只有 17 %，即股东投入 100 元，只能得到 17 元。

5.5.2　成长力分析指标

成长力表示企业是否具有成长的潜力，即持续盈利能力。

成长力指标由三个反映企业经营成果增长变化的指标组成，分别是销售收入成长率、利润成长率和净资产成长率。

1. 销售收入成长率

这是衡量主营业务收入增长的比率指标，用以衡量经营业绩的提高程度，指标值越高越好。其计算公式为

$$\text{销售收入成长率}=\frac{\text{本期销售收入-上期销售收入}}{\text{上期销售收入}}$$

销售收入成长率高，表明公司产品的市场需求大，业务扩张能力强。如果模拟企业能连续几年保持 30%以上的销售收入成长率，基本上可以认为这家公司的成长空间大，可持续发展能力较强。

2. 利润成长率

利润成长率是本期主营业务利润和上期主营业务利润之差与上期主营业务利润的比值。这是衡量利润增长的比率指标，用以衡量经营效果的提高程度，数值越高越好。其计算公式为

$$\text{利润成长率}=\frac{[\text{本期（利息前）利润-上期（利息前）利润}]}{\text{上期（利息前）利润}}$$

一般来说，主营业务利润稳定增长且占利润总额的比例呈增长趋势的公司正处在成长期。一些公司尽管年度内利润总额有较大幅度的增加，但主营业务利润并未相应地增加，甚至大幅下降，这样的公司质量不高，投资这样的公司，尤其需要警惕，其可能存在着巨大的风险，也可能存在资产管理费用居高不下等问题。

3. 净资产成长率

这是衡量净资产增长的比率指标，用以衡量股东权益提高的程度。对于投资者来说，这个指标是非常重要的，它反映了净资产的增长速度。其计算公式为

$$净资产成长率=\frac{本期净资产-上期净资产}{上期净资产}$$

5.5.3 安定力分析指标

安定力用以衡量企业财务状况是否稳定、会不会出现财务危机，其由四个指标构成，分别是流动比率、速动比率、固定资产长期适配率和资产负债率。

1. 流动比率

流动比率的计算公式为

$$流动比率=\frac{流动资产}{流动负债}$$

这个指标体现企业偿还短期债务的能力。流动资产越多，短期债务越少，则流动比率越大，企业的短期偿债能力就越强。一般情况下，运营周期、流动资产中的应收账款数额和存货的周转速度是影响流动比率的主要因素。

2. 速动比率

速动比率比流动比率更能体现企业的偿还短期债务的能力。其计算公式为

$$速动比率=\frac{速动资产}{流动负债}=\frac{流动资产-存货-待摊费用}{流动负债}$$

从公式中可以看出，流动资产中尚包括变现速度较慢且可能已贬值的存货，因此将流动资产扣除存货再与流动负债对比，以衡量企业的短期偿债能力。一般低于1的速动比率通常被认为是短期偿债能力偏低。影响速动比率的可信性的重要因素是应收账款的变现能力，账面上的应收账款不一定都能变现，也不一定非常可靠。

3. 固定资产长期适配率

固定资产长期适配率的计算公式为

$$固定资产长期适配率=\frac{固定资产}{长期负债+所有者权益}$$

这个指标应该小于1，说明固定资产的购建应该使用还债压力较小的长期贷款和股东权益，因为固定资产的建设周期长，且固化的资产不能马上变现，如果用短期贷款来购建固定资产，由于短期内不能实现产品销售而带来现金回笼，势必造成还款压力。

4. 资产负债率

这是反映债权人提供的资本占全部资本的比例的指标，也被称为负债经营比率。其计

算公式为

$$资产负债率=\frac{负债}{资产}$$

资产负债率越高，企业面临的财务风险越大，获取利润的能力也越强。如果企业资金不足，依靠欠债维持，导致资产负债率特别高，就应该特别注意偿债风险了。一般资产负债率在 60%～70%比较合理，达到 85%及以上时，应视为预警信号，企业应给予足够的注意。

资产负债率指标不是绝对指标，需要根据企业本身的条件和市场情况判定。

5.5.4 活动力分析指标

活动力是从企业资产的管理能力方面对企业的经营业绩进行评价，主要包括四个比率指标，分别是应收账款周转率、存货周转率、固定资产周转率和总资产周转率。

1. 应收账款周转率（周转次数）

应收账款周转率是指定的分析期间内应收账款转为现金的平均次数。其计算公式为

$$应收账款周转率（周转次数）=\frac{当期赊销净额}{当期平均应收账款}=\frac{当期赊销净额}{\left[(期初应收账款+期末应收账款)\div 2\right]}$$

应收账款周转率越高，说明其收回得越快。反之，说明营运资金过多呆滞在应收账款上，影响正常资金周转及偿债能力。

由于赊销的数据无法从利润表中取得，无法进行对比，所以取销售净额的数据。该指标越高越好。应收账款周转率可以年为单位计算，也可以季、月、周为单位计算。

2. 存货周转率

这是反映存货周转快慢的指标。其计算公式为

$$存货周转率=\frac{当期销售成本}{当期平均存货}=\frac{当期销售成本}{\left[(期初存货余额+期末存货余额)\div 2\right]}$$

从指标本身来说，销售成本越大，说明因为销售而转出的产品越多，销售利润一定越多，库存越小，存货周转率越大。

这个指标可以反映企业中采购、库存、生产、销售的衔接程度。衔接得好，则原材料适合生产的需要，没有过量采购，产成品（商品）适合销售的需要，没有积压。

3. 固定资产周转率

固定资产周转率，也称固定资产利用率，是企业销售收入与固定资产净值的比率，主要用于分析厂房、设备等固定资产的利用效率，比率越高，表明固定资产利用效率越高，利用固定资产效果越好，管理水平越好。

固定资产周转率的计算公式为

$$固定资产周转率=\frac{当期销售净额}{当期平均固定资产}=\frac{当期销售净额}{\left[(期初固定资产余额+期末固定资产余额)\div 2\right]}$$

这项指标的含义是固定资产占用的资金参加了几次经营周转，赚了几次钱，用以评价固定资产的利用效率，即产能能否充分发挥。

4. 总资产周转率

总资产周转率指标用于衡量企业运用资产赚取利润的能力。其经常和反映盈利能力的指标一起使用，以全面评价企业的盈利能力。其计算公式为

$$\text{总资产周转率}=\frac{\text{当期销售收入}}{\text{当期平均总资产}}=\frac{\text{销售收入}}{\left[(\text{期初资产总额}+\text{期末资产总额})\div 2\right]}$$

该项指标反映总资产的周转速度，周转得越快说明销售能力越强。企业可以采用薄利多销的方法加速资产周转，带来利润绝对额的增加。

5.5.5 生产力分析指标

生产力是衡量人力资源的产出能力的指标，通过计算人均利润、人均销售收入两个指标来衡量。

$$\text{人均利润}=\frac{\text{当期利润总额}}{\text{当期平均职工人数}}=\frac{\text{当期利润总额}}{\left[(\text{期初职工人数}+\text{期末职工人数})\div 2\right]}$$

$$\text{人均销售收入}=\frac{\text{当期销售净额}}{\text{当期平均职工人数}}=\frac{\text{当期销售净额}}{\left[(\text{期初职工人数}+\text{期末职工人数})\div 2\right]}$$

人均利润指标衡量人力投入与利润之间的关系，指标数值越大越好；人均销售收入指标衡量人力投入与销售收入之间的关系，指标数值越大越好。总之，生产力指标旨在说明：企业规模扩大，员工数量增加，增加的这些员工生产是否有效率。

5.5.6 指导教师点评各模拟企业的财务状况

对于各模拟企业财务状况的点评，指导教师可以从以下几个方面进行。

1. 各模拟企业投资计划与现金预算的合理性

为保障有一个顺畅的现金流，各模拟企业都要进行投资计划的制订和现金流量的预算编制，主要点评各模拟企业对把握资金流的长期规划程度，预计现金的流入和流出的准确性如何以及投资计划的实施是否会出现资金的缺口等问题。

另外，还要总结各模拟企业运用预算的情况如何。例如，某企业的预算是如何制定出来的，参与制定及决策的主体有哪些，预算的执行情况及其结果如何，实际与预算之间的差异过大的原因在哪里等。

2. 各模拟企业资金筹措渠道分析

现金流对于各模拟企业来说至关重要，为了生产，各模拟企业必须获取现金以支付各

种成本和费用。指导教师点评时可关注以下问题。

（1）各模拟企业的现金来源于何处？有没有选择合理的融资方式？

（2）长期贷款、短期贷款等的时间是否合理？是否造成贷款资源的浪费？

（3）为获取现金，各模拟企业所采取的筹资渠道是否最经济合理，使得支付的财务费用最低？

（4）为保证现金流的畅通，各模拟企业是否做到未雨绸缪？

3. 各模拟企业资金使用效果分析

在 ERP 沙盘模拟演练中，各模拟企业除了应收账款到期外，为获取一定的现金，都要付出一定的代价，即利息、贴息或其他财务费用等。因此，企业获取现金后，应尽可能地充分发挥其作用，为企业创造较多的价值财富。

（1）各模拟企业所贷现金有没有出现闲置的现象？是否合理？

（2）各模拟企业有没有因使用现金购买多余的原材料而造成流动资金占用的现象？

（3）各模拟企业有没有对拥有的现金进行合理的开支预算？

4. 各模拟企业财务报表及各项指标的应用程度

借助一些重要的财务指标，如毛利率、资产负债率、存货周转率等，使用一些财务分析方法，如杜邦分析法、五力分析和成本构成比例及变化分析等，都能对企业决策和内部诊断提供帮助，指导教师在点评时要考查一下各模拟企业是否会分析和使用财务报表，是否能够运用财务指标进行内部诊断，协助管理决策等。

5.6 模拟企业经营分析报告与诊断标准

5.6.1 模拟企业经营状况分析报告

企业经营状况分析也可以称为企业诊断，因为企业和一切有生命的机体一样，在成长过程中会发生各种各样的问题，即“疾病”。企业诊断就是诊治企业“疾病”，对企业加强内部管理、提高运营效率等都有着重要的意义和作用。

企业经营状况分析报告是企业诊断的必要环节，是诊断人员对企业相关情况进行处理、分析、判断，并提出切实可行的改善方案后，归纳而成的书面材料。报告的内容因诊断内容和范围的不同而有所差异，主要应包括诊断概要、现状分析、存在问题和改善方案等几个方面。

撰写经营状况分析报告（诊断报告）应注意以下问题。

1. 主题要明确、突出

报告书中所提出、论述和回答的问题以及解决问题的措施要明确，不能模棱两可。

2. 要有科学性，用事实说话

报告书要真实地反映企业经营管理中所存在的问题及其变化规律，使用的语言必须准确恰当，引用的数据必须准确无误，并且要尽可能地用数字来表明，这样才能使报告书具有说服力。

3. 要多用图表

报告书应尽量多采用图表的形式来说明问题，看起来直观、方便。

4. 注意措辞

报告书应尽可能做到实事求是，语言简洁明了，专业术语要贴近企业实际，少用生僻的理论术语，对重要的文字可进行修饰。

在完成 ERP 沙盘模拟演练之后，可以让学生对自己企业的经营状况进行详尽的分析，并可着重就其所担任和扮演的角色进行分析，说明其在企业的经营管理过程中成功的地方、不足的地方以及如果要做到科学合理的经营操作，应该怎么做、应该采用哪些方法和未来应该注意哪些事项等内容。

5.6.2 企业经营分析内容与诊断标准

企业经营分析是在对组织经营现状了解的基础之上，发现企业经营管理中存在的问题，并分析产生问题的原因，以寻找解决问题的途径。

1. 确定经营组织的问题，分析其发生的原因

在日常生活中，医生诊断疾病，首先要明确健康的标准，然后再检查病人的哪些症状不符合既定的标准，原因是什么，最后本着使病人恢复健康的原则实施治疗。这里就有现状、标准和差距的概念，三者之间的关系是：差距=标准-现状。根据这一公式，用经营组织的现状同组织理论进行比较，同诊断人员根据企业任务所设想出的“标准组织”进行比较，从而确定企业经营组织在哪些方面存在问题。找出存在的问题后，就要分析产生问题的原因。在确定问题和分析原因时，需考虑以下几方面内容。

1）任务分析

任务分析即对企业任务的分解过程和分解的结果进行逻辑分析，对企业任务分解的合理性做出判断。如果企业任务的分解是不合理的，那么依此建立起来的组织机构也就不可能是合理的。如果企业任务的分解基本合理，那么就要研究企业的组织机构和职位是否与任务相适应，有无负荷过重或过轻的部门和职位。

2）权力分析

权力分析即对企业内部各级各部门的主要管理者的决策权力进行分析判断，也就是对整个企业组织的权力分配情况进行分析，分析各个管理者是否拥有同其所承担任务、所需做出决策相适应的权力。就整个企业而言，分析是否有权力过分集中或过分分散的问题；就经营者个人而言，分析是否存在权力过大或过小的问题。

3）关系分析

关系分析即从企业经营组织全局的角度对各个局部组织之间的分工、协作关系以及协调情况进行分析，对各个管理职位之间的相互关系进行分析，分析有无权力交叉、权力分裂和权力空档的情况，重点分析企业经营组织内部权力是否协调。

4）人力分析

人力分析即根据企业任务、企业职位标准和企业诊断人员提出的标准，对企业内部所有现职经营者担任现职工作的能力和发展前途进行分析判断，分析有无不胜任本职工作的经营者或其能力特点与本职工作不相适应的经营者。同时，也要考虑职位标准是否应修改。

经过上述分析后，分析人员对企业经营组织存在的问题及其产生的原因就基本了解清楚了。

2. 确立诊断经营组织的标准

在对企业经营组织进行诊断时，必须有明确的诊断标准，即理想的组织结构。常用的诊断经营组织的标准为美国管理协会（AMA）的标准，具体内容如下。

1）有效度的测定

有效度是指经营组织对企业目的的完成程度。它是衡量企业经营成果的标尺，包括利润额、资金利润率、市场占有率等指标。衡量各单项功能的有效度的标尺则为各从业人员人均产量或销售额，或者是从事该项功能的从业人员人均数额与全体从业人员人均数额之比。

2）讲求效率

判断效率的标准是着眼于经营组织中有关个人达到什么目的的程度。例如，对于经营负责人来说，效率标准应该包括以下几个方面。

（1）什么是适当的经营组织机构？

（2）是否有责权明确的制度？

（3）参与制定经营方针的情况如何？

（4）是否有提出意见的权力？

（5）是否有充分发挥潜力的机会？

（6）能否使个人需求得到最大程度的满足？

本章小结

本章主要是以各模拟企业生产能力、营销策略、成本构成和费用比例以及五力分析为基础，对模拟企业经营进行了详细的分析。对于生产能力，本章主要对什么是生产能力、不同生产线的性能和产量做了分析，并就使用不同生产线生产不同产品做了投资回收期分析；关于营销策略，主要从市场占有率和广告投入产出比两个方面着手进行分析；还利用杜邦财务分析体系使学生学会利用杜邦金字塔在 ERP 沙盘模拟中发挥作用；另外，本章还参照了迈克尔·波特的五力模型，并对各模拟企业从收益力、成长力、安定力、活动力、生产力五个方面进行了评价。如果企业的上述五项能力处于优良水平，就说明企业的业绩优良。最后，形成企业经营状况分析与诊断报告，提升模拟企业的经营管理水平。

第6章　ERP 沙盘模拟企业的综合能力测评

【学习目标】

✧ 掌握模拟企业生存的前提条件
✧ 掌握模拟企业不能参评的条件
✧ 明确模拟企业的违规行为及扣分标准
✧ 明确模拟企业的综合能力测评准则和指标
✧ 了解以往沙盘模拟各位主管的感言及教师点评

各模拟企业经过 6 年的经营，都开拓了相应的市场、研发了不同的产品以及拥有了不同的生产线等，现根据各模拟企业的资产状况、产品研发水平、市场开发能力以及认证资格等对企业综合发展潜力进行相应评估。除此之外，为增强 ERP 沙盘模拟实验教学的针对性，每一个小组的每一位同学可对自己所担任的角色进行总结发言，说明自己的经验和教训，对失败的地方进行详细分析并提出改进措施，与小组成员共同完成本企业的 ERP 沙盘模拟演练经营分析报告一份，由 CEO 转交指导教师。指导教师可根据实际情况确定该分析报告所占成绩比例。

6.1　模拟企业的综合能力测评要求

6.1.1　模拟企业的生存与发展

模拟企业要想在市场上求得进一步的发展，首先需要在激烈的竞争中活下来。企业生存的基本条件有两个：一是以收抵债；二是到期还债。

1. 以收抵债

如果模拟企业所取得的收入不足以弥补其支出，资不抵债，导致所有者权益为负，那么企业就会破产。

2. 到期还债

企业为了扩大经营以及更新生产条件等，一般会举债经营，但如果模拟企业出现现金断流，负债到期无力偿还，那么企业就会破产。

在模拟企业经营演练过程中，一旦破产条件成立，就需要请指导教师定夺，一般有以下三种处理方式。

（1）如果企业盘面能让股东或债权人看到一线希望，股东可能增资，债权人可能债转股。

（2）企业联合或兼并。

（3）破产清算。

6.1.2　不能参评企业条件

在对经营进行评估中，有以下几种情况的企业将不能参加最后的评比。

（1）评比年份权益为负数的企业（破产企业）。

（2）模拟企业运行过程中股东进行过增资，即评比年份的股东资本与第一年的股东资本不一致的企业。

（3）评比年权益合计为零的企业。

企业破产后，该模拟企业可以选择继续运行下去，但不能参加最后的竞赛评比，名次为最后。

6.1.3　参评企业违规及扣分情况

1. 不能得分情况

在加权系数中，以下情况不能加分。

（1）如果企业购入的生产线没有生产出一个产品，就不能获得加分。

（2）结束年中，如果企业没有完成订单，则取消所在市场的老大资格，不能获得市场第一的加分。

（3）已经获得市场准入证、ISO资格认证和产品开发资格的企业才能获得加分，正在开发但没有完成的，不能获得加分。

（4）在企业运行过程中，对于不能按照规则运行或不能按时完成运行的企业，在最终评定的总分中，给予减分处罚。

2. 审核或上交的运行记录表

各模拟企业都必须严格按照任务清单中规定的业务流程来执行，即当执行完规定的任务后，CEO要在任务清单完成框中打钩。当到交易处（或指导教师处）进行贷款、采购原材料、交货、应收款兑现等业务时，必须携带运营手册或运营记录以及相关的登记表。在模拟演练过程中，必须填制管理所需的各种表格。

1）借、还贷款记录

由财务总监填写“贷款登记表”，经监督员（指导教师）审查无误后，带该表到银行处登记，领取或归还贷款。

2）原材料订单及采购入库记录

原材料订单和采购入库必须填写“采购订单登记表”。当每季度采购入库时，携带现金和该表到交易处购买原材料，交易员（指导教师）核对订单并进行交易。同时，应将下期的原材料订单在交易处（指导教师处）进行登记。

3）交货记录

交货时携带产品、订单、订单登记本（营销总监的运行手册）到交易处（指导教师处）交货，并收取应收账款，收到的应收账款放在企业盘面上应收区的相应账期处，并在“应收账款登记表”上做应收账款登记，监督员（指导教师）进行审核。

4）应收兑现记录

当应收款到期时，在“应收账款登记表”的到期季度填写“到款”数，并注销原应收账款数，监督员（指导教师）对“应收账款登记表”进行审核。

5）产品、市场开发、ISO 认证记录

每年年中或年末需填写“产品开发登记表”“市场开发登记表”“ISO 认证登记表”，对本年度的投资进行记录，并由监督员（指导教师）签字。

6）生产状态记录

企业运行期间，每季度末需要对本季度生产和设备状态进行记录，生产总监必须如实填写“生产及设备状态记录表”，该表每年必须上交。

7）现金收支记录

在运行手册的任务清单中，每一任务完成记录框右侧都有一记录数据的位置，这个位置就是用来记录现金收支数据的。

8）上报报表

每年运行结束后，各公司需要在规定的时间内上报裁判组（指导教师）五张报表，这五张报表分别是“产品销售统计表”“综合费用明细表”“利润表”“资产负债表”“生产及设备状态记录表”。前四张报表直接在运行手册上填写，“生产及设备状态记录表”为单独报表。

3. 违规及扣分

竞赛最终以评分作为判别优胜的依据，教学最终也是以评分作为分数高低的划分依据。在各模拟企业演练过程中，对于不能按照规则运行的企业和不能按时完成运行的企业，在最终竞赛总分中给予减分的处罚。

1）运行超时扣分

运行超时是指不能按时提交报表的情况。

处罚：按每超时 1 分钟（含 1 分钟）罚 1 分计算，最多不能超过 15 分钟。如果超过 15 分钟还不能提交报表，由裁判组或指导教师强行平账并参照报表错误进行罚分。

2）违规扣分

在运行过程中出现以下情况的，都要从最后系统综合得分中扣除相应得分。

（1）没有按照规定的流程顺序进行运作，5 分每次。

（2）违反规则运作，如新建生产线没有执行规定的安装周期、没有按照标准的生产周期进行生产等，属于严重违规行为，20 分每次。

（3）不如实填写管理表单（采购订单、贷款、应收、生产线状况登记表），一经核实，按情节严重程度扣减总分，5～10 分每次。

（4）上报的报表必须是账实相符的报表，如果发现上交的报表有明显错误（如销售统计与利润表不符、资产负债表不平等），退回重新更正，5 分每次。

3）借高利贷扣分

借高利贷按照每桶 5 分的标准在综合得分中扣除。

有的同学可能会认为对违规行为或其他操作行为的扣分标准过于严格，其实不然，因为规则和标准是针对所有的模拟企业进行的，所有的学生在进行沙盘模拟演练过程中都必须遵循规则，因此就不存在所谓的不公平之说。

具体的扣分要求和标准可由指导教师来制定。

6.2　模拟企业的综合能力测评方法

比赛结果以参加比赛各队的最后权益、生产能力、资源状态等进行综合评分，分数高者为优胜（不考虑经营分析报告情况下）。评分以最后年的权益数为基数，以生产能力、资源等为加权系数计算而得。

6.2.1　模拟企业的综合测评内容、方式及评分标准

在教学过程中，假设每个小组（模拟企业）所提交的经营分析报告占总成绩比例的 20%，根据用友 ERP 沙盘模拟训练经营成果展示系统得出的综合测评分数占总成绩比例的 80%，可把参加 ERP 沙盘模拟演练的学生的成绩分为七个等级，如表 6-1 所示。

表 6-1　模拟企业分数等级　　单位：分

等　级	综合测评分数	学 生 得 分
A 级	300 以上	95～100
B 级	150～300	90～94
C 级	80～149	85～89
D 级	50～79	80～84
E 级	20～49	75～79
F 级	0～19	70～74
G 级	0 以下	70 以下

需要注意的是，有时完全按照上述分数等级进行学生得分的评比并不科学，也不合理，原因在于有时综合测评系统中所展示的分数相差过大，甚至出现负分的情况。另外，不少教师认为：财务工作量大，耗费时间最多，在考核过程中应给予财务人员相对高的分数。对于 CEO 的考核其实也没有给予重视，实际上，不同类型的领导力在模拟企业经营发展过程中起着重要作用。例如，变革型领导力与交易型领导力都能够积极地预测团队任务绩效，而消极领导力与任务绩效呈负相关。目前，越来越多的企业采取以团队为单位的结构分化，所以领导者在团队中扮演了举足轻重的角色。

沙盘模拟实验是团队配合完成的教学项目，无法反映单个学生的具体学习效果，仅凭

小组业绩就决定学生成绩的方法过于武断。因此，为客观地衡量学生的演练效果和个人能力，现根据实际教学经验，提出如下的综合测评内容和方式，具体如表 6-2 所示。

表 6-2 学生综合测评考核内容及方式

考核内容	考核环节	总成绩占比
实践报告	实训完毕之后以个人承担的角色分配进行工作任务的总结回顾，总结好的经验和做法，并指明存在的问题和不足	15%
	成绩采用百分制，根据作业完成的准确性、是否按时上交、是否独立完成评分	
	考核学生对财务与会计、战略管理、市场营销、生产运营管理、采购管理、信息管理等基本知识的掌握能力，考查学生综合运用所学知识分析问题和解决问题的能力	
实验表现	经营管理模拟企业经营结束时，按照企业的综合实力评分，选出优胜队	80%
	综合实力评分是根据所有者权益、生产能力、资产状况、产品开发、市场地位等计算得出的	
	成绩采用百分制，根据实训完成情况评分，总成绩=所有者权益×(1+企业综合发展潜力/100)	
	企业综合发展潜力：资产状况、产品研发水平、市场开发能力以及认证资格	
	注意：企业所有者权益为负值时或现金出现断流时，表明企业破产，该小组最后不能参加综合测评；运行过程股东增资或评比年权益合计为零时，该小组不能参加综合测评	
课堂表现	根据课堂表现的积极性和参与程度等进行评分	5%
	根据实训模拟过程中发现问题、分析问题和解决问题的能力评分	

传统教学模式主要以“老师授课、学生听讲、试卷考核”为主，不利于学生创新能力与实践能力的培养，很难满足经济发展对于经济管理人才的需求。因此，课程组结合多年的教学实践经验，结合上述考核内容及方式，根据各考核环节中学生容易出现的问题等，提出了学生综合测评考核环节的各项评分标准，希望为指导教师提供借鉴参考，具体如表 6-3 所示。

表 6-3 学生综合测评考核环节的评分标准

考核环节	<60 分	60～74 分	75～89 分	90～100 分
实践报告	实训报告存在抄袭现象，未能按时完成且实训报告不规范，分析问题思路混乱，各角色经验做法和不足没有总结出来	独立思考、按时完成，实训报告比较规范，分析问题思路比较清晰，角色经验做法总结能够体现，但不够全面，缺陷分析较为合理	独立思考、按时完成，实训报告比较规范，分析问题思路比较清晰，各角色经验做法和不足总结到位，报告中基本能体现出来	独立思考、按时完成，实训报告比较规范，分析问题思路比较清晰，各角色经验做法和不足总结十分到位，且在报告中能够全面体现出来
实验表现	实训过程中不能完成实训要求，不能积极配合参与到实训过程中，不能根据所给资料和信息进行企业生产模拟经营和操作	实训过程中基本完成实训要求，基本能够积极配合并参与到实训过程中，基本根据所给资料和信息进行企业生产模拟经营和操作并调整经营管理决策	实训过程中能够完成实训要求，能积极配合参与到实训过程中，能根据所给资料和信息进行企业生产模拟经营和操作并调整经营管理决策	实训过程中能很好地完成实训要求，团队成员配合紧密且积极发挥各自角色作用，能有效地实现企业生产运营和经营管理决策的动态调整，实现计划和决策方案的优化

续表

考 核 环 节	<60 分	60～74 分	75～89 分	90～100 分
课堂表现	课堂表现不积极、参与程度不够	课堂表现的积极性和参与程度一般，在实训过程中基本能发现问题、分析问题和解决问题	课堂表现较积极、参与程度较高且在实训过程中发现问题、分析问题和解决问题	课堂表现很积极、参与程度高且在实训过程中能发现问题、分析问题和解决问题

6.2.2　参评企业的综合能力测评指标

《用友 ERP 沙盘模拟》院校版的分析工具是作为附带产品提供给已购买用友 ERP 沙盘模拟的高校或其他单位的授课教师使用的。借助这套分析工具，可以及时地记录模拟企业的经营结果，有效地避免有意舞弊和无意差错的发生，保证训练的公平性；还可以利用其中存储的数据，以数字和图形的方式进行定量分析和企业经营业绩评价。

当训练结束时，系统提供对企业运行结果的综合评估总结，当竞赛时，可以作为评判优胜的最后结果。对企业的综合评估是以企业的硬设备和软资产两方面因素作为权重，以企业最终获得的权益为基数计算，此项评分可以在经营四年以后的各年中进行。

1. 综合能力评价指标

各模拟企业经过几年经营，有关的评价指标包括所有者权益、厂房、生产线、市场开发、认证资格、产品研发、市场地位等几个方面，具体如图 6-1 所示。

Score	y	Input y for computing					Score=权重系数×权益
	A	B	C	D	E	F	权重系数按下列条件计算
大厂房		1		1	1	1	+15
小厂房							+10
手工生产线	3	1	7	3	3	3	+5/条
半自动生产线	2	5	1	2	2	2	+10/条
全自动/柔性线	1		2	1		1	+15/条
区域市场开发	1	1	1	1	1	1	+10
国内市场开发	1	1	1	1	1	1	+15
亚洲市场开发	1		1		1	1	+20
国际市场开发							+25
ISO 9000	1	1	1	1	1	1	+10
ISO 14000		1	1			1	+10
P2产品研发	1	1	1	1	1	1	+10
P3产品研发	1		1	1	1		+10
P4产品研发	1		1				+15
本地市场地位				1			+15/第五年市场第一
区域市场地位			1				+15/第五年市场第一
国内市场地位			1				+15/第五年市场第一
亚洲市场地位			1				+15/第五年市场第一
国际市场地位							+15/第五年市场第一
高利贷扣分	1		3	3	1	1	请在左边空格中输入扣分次数，在右边的空格中输入每次扣分的分数　3
其他扣分	2		5	2			请在左边空格中直接输入扣除的总分

图 6-1　参评企业综合能力评价指标

2. 扣分

扣分是对违规企业的必要的处罚，可以认为是企业信誉降低带来的权益损失。本软件提供两种扣罚方法：一种是按照违规次数进行的扣分；另一种是直接扣除的分数总计。第一种扣分方法需要在表格左侧输入违规次数，并在右边的说明中指定的地方输入每次扣分的标准（如 3 分每次，则输入 3），此标准是教师在训练之前约定的，除了系统设定的高利贷扣分外，也可用此栏进行其他约定的扣分，如迟交报表扣除 3 分每次等。第二种扣分方法直接在“其他扣分”项输入要扣除的总分数即可。

6.2.3 参评企业的综合能力评估

经营结束时，按照企业的综合实力评分，选出优胜队。综合实力评分是根据所有者权益、生产能力、资产状况、产品研发水平、市场开发能力、市场地位等计算得出的。其计算公式为

总成绩=所有者权益×(1+企业综合发展潜力/100)

图 6-2 为 A、B、C、D、E、F 六个公司经过 6 年的模拟经营后的生产经营成果展示。

年份/公司	起始年	1	2	3	4	5	6	7	8	总分
A	66	28	-26	-20	-6	8	15			30.25
	2	-38	-54	6	14	14	7			
B	66	56	33	22	44	59	61			140.3
	2	-10	-23	-11	22	15	2			
C	66	31	3		17	42	79			238.8
	2	-35	-28	-3	17	25	37			
D	66	46	16	-5	12	20	23			43.05
	2	-20	-30	-21	17	8	3			
E	66	43	10	18	14	17	9			17.25
	2	-23	-33	8	-4	3	-8			
F	66	58	30	4	11	23	22			50.9
	2	-8	-28	-26	7	12	-1			
本地		B	B	D	D	D	D			查看排名
区域			C	A	B	B	C			
国内				E	A	E	C			
亚洲					C	C	C			
国际										

图 6-2 生产经营成果展示

在经营成果展示图中，每年展示的经营结果数据为两行，第一行是本年所有者权益，第二行为企业当年净利润数值，即当年对权益的贡献情况。如果当年对权益的贡献是负数（亏损），则用红字表示。当权益或净利润为零时，零值不显示；当权益为负数时，表示企业已经资不抵债，企业倒闭。另外，各年度各市场销售排名第一的公司，也将被展现在经营成果的表格中。每年年初订货会结束后，将各公司在各市场中的订单销售额做汇总统计，排出当年的市场地位，销售额第一的公司为市场老大。本年度的市场排名将作为下年度市场订货会时排定选单顺序的一个条件。

从图 6-2 中，我们可以得出某次六个模拟企业每年的所有者权益、净利润、市场排名以及总分信息。

1. 所有者权益

第一年，F 公司的所有者权益数额最大，为 58M 元，A 公司的所有者权益数额最小，

为 28M 元；经过六年经营，第六年结束时，C 公司的所有者权益数额最大，为 79M 元，E 公司的所有者权益最小，为 9M 元。

2. 净利润

第一年至第二年，六个公司均亏损，第三年只有 A 公司和 E 公司略有盈利，第四年和第五年各公司开始逐步实现盈利，第六年 E、F 公司亏损。第六年结束时，C 公司的净利润为 37M 元，盈利最多，E 公司亏损得最多，净利润为-8M 元。

3. 市场排名

（1）第一年，本地市场中 B 公司为市场老大。
（2）第二年，B 公司仍为本地市场老大，区域市场中 C 公司为市场老大。
（3）第三年，本地、区域、国内市场老大依次为 D、A、E 公司。
（4）第四年，本地、区域、国内、亚洲市场老大依次为 D、B、A、C 公司。
（5）第五年，本地、区域、国内、亚洲市场老大依次为 D、B、E、C 公司。
（6）第六年，本地、区域、国内、亚洲市场老大依次为 D、C、C、C 公司。

4. 总分

由图 6-2 中总分可知，C 公司排名第一位，总分为 238.8；E 公司排名最末，总分为 17.25。高校因为对成绩单的要求比较严格，如果指导教师需要按照百分制上报成绩单，可参照表 6-1 的模拟企业分数等级给出相应的成绩。

6.3　综合能力测评结果与教学大纲差距分析

6.3.1 检验课程目标完成情况

本科教育改革的根本目的是解决培养什么样人的问题。也就是说，本科教育要有超越工具价值的内在价值取向，人即是目的，本科教育是一种面向生命主体、重视内在体验、关照动态生成、促进师生共同发展的复杂而又具有不确定性的文化活动，学生应是统一与完整的人，而不是片面与分裂的生命。因此，本科教育改革要回归全人教育的价值目标追求。全人教育的根本价值目标在于促进人的全面发展，是人作为整体在生理、心理、智力、道德、精神等方面的和谐发展，强调多样性的统一，而不是仅限于知识的获取与掌握，是在个体与他人及自然界的相互关联与互动中，面对不确定性的知识和情境，寻求个体价值与生命意义的情境相互关联性。

因此，根据本科教育改革的目的和人才培养经验，结合上述模拟企业评定成绩结果、个人成绩评定结果以及课堂中的各种表现，指导教师应对照教学大纲检验课程目标是否一一完成，是否满足人才培养目标的需求，以确保下一次 ERP 沙盘模拟演练效果得以更好地展示和体现，具体的课程目标如图 6-3 所示。

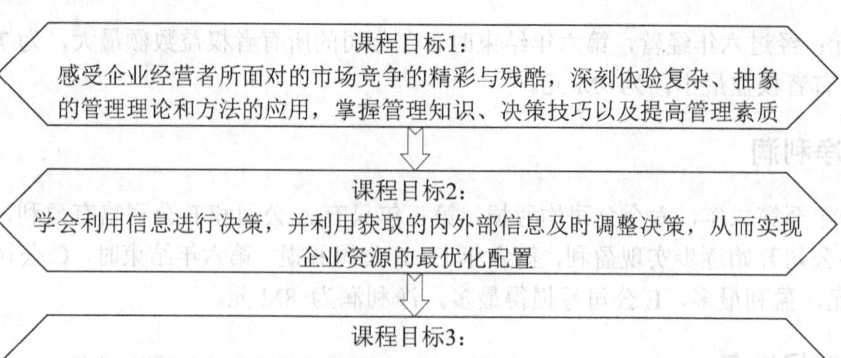

图 6-3 ERP 沙盘模拟演练课程目标

6.3.2 检验课程内容完成情况

企业经营沙盘模拟秉承了 ERP 管理思想，其核心目标就是训练学员有效配置企业资源的能力，它要求学员在研判市场环境的情况下首先确定自身的目标与竞争战略，然后再统筹考虑为了实现战略目标如何在一段较长的经营时期内合理地规划企业资源。它既要求学生有系统性、全局性的战略经营思想，又要求学生根据环境的变化保持充分的灵活性和适应性，体现了在企业经营过程中资源配置事前控制、事中控制与事后控制的有机结合。因此，检验完课程目标是否完成之后，接下来一个很重要的任务就是对照课程内容逐一检查，看是否有遗漏以及需要补充完善的内容，为以后更好地进行 ERP 沙盘模拟演练授课做好充分准备，以提升学生的实训实践效果。

ERP 沙盘模拟演练课程内容如表 6-4 所示。

表 6-4 ERP 沙盘模拟演练课程内容

时　间	课 程 内 容
第一天	第一天　企业经营管理模拟规则讲解——第一年 本部分的重点、难点：经营管理运营规则、沙盘模拟盘面初始状态设定。 1.1 经营管理综合沙盘模拟简介 沙盘模拟的优点分析、局限性分析以及学员分组，并就担任各角色职责进行介绍。 1.2 经营管理综合模拟沙盘盘面介绍 营销与规划中心、生产中心、物流中心、财务中心的职责和任务。 1.3 经营管理综合模拟沙盘初始状态设定 根据资产负债表设定初始状态。 1.4 经营管理运营规则分析 市场开拓与准入规则，产品研发规则，ISO 9000 和 ISO 14000 开发规则，厂房买卖规则，生产线购买、转产及维修、出售规则，产品生产规则，原材料采购规则，融资规则，综合费用与折旧、税金规则，广告投放与销售订单争取规则。 1.5 企业起始年业务流程模拟 模拟企业运营流程分析、由老师带学生经营起始年、模拟企业报表。 1.6 模拟企业第一年业务经营 学生经营第一年，教师点评：企业经营本质、企业如何盈利、企业战略规划

续表

时　间	课程内容
第二天	第二天　企业经营管理模拟第二年至第四年 本部分的重点难点：根据信息制定决策并及时调整相关决策。 2.1 模拟企业第二年业务经营 学生自己经营第二年，指导教师点评：产品市场定位、产品生命周期管理、融资策略、设备投资策略与设备管理。 2.2 模拟企业第三年业务经营 学生自己经营第三年，指导教师点评：VMI（供应商管理库存）、全面预算管理、产供销平衡、生产计划管理、MRP、采购计划管理。 2.3 模拟企业第四年业务经营 学生经营第四年，指导教师点评：竞争策略、人力资源管理、高效管理团队
第三天	第三天　企业经营管理模拟第五年至第六年 本部分的重点难点：分析经营管理成败、得失的原因。 3.1 模拟企业第五年业务经营 学生自己经营第五年，指导教师点评：企业管理驾驶舱。 3.2 模拟企业第六年业务经营 学生自己经营第六年，指导教师点评：企业经营绩效综合分析、企业能力雷达图分析、杜邦分析。 3.3 总评 指导教师结合各组的实际情况讲解企业如何在竞争中胜出。 3.4 总结 学生讨论交流，每个同学谈论自己的心得体会、分析经营成败的原因

本章小结

本章主要是对各学生组成的模拟企业进行综合能力测评，说明综合能力评比的一些要求和条件。首先，让学生明白模拟企业要想在市场上求得进一步的发展空间，就得在激烈的竞争中生存下来。企业生存的基本条件有两个：一是以收抵债；二是到期还债。为了综合能力测评的公平性，对于经营中出现破产等情形的企业，可以继续模拟演练，但不能参加最后的评比。其次，对违规企业的一些处罚措施做了说明。接下来，介绍了模拟企业综合能力评估的一些指标及分数等级的划分，并表述了在各模拟企业经营演练中所出现的问题。最后，对课程目标和课程内容进行了展示并检验完成情况。

第7章　ERP 沙盘模拟演练学习要点分析

【学习目标】

✧ 掌握沙盘模拟演练知识点
✧ 明确沙盘模拟演练学习要点
✧ 明确模拟企业易犯的错误事项
✧ 明确模拟企业易违规环节
✧ 总结提炼模拟企业经营成功经验和失败教训

许多指导教师和学生都是第一次接触 ERP 沙盘模拟演练课程，由于 ERP 沙盘模拟演练课程的综合性以及特殊性，使得他们在沙盘模拟演练过程中往往有许多疑问。下面就结合笔者多年的 ERP 沙盘模拟演练指导经验，对在沙盘模拟演练中学生应该掌握的知识点和一些学习要点进行分析和介绍，同时总结学生在沙盘模拟演练过程中的易错点和易违规环节，并给出模拟企业经营过程中学生取得的成功经验和失败教训，希望学生可以提升模拟企业经营业绩。

7.1　模拟演练学习关键点分析

ERP 沙盘模拟因其直观的特点，能够将学生引入解决实际问题的情境中，使所学知识与实际存在的问题相关联，同时使学生意识到专业知识的综合性和所具有的价值性，培养学生主动发现问题、解决问题的思维能力。考虑到个别专业前导课程的缺失以及不同专业的侧重问题，有必要对 ERP 沙盘模拟演练涉及的课程背景知识和基础知识进行梳理和总结提炼，使学生可以提前进行自主学习并进行相应知识点的深入学习和理解，并结合这些知识所涉及的模拟经营规则进行课下学习。ERP 沙盘模拟演练涉及的知识点主要包括企业战略、财务与会计、信息化管理、企业评价、企业经营、营销、采购、生产等方面，如图 7-1 所示。

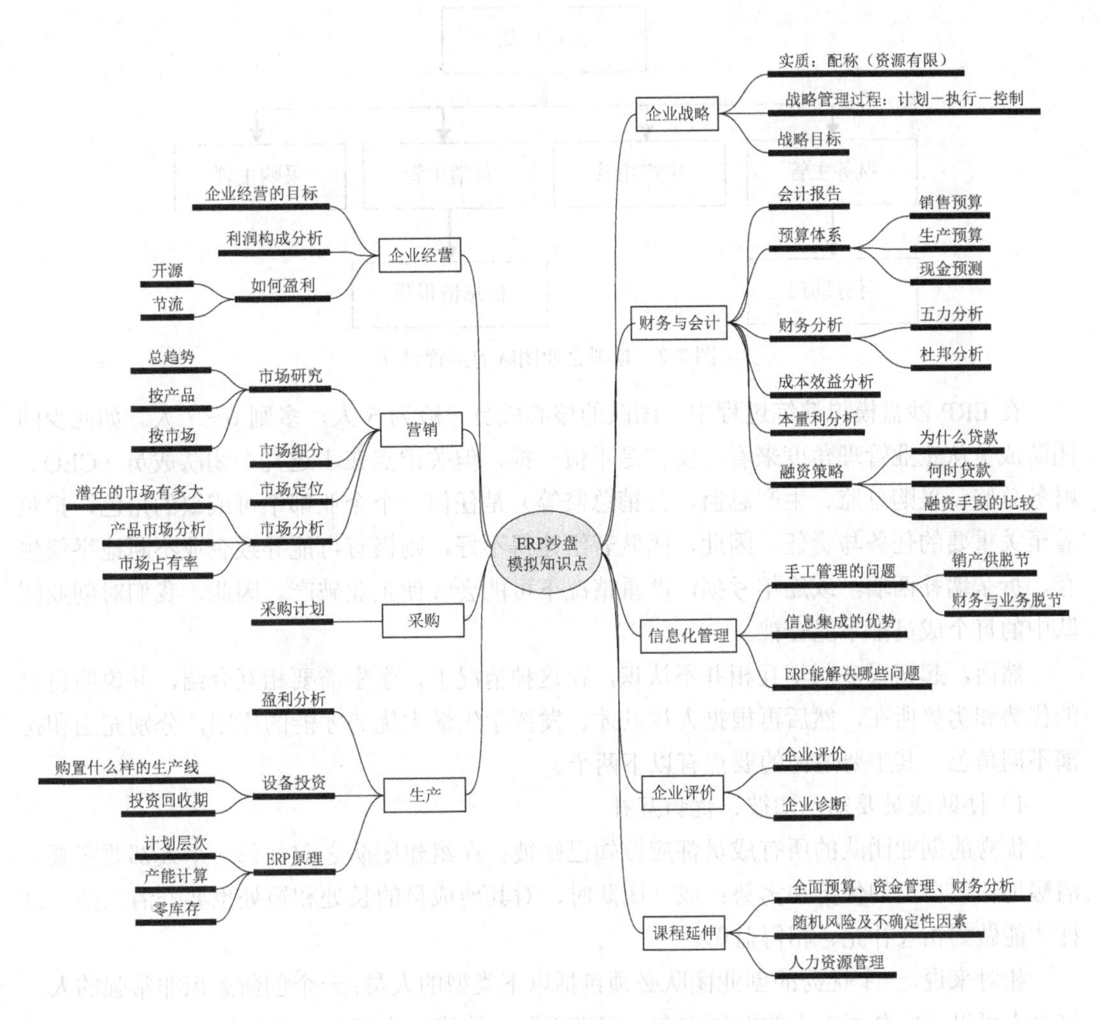

图7-1　ERP沙盘模拟演练学习知识点汇总

7.1.1　团队组建、沟通与协作的重要性

ERP沙盘模拟演练虽然说是模拟企业六年的经营，但在盘面上的运作只有短短三天的时间。作为一个临时组成的管理团队，能够尽量缩短磨合时间，立即进入角色，并且在CEO的统一指挥下各司其职，协调有效地运作非常重要。这就要求受训者既要积极向前，又要听从指挥；既要勇挑重担，又不能厚此薄彼；既要各抒己见，又要彼此尊重。这样才能既发挥大家的作用，又不至于互不服气、各行其是，影响企业的经营运作。

让合适的人做合适的事，这是基本的准则！

1. 人尽其才，组建团队

模拟企业要想把企业经营得有声有色，需要组建一个高效有力的团队。组建团队时，最主要的一个任务就是设立各个主管，如图7-2所示。

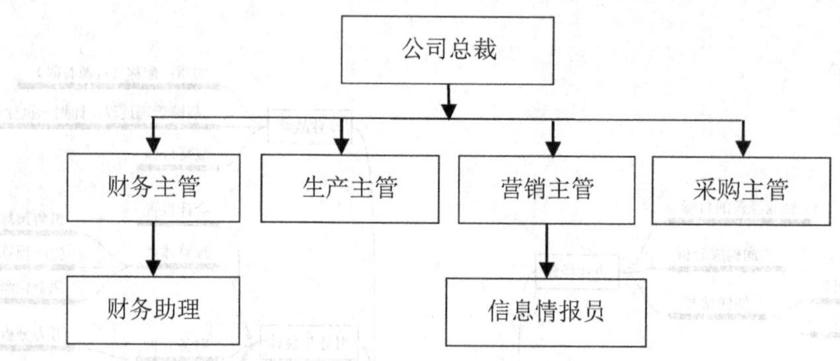

图 7-2 模拟企业团队的主管设立

在 ERP 沙盘模拟演练过程中，团队的核心成员一般为 5 人，多则 6～7 人。如此少的团队成员从企业管理角度来看，实在是不值一提，但关键点在于这几个团队成员（CEO、财务总监、采购总监、生产总监、营销总监等）是任何一个企业都不可或缺的角色，担负着至关重要的任务与责任。因此，团队若组建得不好，则极有可能导致企业不断地举债生存，拆东墙补西墙，或连年亏损，严重情况下可能会致使企业破产。因此，我们对创业团队中的每个成员都不能轻视。

然而，起初很多同学互相并不认识，在这种情况下，学生需要相互介绍，并说明自己的优势和劣势所在，然后再根据人尽其才、发挥学生最大优势才能的原则，分别充当和扮演不同角色。其主要遵循的要点有以下两个。

1）团队成员要知己知彼、优势互补

优秀的创业团队的所有成员都应该知己知彼。在组建团队之前，每一个人都要客观、清醒地认识自己的优势和劣势；成立团队时，对其他成员的长处和短处也要一清二楚。这样才能做到相互补充、相得益彰。

相对来说，一个优秀的创业团队必须包括以下类型的人员：一个创新意识非常强的人，这个人可以决定公司未来的发展方向，相当于公司的战略决策者，可担任 CEO；一个策划能力极强的人，这个人能够全面、周到地分析整个公司面临的机遇与风险，考虑成本、投资、收益的来源及预期收益，可担任财务总监；一个执行能力较强的成员，这个人具体负责执行过程，包括联系客户、接触终端消费者、拓展市场等，可担任营销总监；一个头脑清醒、具备过硬的生产运营知识的人，他能够负责企业整个生产计划的制订和排产、生产线更新或改造等，可担任生产总监；一个做事谨慎、不乱花钱，能够根据生产计划合理安排企业采购计划的人，可担任采购总监。

需要补充的一点是，在一个创业团队中不能出现两个核心成员位置重复的情况，也就是说，不能有两个人的主要能力完全一样。例如，两个人都是出点子的、两个人都是做市场的等，出现这种情况是绝对不允许的。因为只要优势重复、职责重复，那么今后必然少不了有各种矛盾出现，甚至导致整个创业团队散伙。

2）“补短板”是团队建设的重点之一

劣势决定优势，劣势决定生死，这是市场竞争的残酷法则。传统木桶理论告诉我们，一个木桶无论有多高，它盛水的高度取决于其中最短的那块木板。领导者要有忧患意识，如果你个人有哪些方面是“最短的一块”，你应该考虑尽快把它们补起来；如果你所领导的集体中存在着“一块最短的木板”，你一定要迅速将它做长补齐，否则它带给你的损失可能是毁灭性的。

在这里，我们先要明确一个概念：短板不单单指团队中的人，也指团队缺失的核心能力。构成企业团队竞争力的有品质控制能力、新品研发能力、客户服务能力、财务控制能力、市场营销能力等“木板”，作为团队的管理者，我们必须让这些能力均衡发展，当有某项能力太弱，阻碍企业的发展，在竞争中暴露出来时，我们必须加大力度及时地补足，因为该能力在某一时段的缺失可能给企业带来致命的打击。

当然，理论是死的，而人是活的！一个团队在不同的阶段，要补的短板是不一样的。而一个团队在某一阶段，它可能要均衡地提升各项能力，此时我们就不能去钻“补短板”的牛角尖了。我们也可以反其道而行之，采用反木桶理论：为什么一定要补齐那块短板呢？你可以把最短的那块木板换掉，从而组成一个新的没有短板的木桶。

2. 各主管相互沟通与协作

当学生们开始正式经营一个虚拟企业并和其他五个虚拟企业相互竞争时，各位主管们要充分意识到团队协作的重要性，否则，极有可能发生生产、销售等一系列决策失误，致使公司破产。各部门主管协作关系如图 7-3 所示。

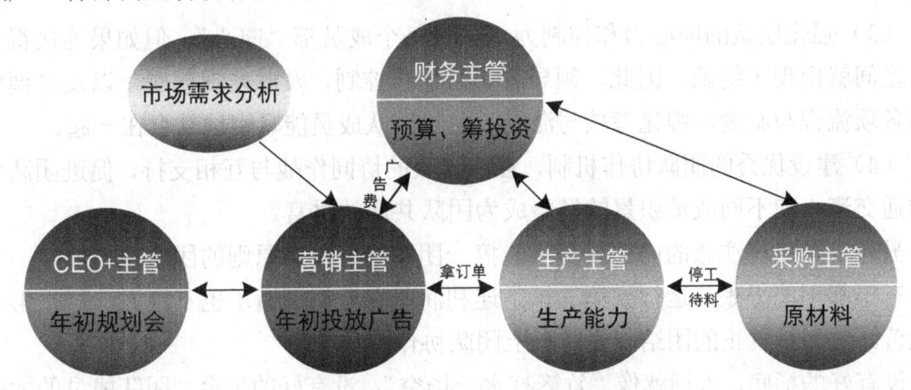

图 7-3　各部门主管协作关系示意图

作为营销主管，每年年初，要想科学合理地做出广告投放策略，就需要事先对市场需求预测报告做详尽的分析，明确每一个市场中每一种产品的需求量、价格以及其未来发展趋势。广告费投放完毕之后，营销主管在拿订单时一定要结合生产主管的生产计划，因为只有通过生产计划对虚拟企业的生产能力有完全的认识，订单选取才能和生产能力相匹配，否则就有可能无法按时交单，致使公司违约，面临巨额罚金，甚至丧失市场老大的地位。采购主管要想实现零库存，最主要的依据也是生产主管提供的生产计划，采购主管再依据各项原材料的提前期下达采购订单，避免“停工待料”现象，并避免库存积压而造成流动资金的占用。财务主管要想避免资金断流，给企业提供充足的资金，需要依据营销主管的营销策略、生产主管提供的生产计划和产能建设投资情况、采购主管提供的采购计划和资金需求计划等来进行现金预算以及资金的筹措，如果所贷款项过多而闲置，只是给银行上交利息，则势必给企业造成严重损失；但如果所贷款项不够，则极有可能使得企业发生资金断流，从而造成破产的危险。财务主管的工作质量与营销主管、生产主管、采购主管等的工作密切相关，因此，在虚拟企业经营过程中，需要他们密切合作，必要时，为了顾全公司整体利益，需要牺牲部门局部利益。

3. 促进团队成员间的“紧密度”

新木桶理论告诉我们：一只沿口不齐的木桶，盛水的多少，不在于木桶上最长的那块木板，而在于最短的那块木板。要想提高水桶的整体容量，就要下功夫依次补齐最短的木板。此外，一只木桶能够装多少水不仅取决于每一块木板的长度，还取决于木板间的结合是否紧密。如果木板间存在缝隙或者缝隙很大，同样无法装满水，甚至一滴水都没有。

现代企业的团队工作模式与新木桶理论有着异曲同工之妙。一个团队的战斗力不仅取决于每一个成员的水平，也取决于成员与成员之间协作与配合的紧密度。

那么，如何促进团队的“紧密度”呢？

（1）团队负责人在工作过程中应善于营造团队氛围，提倡、鼓励和强化每个成员的团队精神；教导成员关注团队目标，努力去完成团队目标，防止个人主义思想蔓延。

（2）团队分工要好，合适的人站在合适的岗位。例如，木桶的A位置应该用一个足够宽的木板，才能使木桶不留缝隙，可是你安排了一个非常窄的木板，即使它再长也不管用。

（3）强化团队的向心力和控制力。虽然每个成员都“向心”，但如果连接得不紧密，成员之间就出现了缝隙。因此，领导者必须加强控制，及时发现问题，以及时调整队伍，规范各项流程与制度，强化考核与激励，确保团队成员能紧密地结合在一起。

（4）建设优秀的团队协作机制，强调团队的协同作战与互相支持，促进团队成员之间的沟通交流，使不同成员积累的经验成为团队共同的财富。

另外一个值得注意的问题就是不能搞一团和气、没有原则的团结。例如，一个公司的财务三年都不能平账，运行到第三年了连利润留存还搞不懂，也不换人，严重影响了企业的运营。这不是真正的团结，更谈不上团队协作。

没有好的桶底，木桶就像“竹篮打水一场空”；没有好的平台，团队成员的才能就会被扼杀，团队的战斗力将荡然无存。因此，我们首先要为团队成员搭建发挥能力的舞台——授权。

既然是团队，不同的成员就应该具备不同的能力，发挥不同的作用，作为团队的领导者，即使能力再强也不可能大包大揽。一旦团队领导不懂得授权，一方面他自己会力不从心，另一方面团队成员会因为无用武之地而选择不发表意见或看法。各团队成员组成的模拟企业是一个系统，因此，团队成员之间的工作模式应遵循系统的方式或方法。

7.1.2 模拟企业经营的本质分析

1. 资本的构成

虚拟企业经营之初要筹集资本，也就是图7-4的右边部分，左边部分代表企业的资产构成。

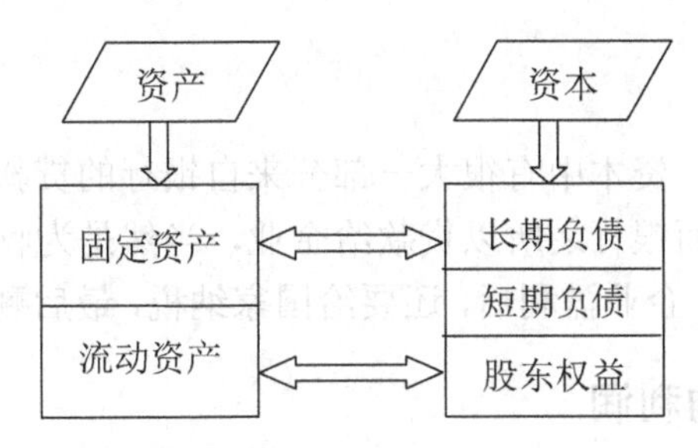

图7-4 企业的资本构成

企业资本的构成有以下两个来源。

（1）负债：一是长期负债，一般是指企业从银行获得的长期贷款；二是短期负债，一般是指企业从银行获得的短期贷款。

（2）权益：一般是指企业创建之初所有股东的集资，以后也代表股东投资。

企业筹集了资本之后，要采购厂房和设备，引进生产线、购买原材料、生产加工产品等，余下的资本（资金）就是企业的流动资产了。

企业的资产是资本转化过来的，而且是等值地转化，所以在财务的资产负债表中，图7-4中左边与右边一定是相等的。

企业通过运作资产（包括生产产品、组织销售、拿到销售收入等诸项活动）来为股东创造收益。

2. 利润的来源

利润的来源如图7-5所示。

销 售 收 入	扣 除 项 目	第一年数额/M元
11M元	直接成本	4
	综合费用	28
	折旧	2
	财务收入/支出	-2
	其他收入/支出	1
	所得税	0
	净利润	-24

图7-5 利润的来源

由图7-5可知，利润来自于销售收入，但销售收入不全都是利润。在拿回销售收入之前，必须要采购原材料、支付工人工资，还要支出其他生产加工时必需的费用。当把产品卖掉，拿回销售收入时，收入中当然要抵扣掉以上这些直接成本；收入中还要抵扣掉企业为形成这些销售支付的各种费用，包括产品研发费用、广告投入费用、市场开拓费用、设备维护费用等，这些费用也是在拿到收入之前已经支付的。

另外，虽然资产是由资本等值转化来的，但是企业的设备、厂房等在生产运作后会贬值。就好比10万元的一辆汽车，开三年之后就不值10万元了，能值5万元就不错了！资产缩水了，与资本转换成资产的价值产生了差额，这部分损失应当从销售额中得到补偿，也就是销售额中应当抵扣的部分——折旧。

3. 利润归谁所有

利润并不全是股东的。资本中有很大一部分来自银行的贷款，企业在一定程度上是靠银行的资金产生利润的；而银行之所以贷款给企业，当然是为收取利息作为回报，所以利润需要划拨给银行一部分。企业盈利后，还要给国家纳税，最后剩余的净利润才是股东的。

4. 如何增加企业的利润

根据企业的利润计算可知，要想增加企业的利润，就要“开源节流”。所谓开源，就是使销售额增加，因此，如何增加销售额才是企业考虑的重要问题。增加销售额的途径如图 7-6 所示。

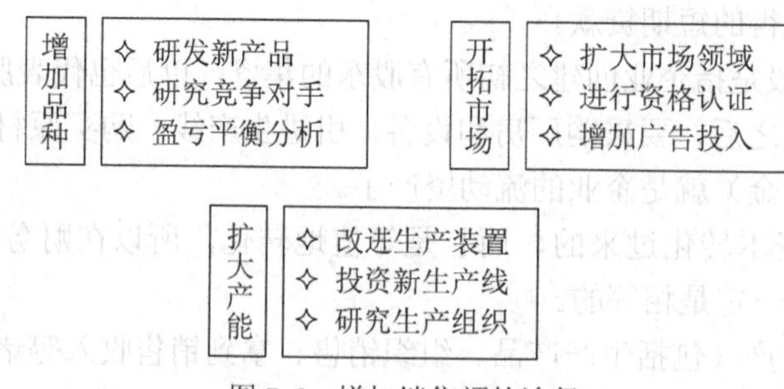

图 7-6 增加销售额的途径

增加利润不能只考虑扩大销售，还要节流。如果不能有效地控制成本，利润的增加同样是非常有限的。节流的途径如图 7-7 所示。

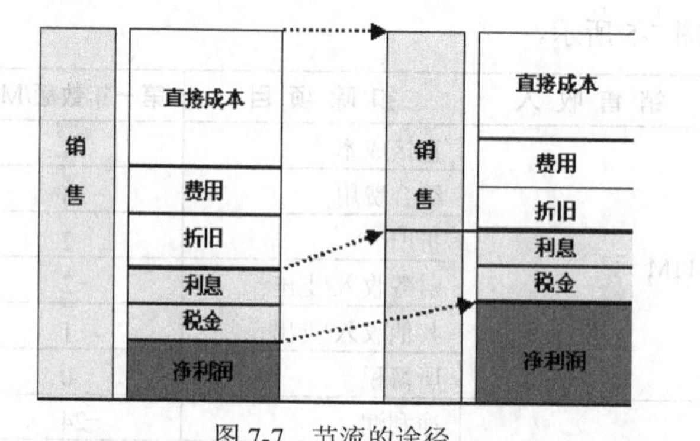

图 7-7 节流的途径

5. 衡量企业经营的优劣

在正式讨论企业经营优劣之前，需要回答以下两个问题。

问题 1：两个企业 A 和 B，A 企业盈利 100 万元，B 企业盈利 1000 万元，谁经营得好？

答案：利润越大越好，当然是 B 企业经营得好！（错误）

原因：如果 A 企业的资产是 100 万元，B 企业的资产是 10 亿元呢？

问题 2：如果资产情况如上面所述，A 企业每 1 元钱的资产盈利 1 元钱；而 B 企业 1 元钱的资产只盈利 1 分钱。谁经营得好呢？

答案：从平均 1 元资产能赚多少钱来看，显然 A 企业经营得好！

可见，企业赚钱多少并不是衡量企业经营优劣的唯一指标，目前通常用总资产报酬率

（return on assets，ROA）来度量，它是对企业进行财务分析时所要考虑的一个重要指标。通常情况下，将资产报酬率表示为净利润和资产总额的比值，其中净利润是整个会计期间的经营成果。

$$\mathrm{ROA}=\frac{净利润}{总资产}=\frac{净利润}{销售额}\times\frac{销售额}{总资产}=销售利润率\times资产周转率$$

从 ROA 这个指标可以看出企业平均 1 元钱资产能赚多少钱，赚得多的才叫经营得好，是这样吗？企业经营的好坏不是还应与股东有直接关系吗？很多人都会想到这个问题。

其实，关于营利性的衡量还要考虑一点：企业为股东赚取了多少利润？

股东对上市公司的投资，即股东权益，亦称为净资产，主要包括四个部分：股本；股本的溢价或资本公积；历年赚取的利润留存在上市公司的部分，即法定的留存收益——盈余公积；企业自主确定的留存收益——未分配利润。

股东的回报，即上市公司为股东赚取的净利润。

股东的投资报酬率，即净利润除以净资产，亦称为净资产报酬率（return on equity，ROE）。如果上市公司的净资产报酬率 2 倍于全社会等风险投资机会的平均报酬率，则意味着该公司的股东每 1 元的投资，赚钱的能力 2 倍于其他公司，该公司 1 元的净资产就能够卖到 2 元的价格，该公司的市净率为 2 倍。因此：

（1）净资产报酬率越高，上市公司替股东赚取的投资回报越高。

（2）净资产报酬率越高，股东投资的增值程度越高，股东的单位净资产的市场价值越高。

正是因为净资产报酬率一方面能够衡量股东账面财富的增长，另一方面也与股东的投资组合的价值具有高度的相关性，所以我们常用净资产报酬率这一财务比率来衡量上市公司的综合盈利能力。

净资产报酬率的定义是净利润/净资产，杜邦分解将其分解为下面三个比率的乘积。

（1）净利润/销售收入：通常称为销售净利润率，其直观含义是 1 元的销售收入能够赚取的净利润。

（2）销售收入/总资产：通常称为总资产周转率或总资产周转次数，其直观含义是企业的总资产一年周转几次。我们不妨做一个类比，假设一个杯子能够盛 1 升水，你一天喝了 6 升水，显然你喝了 6 杯水或者说杯中的水被喝了 6 次每天。同样地，如果把一个企业看成是一个杯子，那么总资产显然是这个杯中的水的容量，销售收入是流经这一杯子的水的流量，销售收入/总资产，即企业这一杯中的水一年周转了几次。

（3）总资产/净资产：我们通常称为财务杠杆或权益乘数。如果一个企业的总资产为 300 元，而股东权益为 100 元，那么该企业的负债即为 200 元，这就意味着该企业的权益乘数或财务杠杆为 3，即股东每 1 元的投资，借助于 2 元的负债这一外力，放大为 3 元的总资产，驱动了 3 倍于股东投资的总投资，这就是财务杠杆的直观含义。

按照杜邦分解公式，我们把销售净利润率、总资产周转率和财务杠杆相乘，不难发现，约去这些比率中的销售收入和总资产之后，又回到了净资产报酬率。那净资产报酬率到底为哪些因素驱动？为了理解杜邦分解的科学性，我们逐一对销售净利润率、总资产周转率和财务杠杆或权益乘数展开必要的讨论。

如果销售量给定，那么：

（1）销售价格越高，销售收入越高，净利润越高，销售净利润率越高。

（2）单位产品的成本越低，销售成本越低，净利润越高，销售净利润率越高。

（3）管理费用、销售费用等越低，净利润越高，销售净利润率越高。

理解了销售净利润率的主要决定因素之后，我们不妨思考一下下面的问题。

（1）企业所在的行业或市场的竞争越不激烈，产品的销售价格相对于成本是不是越高？销售净利润率是不是越高？

（2）企业生产的产品独特性越强，是不是销售净利润率就会越高？

例如，iPhone 相对于山寨的智能手机，具有明显的技术优势，山寨手机显然无法完全替代苹果的 iPhone，这就意味着苹果如果把 iPhone 提价销售，一些忠诚的客户可能不会舍弃 iPhone 而追逐山寨智能手机，因此 iPhone 也就获得了一定的定价能力，也就具有更高的销售净利润率。

所以，决定销售净利润率高低，进而影响着净资产报酬率和股权价值的主要因素源自市场，即市场竞争的激烈程度和企业相对于主要对手的竞争能力。当然，产品的成本和各项费用控制的程度也影响销售净利润率。

如果给定销售量和销售收入，企业能够精打细算，尽可能地节约资金的占用，如尽量避免过多的存货积压占用资金，尽可能避免无谓地被客户的应收账款占用资金，尽可能地避免在建工程建设工期过长而导致资金长期滞留在工程项目之中，那么，创造等量的销售，就可以尽可能地占用较少的投资，资产的周转速度就会更快。因此，影响企业资产周转次数的主要因素在于企业内部，在于企业资产管理和使用的效率，如赊销政策和应收账款的管理决策、生产流程和存货管理决策等。

如果企业的融资政策比较保守，那么它将会较少负债，企业的财务杠杆或权益乘数就会较低；反之，如果企业的融资政策比较激进，那么它将会举借较多债务，其权益乘数就会较高。因此，权益乘数更多地反映企业的融资政策。

概言之，影响净资产报酬率及其变动的主要因素来源于市场竞争格局及企业的相对竞争能力、企业内部使用资产的效率或运营管理的效率、企业的融资政策和成本与费用控制的程度。也正因为如此，杜邦分析为我们理解净资产报酬率及其影响因素，为我们理解这些因素未来可能的变动，为我们更好地分析我们所投资的股票价值的主要影响因素提供了一个科学的分析框架。

举例：有三家企业，它们的资产、负债及利润情况如表 7-1 所示，如果你是股民，会买谁的股票呢？

表 7-1　三家企业资产负债对比　　单位：万元

	企 业 A	企 业 B	企 业 C
资产	100	100	100
负债	0	50	90
净利润	15	15	4

其实，用刚才我们讲的 ROE 概念去衡量就对了。

三家企业 ROA 与 ROE 对比情况如表 7-2 所示。

表 7-2　三家企业 ROA 与 ROE 对比

	企　业 A	企　业 B	企　业 C
资产/万元	100	100	100
负债/万元	0	50	90
净利润/万元	15	15	4
ROA/%	15	15	4
ROE/%	15	30	40

C 企业股东投资只有 10 万元，利润 4 万元，每 1 元的投资回报是 0.4 元。而其他企业都小于这个数值。

7.1.3　信息的价值和作用

在信息时代，企业信息化已成为不可阻挡的趋势，很难想象一个闭塞的企业在今后的市场环境中还可以继续生存下去。信息技术的广泛应用为企业进一步提升其价值提供了可能性，企业通过实施信息系统，实现管理与技术的结合，达到信息价值作用的放大，使企业获得价值增值。在当今这个充满激烈竞争和环境多变的市场中，企业要想持续获得竞争优势，就应该进行企业信息化建设，以获取更多、更有价值的信息。

我们应当认识到，信息化确实可以给我们提供准确、及时的数据，但我们必须挖掘数据背后的真实含义。信息化只是一种手段或者说是获取准确、及时的数据的手段。信息化的真正含义应当是从获取的数据中找出企业运作的不足及其原因，为管理层提供改进的方案，最终还是服务于企业的经营决策。

信息和人、财、物一样，也是企业的生产要素之一，能够给企业带来价值和效益的提高。然而，在沙盘模拟过程中，不少同学根本就没有意识到信息的价值，不会或者没有利用信息做出相关的决策。下面介绍如何在沙盘模拟中充分发挥信息的价值作用。

1. 利用内、外部信息制定广告费投放策略

每年年初，模拟企业都要参加订货会，最主要的任务就是投放广告费，即决定每年不同市场区域不同产品的广告费是多少。

要想完成这样一个任务，需要获取以下信息内容。

1）不同市场不同产品的单价、需求量以及发展趋势

在进行沙盘模拟演练之前，指导教师都会提供一份由一家权威的市场调研机构所提供的对未来六年各个市场的需求的预测报告。为了制定合理的广告费投放策略，学生必须深入和透彻地研究这份市场需求预测报告，分别列出公司在本地市场、区域市场、国内市场、亚洲市场、国际市场上 P1、P2、P3、P4 产品的单价、平均需求量以及未来的发展趋势，从而制定出有效的广告费投放策略。

2）企业发展战略规划信息

每年年初，在 CEO 的带领下，虚拟企业会召开年初规划会议，制定企业的发展战略规划，而广告费的投放也必须要结合本年发展规划以及企业未来的发展规划等确定，不能盲目投放。

3）竞争对手的相关信息

虚拟企业在进行广告费投放前，需由市场信息情报员收集其他五个竞争企业的相关信息，如企业发展规划信息、市场开拓情况、产品研发情况、广告费投放情况等。在充分了解竞争对手市场信息情况下，有的放矢地制定自己的市场开发策略和广告费投放策略。

2. 结合生产部门和竞争对手信息筛选订单

营销主管每年年初投放完广告费之后，接下来的一项很重要的工作就是选订单。一般而言，营销主管工作的好坏主要看他今年拿了多少订单、订单总额是多少。但是，在 ERP 沙盘模拟过程中，订单的选取一定要结合虚拟企业的生产产能。也就是说，一般情况下，指导教师放单时，营销主管和生产主管均会在场。营销主管在选取不同市场 P 系列产品订单时，往往会咨询生产主管 P 系列产品产能是多少、还能生产几个等一系列有关产品生产的问题。这种做法的一个最直接的好处就是能够避免公司订单和产能不匹配现象的出现，以免完成不了订单，从而造成 25%的违约金损失，甚至丧失市场老大地位。而在某个市场上占据市场老大地位的模拟企业，则在广告费投放、订单选取以及综合成绩评定等方面都具有明显优势。

3. 生产部门决策的信息来源

生产部门的职能在 ERP 沙盘模拟过程中主要有以下两个。

（1）研发产品：研发 P1、P2、P3、P4 产品的哪一种？何时开始研发比较合适？

（2）投资生产线：投资新建什么生产线？什么时候开始建设生产线？是否出售手工生产线？

要想完成上述任务，则需要学会运用 ERP 系统中的主生产计划，主生产计划与其他计划层次之间的关系如图 7-8 所示。

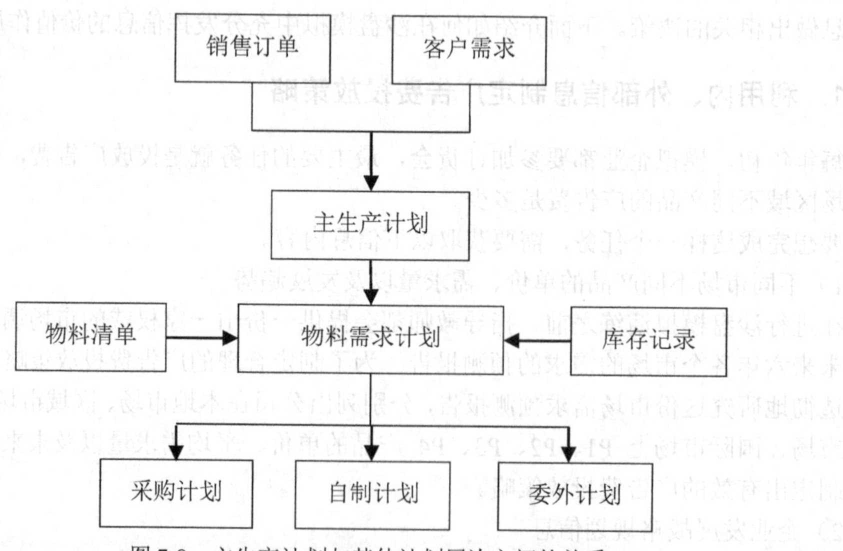

图 7-8 主生产计划与其他计划层次之间的关系

粗略地说，主生产计划是将生产计划的内容做进一步细分，是关于“将要生产什么”的计划。它起着承上启下、从宏观计划向微观计划过渡的作用。主生产计划是以生产计划、预测和客户订单为输入，安排将来各周期中提供的产品种类和数量，将生产计划转换为产品计划。它是一个详细的进度计划，其制订与执行的周期视企业的情况而定，必须是可以执行、可以实现的，它应该符合企业的实际情况，能够平衡物料和能力的需要，解决优先度和能力的冲突。主生产计划项目还应确定其在计划期内各时间段上的需求数量。

主生产计划着重于要被制造的产品，而且通过详细的计划系统识别所需资源（物料、劳力、工厂设备与资金）及其所需要的时间，并且确定其在计划期内各时间段上的需求数量。主生产计划需要回答以下几个问题。

（1）要制造什么产品？制造多少？何时制造？

（2）需要什么其他物料？需要多少？何时需要？

（3）存在什么能力制约？

（4）存在什么物料约束？

企业的物料需求计划、车间作业计划、采购计划等均来源于主生产计划，即先由主生产计划驱动物料需求计划，再由物料需求计划生成车间作业计划与采购计划，同时，主生产计划又是联系客户与企业销售部门的桥梁。由此可知主生产计划的重要性，它是产销协调的依据，是 ERP 系统运作的核心，是所有作业计划的根源。制造、委外和采购三种活动的细部日程均是依据主生产计划的日程加以计算而得到的。如果主生产计划的日程不够稳定或可行性不高，那么它将迫使所有的供应活动摇摆不定，造成极大的资源浪费。ERP 的使用成功，一半以上的因素应归于企业能有效地掌握主生产计划的运作。

4. 利用有关信息制订各项财务计划

财务总监要根据营销总监、生产总监、采购总监等给出的相关规划、计划做出每年的现金预算表，从而做出融资决策。

1）营销总监提供的信息

（1）市场广告费投入。

（2）市场开拓费用。

（3）ISO 9000 和 ISO 14000 认证投资。

2）生产总监提供的信息

（1）生产线投资。

（2）产品研发投资。

（3）转产费用。

（4）工人工资。

（5）是否租赁厂房。

3）采购总监提供的信息

（1）采购费用。

（2）委外加工费用。

4）财务费用以及需偿还的贷款

（1）贴现费用。

（2）长期和短期贷款利息。

（3）到期的长期和短期贷款。

（4）到期应收账款。

5）其他日常经营和管理费用

（1）生产线维护费。

（2）每季度管理费。

5. 利用物料需求计划实现原材料的零库存

要想在 ERP 沙盘模拟演练中实现原材料的零库存管理，采购主管需要明确以下 ERP 系统中两个最基本的问题。

1）物料需求计划需要解决的问题

物料需求计划（MRP）是根据主生产计划和库存资源制订出生产产品所需要的原材料的采购计划。它需要解决以下几个问题。

（1）要生产什么？生产多少？（来源于主生产计划）

（2）要用到什么？（来源于物料清单）

（3）已经有了什么？（根据库存记录）

（4）还缺什么？

（5）什么时候下达采购订单？

根据在第 1 章中所阐述的有关物料需求的基本原理和计算方法，可以计算出不同原材料的需求量以及采购订单的下达时间。

2）物料需求计划的数据来源

MRP 运算与制订的基本原理如下。

（1）由最终产品的主生产计划导出有关物料（组件、材料）的需求量与需求时间。

（2）根据物料的提前期确定投产或订货时间。

因此，MRP 是用于解决各物料之间数量、时间的联动关系问题的，其目标是要达成供需平衡，做到“数量刚好、时间及时”。

MRP 所需要的需求方面的数据有以下两种。

（1）主生产计划数据。从 MPS 中得到在何时、应产出何种产品及数量是多少。这是根据较高层的物品或成品的需求派生出来的需求。

（2）独立需求数据。在极少数情况下，由于一些原因，对零部件的独立需求不包括在主生产计划中，如维修、服务用的备件与特殊目的的需要等。

物料需求计划的业务流程如图 7-9 所示。

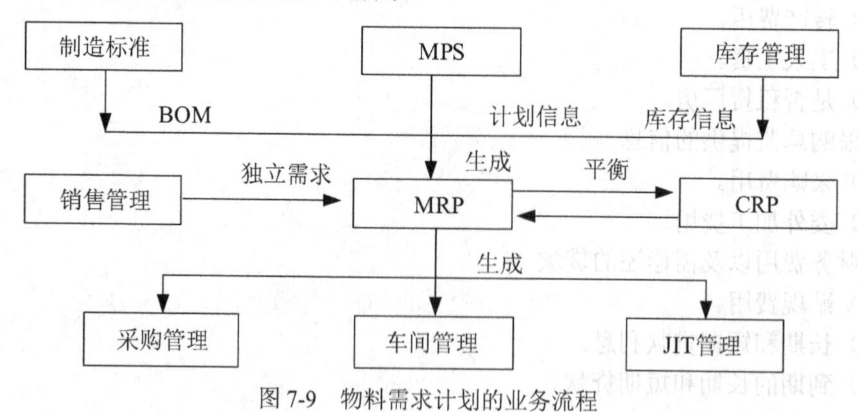

图 7-9　物料需求计划的业务流程

制订 MRP 依据的关键信息有以下几个方面。

（1）主生产计划（MPS）。物料需求计划由 MPS 推动。

（2）物料清单（BOM）。由于最终产品结构中的各个子件加工周期不同，即对同一 BOM（同一产品）中的物料需求时间不同，因此，MRP 要根据产品的 BOM 对 MPS 进行需求展开（数量与提前期），用时间坐标的关系来表达 BOM 的结构。

（3）库存信息。依据物料库存信息确定各个物料的需求量。

下面还要介绍一下需要用到的物料清单的内涵。

物料清单（bill of material，BOM）是指组成某个制成品所需要的原材料、零部件或半成品等的组成结构关系。物料清单反映了产品的组成结构，表明了产品组件、子件、零件及原材料之间的结构关系以及每个组装件所需要的各下属部件的数量，表明了产品各个层次物料的从属关系和数量关系，是产品结构的技术性描述文件。物料清单是一种树型结构，因此也称为产品结构树。在 ERP 系统中，物料清单是生产制造模块的核心文件，同时 ERP 系统许多模块的运行也都离不开物料清单。物料清单在 ERP 系统中起着以下重要作用，其与其他模块的联系如图 7-10 所示。

（1）物料清单是生成 MRP 的基本信息，是联系 MPS 与 MRP 的桥梁。

（2）物品工艺路线可以根据物料清单来生成产品的总工艺路线。

（3）在 JIT 管理中，反冲物料库存必不可少，而且要求 100%的准确率。

（4）为采购外协加工提供依据。

（5）为生产线配料提供依据。

（6）为计算成本数据提供依据。

（7）为制定销售价格提供依据。

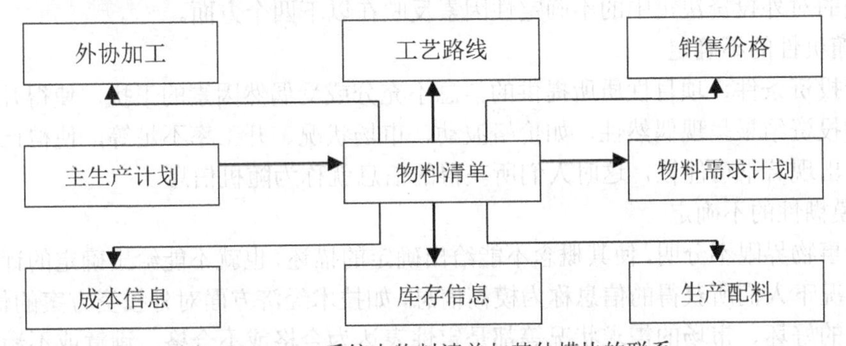

图 7-10　ERP 系统中物料清单与其他模块的联系

由此可见，物料清单关系着整个 ERP 系统的运行效率和结果的可靠性。若物料清单不够准确，会影响企业运行的各个方面。使用 ERP 系统的企业应保证物料清单尽可能准确，物料清单的准确度至少应达到 98%，才能满足要求。

7.1.4　投资决策的不确定性分析

广义的企业投资活动包括其内部的资金配置和外部的资金投放。企业内部的资金配置是指现金、有价证券、应收账款、存货等流动资产和以固定资产为主的非流动资产的金额占用，由此会引起各项资金的使用效益和企业的整体经营状况问题。企业外部的资金投放，即对外投资，是指以收回现金并取得收益为目的而发生的现金流出。对外投资一方面会带来收益，另一方面也会带来风险。

1. 投资的不确定性

投资的不确定性是指投资者在当前并不能够确切地知道将来的投资收益状况，投资的未来收益状况是投资者所不能完全控制的，是由投资者所处的外部经济环境的随机变量决定的，理性的投资者只可能知道其投资未来收益状况的主观概率分布。不确定性就意味着风险，当外部随机经济变量朝着有利于投资者的方向变化时，投资者将来就会获得收益，否则投资者的投资就有可能失败。可以说，几乎所有的投资都面临着不确定性因素，而且这些因素会随着时间的变化、空间的变化和其他条件的改变不断地发生变化。这些变化因素的存在使得投资决策的做出变得非常困难。投资者为了做出正确的投资决策，首先就要对项目投资决策过程中所面临的不确定性因素做出正确的分析。

2. 投资不确定性的产生原因

项目投资决策过程中的产生不确定性的根本原因可归结为以下两个方面。

（1）信息传递过程中的失误或者是成本问题导致项目投资者在投资决策时所收到的信息失真、不全面，或由于取得这些信息的成本过高，有时甚至根本无法取得所需的信息。

（2）决策者不能很好地预测、控制事物的未来发展。

3. 投资不确定性因素

传统的对外投资决策中的不确定性因素反映在以下四个方面。

1）随机性的不确定

由于投资条件、项目性质所提供的信息不充分或受偶然因素的干扰，使得几种人们已经知道的投资结果呈现偶然性，如价格波动、市场状况、开工率不足等，使得已知的对外投资结果出现若干可能性，这时人们所获得的信息就称为随机信息。

2）模糊性的不确定

由于事物界限不分明，使其概念不能给出确定的描述，也就不能给出确定的评定标准，在这种情况下人们所获得的信息称为模糊信息，如技术经济方面对外投资方案的优劣评价、产品质量的好坏、市场的需求状况等都是定性表达为合格或不合格、满意或不满意等，这些都是模糊的概念。

3）突变性的不确定

由于客观过程中一种状态向另一种状态突变，信息传递的中断造成对外投资决策的不确定，如自然灾害、战争、金融危机、政治动荡等都会使预期的对外投资效果发生质的突变，使得对外投资决策呈现不确定状态。

4）灰色性的不确定

由于信息传播过程中各种因素的干扰和信息接收系统的接收能力不足，包括人的辨识能力的限制，人们只能获得有关投资项目的部分信息或信息量的大致范围，而无法获取其全部信息或确切信息。这种依据部分已知、部分未知信息所做的对外投资决策，称为灰色的不确定性决策，如对外投资的各经济指标的量化数据，由于种种原因，我们不能获得有关该指标的全部数据，所获得的数据也只能反映某时刻的大致状态，这种情况就是灰色的不确定。

4. 投资决策内容

（1）流动资金的投放与管理，主要解决合理配置各项流动资金，协调保持良好偿债能力和提高盈利能力两方面矛盾的问题。

（2）固定资产投资决策，以确定建立在现金流量表基础之上的固定资产投资方案。

（3）对外投资决策，以确定在投资报酬与风险程度合理平衡前提之下的对外投资方案。

各模拟企业练习：

☆ 投资收益分析：投资方案的选择上必须以投资收益的大小来取舍，要以投资收益具有确定性的方案为选择对象，要分析影响投资收益的因素，并针对这些因素及其对投资方案作用的方向、程度，寻求提高投资收益的有效途径。

☆ 投资风险识别以及投资管理和控制能力分析。

7.1.5 制定企业发展战略规划

发展战略是指企业在对现实状况和未来趋势进行综合分析和科学预测的基础上制定并实施的长远发展目标与战略规划。企业作为市场经济的主体，要想求得长期生存和持续发展，关键在于制定并有效实施适应外部环境变化和自身实际情况的发展战略。

1. 策略、目标与战略

我国有很多企业，尤其是一些民营企业，往往缺乏明确的发展战略或发展战略实施不到位，在战略规划上常常表现为“有战无略”，结果导致企业盲目发展，难以形成竞争优势，丧失发展机遇和动力；也有些企业由于发展战略过于激进，脱离企业实际能力或偏离主业，导致过度扩张、经营失控甚至失败；还有一些企业频繁变动发展战略，导致资源严重浪费，最后危及企业的生存和持续发展。

另外，还有很多人把策略、目标与战略混为一谈。很多企业都把策略当作战略，就是把做什么、怎么做当作战略，把具体的操作步骤、流程当作战略。这些企业经常是先确定要做什么事情，在这个既定的前提下，将怎么组织人、怎么组织钱、怎么打开市场作为企业的战略。这么做实际上意味着企业没有战略，而是直接到了策略层面。还有一些企业，如已经投资布局了几个行业，它们的战略观就是把这几个领域做大做强，这也不是战略，而是把目标当作战略了。

战略的核心其实就是定位，即选择企业的发展方向。选择就意味着“取舍”，迈克尔·波特在《什么是战略》一文中指出：“战略就是在竞争中做出取舍，其实质就是选择不做哪些事情。”那么，企业在面对各种看起来有利可图的发展方向时该如何进行取舍？答案是基于核心竞争力来取舍——“取”有助于企业培养其核心竞争力的，“舍”对培养企业核心竞争力没有帮助，甚至会损害企业核心竞争力。由此可见，战略首先是一种选择、一种取舍。战略要解决的问题是一件事该不该去做、值不值得去做和有没有能力去做。再往细一点说，战略主要决定不做什么，而不是要做什么。舍了这个最重要的环节，企业是很容易步入陷阱的。因此，对于企业而言，进行战略规划的制定具有十分重要的价值和意义。

2. 企业战略规划框架内容

企业战略规划是指依据企业外部环境和自身条件的状况及其变化来制定和实施战略，并根据对实施过程与结果的评价和反馈来调整制定新战略的过程。一个完整的战略规划必须是可执行的，它包括两项基本内容：企业发展方向和企业资源配置策略。

许多优秀的企业都非常重视战略规划，但往往没有一个规范的战略规划流程，或战略规划中忽略了一些关键的思考环节，导致所制定的战略经不起推敲或在后续的展开中遇到挫折。采用战略规划框架、流程和模板指导企业和企业内各职能部门进行战略规划是麦肯锡、埃森哲等许多著名的咨询机构和成功企业常用的战略规划方式。战略规划是将“事业理论”转化为行动的过程，企业使命和愿景是企业战略决策的立足点，企业的使命、愿景、价值观和企业的战略与执行层面的框架如图 7-11 所示，这个战略规划框架是综合了卓越绩效模式标准的要求以及成功企业的经验提出的。

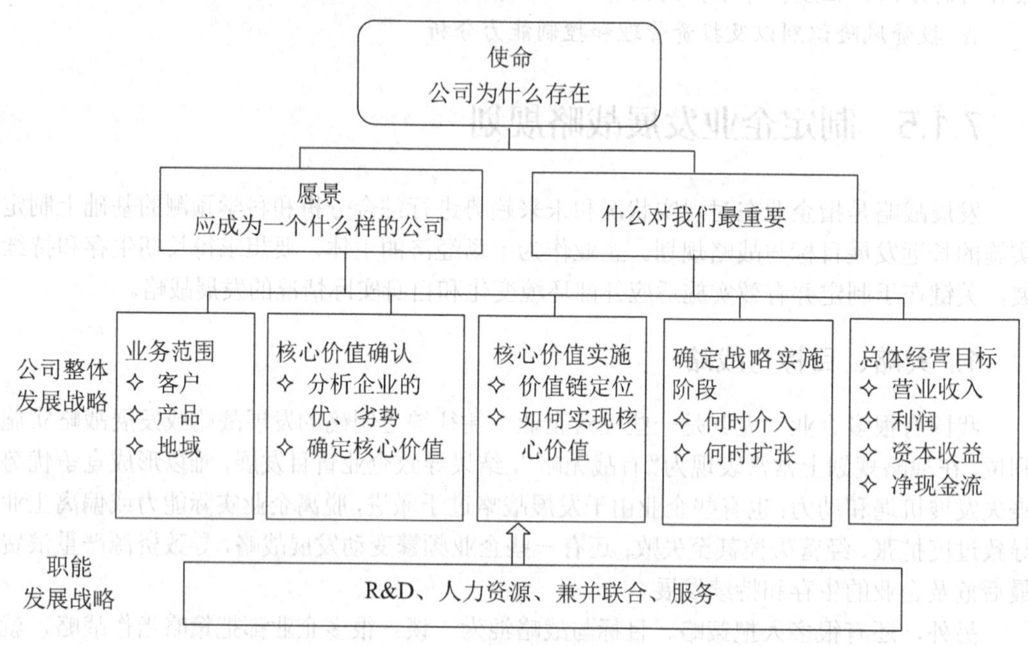

图 7-11 战略规划框架

由此可见，企业战略规划就是一个长远的设想，其重要性在于应对变化。企业领导者在追求美好未来的过程中，必须思考将来会遇到什么；必须领会变革的驱动力及其对企业经营的可能影响；必须当机立断，对战略规划流程以及最终结果负责任。

对于一个企业，在制定战略规划时首先应考虑的问题是企业的使命和愿景。所谓企业使命，是指一个企业的整体功能，使命所回答的是“企业致力于完成什么”这一问题。在使命中可以界定企业所服务的顾客或市场、所具有的独特能力或所应用的技术。企业愿景是指企业所追求的未来状态。此愿景描述了企业正在向何处去，希望未来成为什么或被视为什么。

3. 企业发展战略目标

企业发展战略目标是指企业应对主要的变化或改进、竞争或社会事务以及经营优势而明确阐述的打算或对策。制定战略目标时，企业通常要兼顾企业的外部和内部，涉及有关顾客、市场、产品、服务或技术方面的重要的机会和挑战。战略目标确立了企业的长期方向，引导着资源的分配和调整。

彼得·德鲁克在《管理实践》一书中提出了八个关键领域的战略目标，如表 7-3 所示。

表 7-3　八个关键领域的战略目标

关 键 领 域	具 体 目 标
市场	应表明本公司希望达到的市场占有率或在竞争中达到的地位
技术改进和发展	对改进和发展新产品、提供新型服务内容的认知及措施
提高生产力	有效地衡量原材料的利用，最大限度地提高产品的数量和质量
物资和资金筹措	物资和资金的获得渠道及有效利用
利润	用一个或几个经济目标表明希望达到的利润率
人力资源	人力资源的获得、培训和发展，管理人员的培养及其个人才能的发挥
职工积极性发挥	职工激励、报酬等措施
社会责任	注意公司对社会产生的影响

4. 模拟企业经营战略选择

企业经营犹如在波涛汹涌的大海中航行，航船要驶向希冀的彼岸，离不开罗盘和舵柄。企业要在瞬息万变的竞争环境中生存和发展，离不开企业战略的指引。由于资源有限，企业在一定时期内只能做有限的事，因此目标一定要明确。具体到我们的实训中，模拟企业就是要思索、回答以下几个问题。

1）我们想成为什么样的公司

例如，规模是大公司，还是小公司；生产产品是多品种，还是少品种；市场开拓是许多市场，还是少量市场；市场地位是努力成为市场领导者，还是作为追随者。

2）我们倾向何种产品和何种市场

企业目前在本地市场经营，新市场包括区域市场、国内市场、亚洲市场、国际市场。在资源有限的约束条件下，面对多种选择，放弃比不计代价地开发更明智。模拟企业不可能做到全面开花、面面俱到，因此要选取企业的重点市场和重点产品。

3）我们计划怎样拓展生产设施和生产能力

手工生产线、半自动生产线、全自动生产线和柔性生产线四种生产线的购置价格、生产效率和转产灵活性等各不相同，为有效扩大生产能力，模拟企业应确定将购置什么样的生产线、什么时候购置、购置多少。

4）我们计划采用怎样的融资策略

现金流是企业生存的命脉，企业现金流中断将意味着企业会倒闭。融资的方式有很多，有长期贷款、短期贷款、应收款贴现、出售厂房和设备等，还有高利贷（但高利贷方式应尽量避免使用）。每种融资方式的特点和适用性有所不同，要根据企业的发展规划做好融资计划，以保证企业的正常运转，切不可因小利而影响整体规划的实施。

在开始实际操作前，每个管理团队都应对上述问题进行深入探讨并达成共识。每一年经营下来，团队需要反思自己的行为，聆听指导教师根据现场数据所做的点评，分析实际与计划的偏差及其原因，并对战略做出必要的修正。

5. 利用信息及时调整经营战略

各模拟企业在经营之初都会制定企业发展战略规划，然而，需要说明的是，模拟企业的发展战略并不是一成不变的。每年企业业务经营完毕之后，CEO 都应该带领各部门主管进行经营成果分析，从而发现问题，找出应对的策略。当然，要想制定更为合理的发展策略，除了考虑企业内部信息外，更为重要的是考虑信息情报员获取的外部信息。模拟企业一定要根据竞争对手的信息及时调整自身的发展战略和策略，从而获取竞争优势，充分发挥信息的价值和作用。

7.1.6 竞争合作关系

从前，有一长者听到五个手指在议论。

大拇指说："我最粗，干什么事都离不开我，别的四个手指都没用。"

食指说："大拇指太粗，中指太长，无名指太细，小拇指太短，它们都不行。"

中指说："我的个子最高，只要我一个人就能做很多事。"

无名指说："真讨厌，大家都不给我一个名字，我真不愿意和它们在一起。"

小拇指说："它们长得那么长、那么粗，有什么用？我是小而灵，我的作用最大。"

长者听了它们的对话，语重心长地对它们说："你们都说自己最有用，那么我就请你们来比一比，看看到底谁的作用大。"于是，这位长者拿出两只碗，其中一只里面放了一些小豆子，要求五个手指分别把这些小豆子拿到另一只碗里。结果可想而知，没有一个手指能完成这件事，五个手指只有互相合作才能完成任务。

1. 竞争合作关系的定义

竞争合作（或合作竞争）一词首次出现是在美国耶鲁管理学院的拜瑞 • J. 内勒巴夫和哈佛商学院的亚当 • M. 布兰登勃格合著的《合作竞争》一书中。他们认为，"合作竞争是一种超越了过去的合作以及竞争的规则，并且结合了两者优势的一种方法。合作竞争意味着在创造更大的商业市场时合作，在瓜分市场时竞争"。

所谓竞争合作关系，施锦华认为它是企业之间既包含竞争又存在合作的一种现象，是对核心企业与伙伴之间存在着的合作程度不同的伙伴关系的总称。值得注意的是，这里的竞争合作关系并没有摒弃竞争，它的竞争体现在以下几个方面。

（1）极端情况是两个企业提供同一产品，存在"天生"的竞争关系。

（2）核心企业的合作伙伴在将来有可能成为其竞争对象，二者存在潜在的竞争关系。

（3）核心企业的合作伙伴同时为其竞争对手服务，二者也间接存在竞争关系。

竞争合作关系是指企业与所处的外部环境（企业）之间的一种新型企业关系，是在目标一致性原则下，以差异化、互补性、相关性为基础，通过市场需求驱动的一种以竞争来促进合作、以合作来提升企业竞争力的资源优化配置的动态过程。其内在动力是共同的利益，外在动力是市场需求，其实现基于双方的诚信，目标是找到一种实现"双赢"的途径。其特殊点是根据内外在动力的差异，企业与所处的外部环境（企业）之间的竞争合作程度不同。从传统企业之间的竞争关系演变到现代企业之间的竞争合作关系，这是市场发展的必然结果。随着全球化市场的形成、科学技术的发展以及顾客需求的个性化，单个企业已不能适应市场环境，为了获得竞争优势和增大市场份额，企业和企业之间的关系逐步由竞争、合作转变为竞争合作。

2. 竞争合作关系的特征

作为适应市场的一种新型企业关系，竞争合作关系有以下几个显著特征。

1）差异化竞争合作

传统理论对企业之间关系的研究认为企业之间或是纯粹的竞争关系，或是纯粹的合作关系，核心企业与伙伴企业之间的关系并无差异。但是在多变的市场环境下，企业之间不但存在着合作关系，而且存在着竞争关系，并且由于交易特性、战略相关度、信息共享度等的差异，企业之间的竞争合作程度也不同。核心企业与少量伙伴企业之间的合作远远大于竞争，而与大量的伙伴企业之间的竞争远远大于合作，这是竞争合作关系最显著的特征。

2）竞争合作期限的不确定性

在竞争合作关系下，企业之间的合作期限是不确定的。企业之间的合作程度越高，则合作期限越长；反之，企业之间的竞争程度越高，则合作期限越短。

3）不完全的信息共享

传统的理论研究认为合作企业之间的信息完全共享，然而由于企业对自身利益最大化的追逐必然导致企业会隐蔽部分私有信息，因此企业之间不可能达到信息完全共享。竞争合作关系即表达了这一观点，根据企业之间合作程度的差异，企业之间的信息共享度也不同。企业之间的合作程度越高，则信息共享度越高，企业之间达到完全合作（纵向一体化），则企业之间的信息完全共享；反之，企业之间的竞争程度越高，则信息共享度越低，企业之间达到完全竞争（市场交易），则企业之间信息不共享。

4）高层次的竞争

传统的竞争是一种零和博弈，结果往往导致两败俱伤。在竞争合作关系下，企业之间不但存在着竞争，而且还存在着合作。大量的企业实践证明，在既定利益冲突上建立的合作关系可以给双方带来整体更大的收益，即可以实现“双赢”。

5）全方位的竞争

竞争合作既是竞争的一种方式，也是诸多竞争方式的集大成者。一方面，它吸纳了多种竞争方式之长处，有利于企业的科技进步和对消费者需求的满足；另一方面，它又抛弃了某些竞争方式所存在的缺陷，可避免竞争的负面影响，从而使竞争合作方式更完善、更有效，既能使企业获得更多的利润，又能提高企业的知名度和美誉度。因此，竞争合作关系是一种全方位的竞争方式。

3. ERP 沙盘模拟中竞争合作的必要性

在 ERP 沙盘模拟演练中，由六个小组组成六个相互竞争的模拟企业，虽然各模拟企业相互竞争，但合作也非常重要。一个企业本身具有的内部资源是很有限的，如有的企业有强大的技术开发优势，但没有完善的市场销售策略；有的企业在品牌推广方面经验丰富，但缺乏快速反应的产能。在激烈的市场竞争中，一个企业必须充分地利用其他企业的资源，达到竞争优势的极大化，而“资源外包”是很重要的一种实现途径，即到企业之外寻求所需的资源。作为一种管理模式，资源外包具有协同、整合利用其外部最优秀的专业化资源，从而达到降低成本、提高效率、增强竞争能力、寻找机会、提高质量、提高效益和开拓市场的目的，是企业获得和保持竞争优势的重要工具。

7.2 ERP 沙盘模拟演练中学生易犯错误

虽说学生对该门课程非常感兴趣，投入的精力也比较多，但由于这门课程涉及许多综合经营管理知识，学生又缺乏实际的经验，再加上部分专业学生在财务会计和财务管理以及 ERP 原理与实施方面专业知识不足，导致在 ERP 沙盘模拟演练过程中，各模拟企业在模拟经营难免会出现一些问题。最早介入经营管理决策仿真实验室建设和从事此授课任务的一线教师在多年的合作授课中发现，虽然课题组授课课件和使用的沙盘、平台一样，但由于授课过程中把控的细节和要点不同，使得学生在运营规则接受、管理知识应用和问题解决方案制订等方面出现较大差异，不但影响了教学进度，还影响了教学效果和学习效果。现根据多年授课经验，从教师角度点明学生易犯错误及其原因（见图 7-12），以期提升 ERP 综合模拟实验教学质量和实训效果。

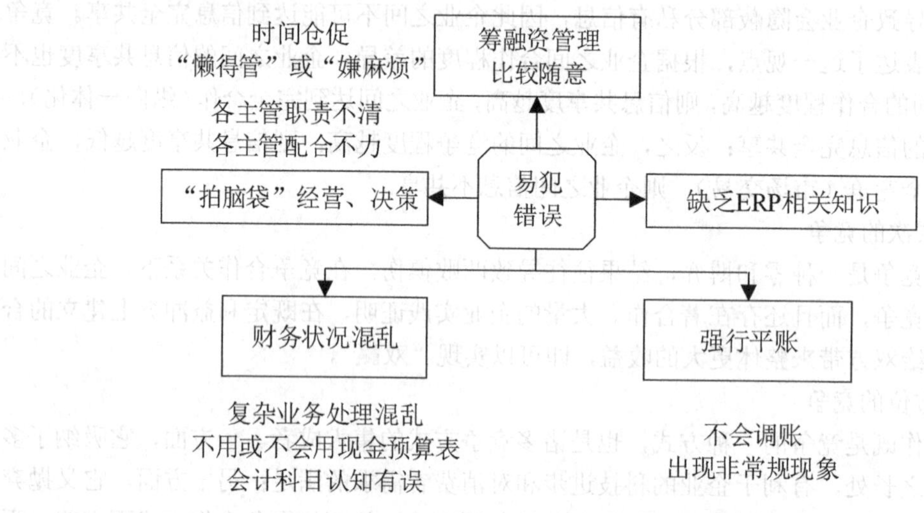

图 7-12 ERP 沙盘模拟演练中学生易犯错误和原因

7.2.1 “拍脑袋”经营、决策

在 ERP 沙盘模拟演练中，共有六个模拟企业同时在统一设定的沙盘对抗规则和市场竞争环境中进行为期六年的经营管理决策仿真模拟实训，每个模拟企业都由 5～6 名学生组成，他们分别担任首席执行官（CEO）、财务主管（可配有一名财务助理）、生产主管、营销主管、采购主管或信息主管（又称“商业间谍”或“信息情报员”），各主管在 CEO 带领下协同配合完成企业的生产经营计划与决策任务等，但在实际的模拟演练过程中，经常出现学生“拍脑袋”经营决策的现象。

1. “时间仓促”致使决策非理性、主观

由于缺乏对经营管理知识融会贯通的能力，部分学生在运营模拟企业时往往举棋不定、反复修改决策，再加上模拟企业经常会出现各种各样的问题而使得财务报表做不平而延误大量时间，还有模拟企业根据“商业间谍”获取的信息动态调整其经营计划和策略等使得进度延缓，上述所有现象都会导致模拟企业在每年规定的对抗演练时间内无法统筹并按时完成各项经营决策任务，在最后关头，往往只能做一个“差不多”的非理性的、主观的决策，造成决策的失误，影响企业后续的正常经营。

2. “懒得管”或者“嫌麻烦”

当模拟企业出现“懒得管”或者“嫌麻烦”等现象时，“拍脑袋”经营、决策的现象将更加明显，致使企业出现钱多时多花、钱少时少花、没钱时就不花的情况。例如，在进行广告费投放决策时，理论上应该仔细研判不同市场、不同产品的市场需求状况以及竞争对手的广告费投放策略后再制定本模拟企业的广告费投放策略。然而实际操作时，模拟企业往往会在第一年、第二年现金较为充裕时，投放较多广告费，为争取市场老大地位，甚至出现完全非理性状态；而在第三年、第四年现金紧张时，要么放弃已经获得的市场资格，不投广告费，要么投放最低广告费 1M 元。这种做法与模拟企业的产能、产成品库存等无关，毫无科学性、合理性。

3. 各主管职责不清

在 ERP 沙盘模拟演练中，学生通过扮演不同角色担任模拟企业的不同职位，如财务主管、生产主管等，虽然各主管的职责在开始组建团队时就已经很清楚地阐述了，但是，在实际的业务操作过程中，学生扮演的各位主管往往把任务混淆在一起，如采购主管帮助上线生产、营销主管帮助财务主管贷款和还款等，从而导致业务不清，致使出现现金库的现金和账面对不上、报表无法做平等一系列问题。

为了避免此种情况的出现，指导教师一定要在授课过程中严格要求每位学生各司其职，当然并不是要求他们互不配合。另外，沙盘盘面上不同颜色的币、不同任务必须要明确分配，从而使企业的经营业务操作明确、清晰。

4. 各主管配合不力

本章在一开始就分析了模拟企业中团队配合的重要性，并详细地阐述了生产主管、营销主管、采购主管以及财务主管之间沟通和协作的必要性。然而，在实际操作演练过程中，许多模拟企业的各个主管仍然配合不力，致使企业经营操作出现以下一系列问题。

1）订单违约

扮演市场营销总监的学生在拿订单时与生产总监配合得不好，致使生产剩余或者不能按订单交货，给企业的经营带来一定的影响。

2）现金断流

现金断流的原因主要在于现金预算没有做好，对此，许多模拟企业的各个主管很自然地就把责任归于财务主管。其实不然，如果生产主管、营销主管、采购主管等没有提供清晰的广告费投放策略和计划、主生产计划以及物料需求计划，财务主管就不可能做出比较

完善的现金预算，这样势必会影响财务主管对财务的筹资管理工作。

3）各主管之间的矛盾时有发生

虽然我们在开始讲解 ERP 沙盘模拟基础知识时就已经强调过我们并不赞扬“个人英雄主义”，然而，在实际演练中，仍有一些同学过于强势和独断专行或者成员相互指责和埋怨，致使团队不和谐，矛盾时有发生。在这种情况下，指导教师除了授课外，还应耐心地帮助学生解决问题，督促他们完成相应的工作任务。

7.2.2 财务状况混乱

在沙盘模拟演练过程中，除了起始年由指导教师带领操作外，其余六年都是由各模拟企业的 CEO 带领各主管共同完成生产运营。然而，我们根据多年指导经验发现，学生在实际执行 ERP 经营决策模拟对抗手册中的企业经营流程时经常会出现各种各样导致财务状况混乱的问题，具体表现为以下三个方面。

1. 不用或者不会用现金预算表

沙盘模拟演练中，部分模拟企业不做资金预算，仅仅是简单粗略地核算下资金需求，现金不够用时就贴现或者借高利贷等，没有事先进行资金筹划，更没有对融资的合理性进行考量。

根据以往的沙盘模拟演练经验，大多数模拟企业的财务总监都没有在每年年初进行现金预算表的编制，有的甚至在每年年末业务结束后才咨询指导教师是否需要编制年初的现金预算表。由此可见，有些学生根本不明白现金预算表的作用和意义。还有一种情况是财务主管的现金预算表做得不好，不能够做到事先控制，致使企业经常会出现资金断流或者到期不能偿还债务的情况，甚至面临破产。

以上主要问题可归结为以下三类。

（1）没有编制现金预算表。

（2）编制的现金预算表不准确，和实际脱节较为严重。

（3）企业没有严格按计划进行经营，导致实际严重脱离预算。

企业为了避免上述情况出现，导致面临现金断流的危险，应合理编制现金预算表。现金预算表的价值、作用及编制方法可参照第 3 章 3.3 的内容。

2. 复杂业务处理混乱

沙盘模拟演练中，各模拟企业之间经常会有业务的往来或者企业在正常的产成品买卖之外也会有其他复杂的业务要处理，对此不少财务主管不做记账处理，导致业务处理混乱，具体表现在以下几个方面。

（1）在变卖生产线时，对由于生产线净值和残值不等出现的额外损失和额外收入不做记账，出现乱记录会计科目的现象。

（2）在进行厂房出售时，收入入账但是没有进行相应的成本结转。

（3）模拟企业之间购买或出售成品时，不进行业务收入记账和成本结转。

以上这些问题都会导致财务报表做不平，而学生或由于缺乏专业的财会知识背景或由于缺乏实战经验，无法发现问题或解析其中缘由，导致将大量的时间都耗费在配平报表上，从而产生模拟企业的生产经营活动被迫暂停等一系列连锁反应。

3. 会计科目认知有误

部分学生由于在指导教师上课时没有认真听讲，使得对ERP沙盘模拟演练中的部分会计科目认知有误。在ERP沙盘模拟演练中，通常情况是许多模拟企业不能把账做平，账目混乱不清。

造成这种情况的主要原因是财务总监没有经验或财务知识不充足，不会实际应用，对一些会计科目含义的理解不清晰，对于部分发生的业务和费用不知道该怎样记账，致使做账时思路混乱、逻辑不清，最终做错账表或账目不平。

例如，在完成订单交货后，由于订单上是应收账款而非现金，部分学生就误认为没有进行实际货物销售而没有对此笔业务收入进行入账处理；还有的学生对于在建工程科目认知不清，不了解其是对正在建设还未投入使用的生产线价值的核算等，使得财务报表上的会计科目价值核算和记账非常混乱，财务报表一塌糊涂。

因此，作为指导教师，在进行初始状态设定时、起始年业务操作完毕进行财务报表编制时应按照3.1.2内容要求来授课，则绝大多数担任财务总监的学生都能够顺利地编制资产负债表和损益表。

7.2.3 强行平账

由于前述各种问题和现象的存在，六年模拟经营中，不少模拟企业的财务主管和财务助理把大量的时间用于做平报表上，而根本无暇顾及编制合理的现金预算表、制订融资计划以及资产的合理处置等业务，这些都给企业的后续经营造成了财务方面的隐患。

1. 不会调账

为不延误教学进度，指导教师一般都会规定一个时间节点，一旦超过这个时间节点，就会强行平账，扣除现金从而直接影响到现金流或者直接从额外支出中扣除影响到所有者权益的部分等。这些强行平账的做法都会直接影响模拟企业的经营业绩并最终体现在最后的实验成绩上。部分指导教师由于财务知识的缺乏也无法解析这其中的缘由，最后只能在额外支出等科目上强行进行调平，使得学生一知半解。教师若继续沿袭这一粗放简单的方式进行实验教学，教学效果会受到严重影响，也就无法真正实现理论知识和专业实践的融会贯通。

2. 出现非常规现象

沙盘模拟演练中一些非常规现象的出现也会使得财务报表频频出现问题，主要的表现形式有两种：一是实训中有学生不小心掉到地上一个币或者从地上捡到一个币随手放到沙盘盘面中而没有告诉财务主管；二是下课时，个别学生看哪个模拟企业经营得好或者发展前景不错，出于竞争心态或者恶作剧心理，经过这家模拟企业沙盘盘面时会随手拿走一个币。这些都会使模拟企业的财务主管无法配平报表且百思不得其解，反复推导和反思而延误大量时间。

7.2.4 筹融资管理比较随意

企业资金的合理筹集离不开企业的高效管理和合理决策。合理的决策就是企业要组织好人力、物力、财力、信息等，充分发挥资金效益，获取最合理的投入产出率。在此过程中，对企业财务的管理是极为重要的一部分工作，同时也是企业运营的关键环节之一。在 ERP 沙盘企业经营模拟的过程中，有效的筹资决策会使运营企业敏锐地洞悉资金短缺前兆，以最佳方式筹措资金，最终将资金成本控制到较低水平，管好、用好资金。此外，筹资决策还会为运营企业的重大决策，如设备投资、产品开发以及 ISO 认证等提供财务信息支持，这也是筹资决策在 ERP 沙盘模拟中具有重要作用的体现。

然而，财务管理知识的欠缺使得学生不能够合理地筹集资金，对什么时候该申请长期贷款、短期贷款或进行应收账款贴现以及借高利贷等没有详细的规划，使得筹融资管理带有很大的随意性。为了合理地进行筹资决策，财务总监可遵循如下步骤。

（1）年初编制现金预算表，进行财务预测，合理确定资金需要量。

（2）合理选择融资方式。

（3）合理确定资金成本。

（4）合理确定筹资比例及数额。

（5）确定企业最佳的融资方案，合理规划资本结构。

ERP 沙盘模拟中不同类型贷款的资金成本及财务风险对比情况如表 7-4 所示。

表 7-4 不同类型贷款的资金成本及财务风险对比

贷款类型	资金成本	财务风险
高利贷	最高	较高
资金贴现	较高	较低
短期贷款	最低	最高
长期贷款	较低	最高（偿还期最长）

在准确地预测出企业资金需要量的基础上，模拟企业可以通过对不同融资方式的定性与定量分析，明确企业可选择融资方式的筹资数额及其占总筹资额的比例，制定出最佳的筹资方案，构建科学的资本结构。

7.2.5 缺乏 ERP 相关知识

ERP 即企业资源计划（enterprise resource planning）的简称。企业资源包括厂房、设备、物料、资金、人员，甚至还包括企业上下游的供应商和客户等。企业资源计划的实质就是如何在资源有限的情况下合理组织生产，力求做到利润最大、成本最低，可以说，企业的生产经营过程也是对企业资源的管理过程。ERP 利用最新的信息、科学成果，根据市场需求对企业内部和其供需链上各环节的资源进行全面规划、统筹安排和严格控制，以保证人、财、物、信息等各类资源得到充分、合理的应用，实现信息流、物流、资金流、增值流和业务流的有机集成，从而达到提高生产效率、降低成本、满足顾客需求、增强企业竞争力的目的。

ERP 沙盘模拟课程的展开就是针对一个模拟企业，把该模拟企业运营的关键环节中的战略规划、资金筹集、市场营销、产品研发、生产组织、物资采购、设备投资与改造、财务核算与管理等部分设计为 ERP 沙盘模拟课程的主体内容，把企业运营所处的内部环境抽象为一系列的规则，参与者组成六个相互竞争的模拟企业，通过模拟企业六年的经营，使参与者在分析市场、制定战略、营销策划、组织生产、财务管理等一系列活动中参悟管理规律，提升管理能力。ERP 知识的不足会使得部分学生不能很好地制订主生产计划、物料需求计划和采购计划，最终使得模拟企业的经营效果欠佳，分数不理想。因此，学生需要充分理解 ERP 的意义所在，其相关知识与具体计划的编写可参照第 1 章内容。

7.3 ERP 沙盘模拟演练中学生易违规环节

在 ERP 沙盘模拟演练过程中，六个模拟企业的业务经营并不完全同步，所以，在模拟企业演练过程中，仅仅依靠 1～2 名指导教师来进行监督和规范业务的操作比较困难。因此，在监督不到位的情况下，学生进行业务操作时可能会出现各种各样的违规现象，如许多采购主管并未根据主生产计划、物料清单、库存记录编制详细的物料需求计划，有时甚至会忘记下达采购订单，在原材料不到位的情况下，模拟企业极有可能出现“停工待料”的情况，而采购主管为了不影响生产，则往往在监督不到位的情况下直接购买原材料。

现根据多年沙盘模拟演练指导经验，从指导教师角度点明学生易违规环节和原因（见图 7-13），希望学生在模拟演练中能够避免。

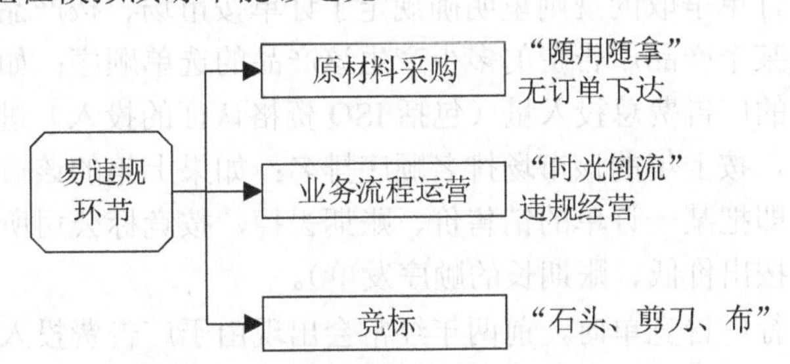

图 7-13 ERP 沙盘模拟演练中学生易违规环节和原因

7.3.1 原材料采购环节

根据沙盘对抗规则可知，R1 和 R2 原材料的采购提前期为一个季度，R3 和 R4 原材料的采购提前期为两个季度，这就要求采购主管能够根据模拟企业的生产计划进行原料订单的下达，否则就会出现“停工待料”现象而给企业带来不必要的经济损失。模拟演练中，如果采购主管能够执行和分析到位，其所在的模拟企业六年中完全可以实现原材料的零库存。然而，后续经营环境的日益复杂和模拟企业年度经营计划、经营过程的不断调整给原本并不复杂的采购计划制订增加了难度。实践中，不少采购主管忘记下达原料订单或者所下达原料订单的数量不准确，致使原料短缺，出现“停工待料”现象。如此，在指导教师无法监督到位的情况下，就会出现采购主管“随用随拿”原料的违规现象。另外，若原材料出现库存积压，也会占用模拟企业本来就非常紧张的现金，给财务主管制订融资计划和策略增加难度。

7.3.2 业务流程运营环节

为便于学生进行季度、年度的企业经营，指导教师会下发 ERP 经营决策模拟对抗训练手册，里面列有详细的企业经营流程并要求学生严格按顺序执行各项业务操作，但由于指导教师不能做到对每一个模拟企业实时监督，使得个别学生不按规范的业务流程进行运营操作。例如，学生在进行手工沙盘模拟操作中，当进行到年中或年末发现现金不够或者产品生产研发不合理等问题时，往往会推倒重来，从第一季度开始重新谋划企业的经营，出现“时光倒流”现象，并且这一“时光倒流”现象在手工物理模拟沙盘演练中普遍存在。

另外，在模拟企业经营业务时，学生还会违反产品研发规则以及生产线的投资或转产规则。例如，沙盘规则中明确规定了 P2 产品的研发周期为 6Q，这就意味着如果某模拟企业从第一年的第一个季度开始研发此产品，第二年的第三个季度才可以开始生产，但在模拟演练过程中，个别学生要么是确实没吃透规则，要么是明知故犯，为了产品能够快速生产下线，多拿订单，就会在第二年的第二季度开始生产，不严格按照企业经营流程进行操作，同样的现象也发生在新生产线投资等方面，这将严重破坏市场竞争环境的公平公正。

7.3.3 竞标环节

有关销售会议与订单争取的规则里明确规定了订单按市场、按产品发放的选单排名顺序，即第一次以投入某个产品广告费的多少产生该产品的选单顺序；如果该产品投入广告费一样，按本次市场的广告费总投入量（包括 ISO 资格认证的投入）进行排名；如果市场广告费总投入量一样，按上年的该市场排名顺序排名；如果上年的该市场排名顺序相同，采用竞标方式选单，即把某一订单的销售价、账期去掉，按竞标公司所出的销售价和账期决定谁获得该订单（按出价低、账期长的顺序发单）。

在各模拟企业进行广告竞单时，前两年经常会出现由于广告费投入相同等需要进行竞标选单的情形。然而，在巡视和参观一些沙盘模拟演练课堂时发现，极个别老师为图省事儿或在学生的建议和强烈要求下，采用“石头、剪刀、布”的方式竞单和解决争议。竞单原本是让学生明白为了获取市场订单所要付出的代价和意义，使其深刻体会博弈和竞争等在现实中的残酷和精彩之处，而这一游戏化的做法却极度弱化了 ERP 沙盘模拟演练的效果。

然而，要想给每一个小组配备一名监督人员（仅指授课和培训，比赛除外）也不是很现实，而且这样做势必会影响到竞争的公平性。在这种情况下，指导教师应尽可能详细地给学生讲解规则要求，并给出处罚和奖励措施，从而让学生自愿遵守规则和要求。在以后的 ERP 综合模拟实验授课中，作为指导教师，还应更加积极地探索 ERP 沙盘模拟演练课程的教学方式，实现企业经营管理实验教学形式的多样化，真正实现以学生为中心的开放式教学思想，授课中应更加督促学生对 ERP 沙盘模拟演练进行整体把握和全面理解，使学生真正地深刻体会到如何借助 ERP 的管理思想和理念来提升企业竞争力。

7.4　模拟企业主管感悟及点评

下面是根据以往指导学生进行 ERP 沙盘模拟演练的情况收集的比较有特色的主管对沙盘模拟演练的感言，内容涉及各主管对其所担任角色的工作任务完成情况的反思、总结的经验和教训，希望为大家提供有价值的借鉴参考。

7.4.1　CEO 感悟及点评

1. 某模拟企业 CEO——陈刚感悟

不得不承认，在本次实训开始之前，我对本次 ERP 实训并没有太大的兴趣，因为之前仅听说过 ERP，并没有主动地深入了解过，也不知道自己能够做成什么样子。经过三天的实训之后，我对 ERP 的了解更加深入，也真正地喜欢上 ERP 了。总的来说，通过本次实训，我的收获主要有以下几点。

1）温故知新，学以致用

本次实训实际运用了很多我们之前学过的知识，如财务会计、财务管理、市场营销学、市场预测与统计、广告学、税收学、技术经济学、物流管理等众多课程的知识，通过本次实训可以将以前学到的理论知识融会贯通，学以致用。

2）整合知识，团队配合

本次实训使我认识到在企业的实际经营管理中，资源的整合尤为重要。在此次实训中，我们要整合我们学到的知识，整合各位总监的才能和意见，整合市场信息，整合其他团队的生产经营信息，从而保证企业的正常运转。

3）立足实际，放眼未来，统筹全局

企业在经营过程中要有明确的规划，知道自己现在拥有什么资源，想要达到怎样的效果和目标，如何筹划自己的目标，这就需要立足于企业的实际情况，统筹全局。

4）稳中求发展

面对未知的市场和激烈的市场竞争，企业应一步一个脚印，在稳中求生存、求发展。

点评：

该小组的 CEO 通过此次沙盘模拟演练确实认识到了管理和经营一个企业的关键点所在：一是深刻体会了知识的融会贯通在本次演练中的重要性；二是认识到团队配合以及人尽其才的效果；三是能够结合自身公司实际状况制定发展规划。然而，该小组在整个经营过程中并未灵活运用所学过的管理方法和工具，公司的整个运营过程相对比较死板，且公司在制定发展规划以及做出决策时没有考虑信息在整个过程中的重要性，没有体现出信息的价值、作用。

2. 某模拟企业 CEO——尚慧亮感悟

经过为期三天的 ERP 沙盘模拟演练，作为小组的 CEO，我深感公司经营的艰辛、市场的无法预测，也了解了打广告的技巧、生产运营策略以及资金预算的重要性等。

第一年，为了企业以后的发展，我们在公司所有者权益最多时贷了较多的长期和短期借款，主要把这些现金用于扩大生产线、投放广告费和公司日常现金支出等项目，并且研发了 P2 和 P3 产品，开拓了区域市场、国内市场和亚洲市场，第一年总体的现金支出很多。

第二年是比较惊心动魄和充满危险、充满挑战的一年。记得第二年年末总结当年利润和权益时，我们有一种濒临破产的感觉！当时，权益只有 8M 元，既不能取得长期贷款，也不能获取短期贷款，资金链条随时可能断裂。经过考虑，我们在第二年第一季度出售了大厂房，获得了 40M 元现金，以维持第三年的经营，这个决定最终挽救了我们公司。

第三年，公司的经营状况已经有了明显的好转，现金流也连上了，并且在本地和区域市场均已经取得市场老大的地位，前景一片大好。但是，后来我们和其他小组合作销售了一部分 P1 产品，还把大部分信息透露给了对方，导致我们在这一年丢掉了市场老大的地位。现在才发现这个决定虽然帮了别人，却损害了自己公司的利益。总结出的教训是我们太“善良”，以为拿到了市场老大，就得到了“天下”。

第四年，我们的亚洲市场已经开拓完毕，其他小组还没有进入这个市场。并且，第二年时，我们已经决定不再生产 P1 产品，主打 P2 和 P3 产品。这一年我们虽然丢掉了本地和区域市场老大的地位，但成了亚洲市场老大并且有 ISO 9000 的认证，P2 和 P3 产品的利润也比较高。另外，我们租用了小厂房，以全力生产，为最后两年做准备。

第五年，本年的广告费和生产都跟上了，订单也较多，没有出现积压产成品的现象。现金也很充足，P2 和 P3 产品的毛利比较高，我们公司决定再投资一条生产线，争取在第六年多投广告、多拿订单。

第六年，本年感觉很不爽，因为我们打了比较多的广告，订单却拿得很少，还失去了亚洲市场。归根结底，这一年的广告打得很失败。

总之，我们小组成员争执过许多次，也有过很多分歧，但我们最终挺了过来，合作得比较成功。收获的不仅是团队合作经验，还有和其他团队合作的经验。

点评：

该小组的 CEO 对自己公司经营的情况做了比较详尽的回顾和分析，也体会到了生产运营策略和资金预算的重要性等，该公司在已经取得本地市场和区域市场老大地位的次年同时丧失两个市场的老大地位确实非常可惜，原因在于广告费投放策略以及订单选取策略严重失误。另外，需要说明的是，和其他小组进行合作本身并没有错误，但关键是要进行良好的协商和谈判，以实现共赢的局面。同时，在与其他企业进行合作交流时，要注意自身企业关键信息的保密性，以免损害企业自身利益。归根结底，共误的原因在于 CEO 没有做到根据企业的实际情况，结合对竞争格局的全面分析，利用企业内外部信息制定企业自身的发展战略，由于没有一个明确的发展目标和方向，致使公司经营相对比较混乱，效果不太理想。

7.4.2　营销总监感悟及点评

1. 某模拟企业营销总监——李艳感悟

对于 ERP，我是刚开始接触，所以感觉有些摸不着头绪，对整体的局势把握不准。在短短的三天里，经过老师的认真讲解，我充分地了解到一个生产企业的运营流程，从采购、生产到销售、财务，每个部门的工作都是紧密相连、环环相扣的。各个主管在独立完成自己工作任务的同时，又要注意和其他部门主管的联系，每个主管都要发表自己的意见，相互沟通，发挥团队合作能力，有计划、有步骤地完成企业的战略目标。我在团队中担任营销总监的职务，负责做市场预测、投放广告费、获取订单。做了营销总监之后，我对这个职位有了新的认识，销售不只是卖产品那么简单，还需要做更多的工作，具体有以下几点体会。

1）对市场的分析要透彻

要了解市场的动向以及未来的发展趋势，必须参考上年市场的各种产品的销售情况以及投放广告费的情况，结合市场预测报告，分析不同年份不同产品在不同市场上的价格和需求，要结合企业自己已开发的市场和已有的产品寻找能使销售额最大化的产品市场。同时，也要考虑产品未来的发展变化，制订好企业未来的发展计划，必要时可以适当地放弃一些盈利少的产品。

2）选择在合适的时间开发新产品

我们组在这方面做得有欠考虑，因此直接导致了我们小组的产品选择失误。我认为第一年必须投入资金研发 P2 和 P3 产品，因为通过逐渐发展，P1 产品的价格越来越低，市场份额也越来越少，最后两年必然会淘汰 P1 市场。

3）第二年广告费的投放对于公司来说至关重要

老师在刚开始时就着重强调了打广告的重要性，对于投放广告费，投得多不如投得巧，要避免恶性竞争。投放广告费一定要适当，要用有限的费用争取拿到足够的订单。之前，我们没有做好充分的调查准备工作，因此投放广告费时没有目的，导致盲目地投放，浪费了资金。最主要的问题是我们一直都局限在自己的小组里，缺乏与其他小组的沟通，没有充分了解其他对手企业的产能和市场情况。第一年的广告费投入还算正常，我们获得的订单也算合理，因此我们花费了 15M 元来打开区域市场。但是由于我们在第二年对自己的产能估算失误，造成了产能不足和违约问题，而且丧失了市场老大的地位，使公司的运营陷入了僵局，导致了后几年的恶性循环。

4）要理性地获取订单

年初订单的选择直接关系本年企业的运营状况，因此，我们一定要谨记，选取订单时一定不能只追求数量。如果订单数量和企业生产能力不匹配，很容易造成企业资金链断裂，应将账期短和账期长的订单相结合，保证资金流的畅通，要做到这些的前提是生产主管能提供本年的产能表，结合账期，必须保证及时收回资金，弥补资金短缺。

短短的三天，我感觉自己的收获特别大，让我感受尤其强烈的是团队合作的力量，只有每个人（每位主管）各司其职且相互协作、沟通，才能发挥组织的真正作用。同时，我对营销主管这一职务也有了很深刻的理解，产生了极大的兴趣，这对我以后的工作也产生了极大的影响。

点评：

该同学能够意识到在经营开始时研究市场预测报告的重要性，并且注重分析不同年份在不同市场上不同产品的价格差异和需求差异，实为难得。然而，因为没有认识到信息的重要性，更没有分析整个市场的竞争格局状况，导致该小组不了解其他小组的经营动向，对广告投资策略意向的把握有失偏颇，使得广告费投入产出比不是很理想。除此之外，作为营销主管，还应该意识到品种发展策略对一个公司来说至关重要，公司要想求得更好的发展，必须在开发产品的基础上拓展市场，以争取更多、更好的订单。与此同时，可以考虑与其他企业进行合作，从而扩大销售渠道。

2. 某模拟企业营销总监——柯逸然感悟

三天的 ERP 沙盘模拟实训让我对 ERP 沙盘模拟有了深刻的认识。以 ERP 沙盘模拟生产企业的营运流程时，要求采购、生产、销售和财务各部门沟通、协作，根据市场预测、企业的生产能力来制订企业的生产计划，各部门密切合作，共同实现企业目标。

我在我们小组中担任营销总监角色，营销总监需要做好产品生产前的市场调查、预测，分析各种产品在本地市场、区域市场、国内市场等的需求状况，同时分析其他竞争对手的经营策略；根据公司发展战略，辅助 CEO 在本地市场、区域市场、国内市场、亚洲市场和国际市场中选择符合企业战略的目标市场，制订市场开发和产品研发计划；在了解市场需求和竞争情况的基础上，负责与各部门沟通，在保证资金运转正常的前提下，协助 CEO 确定下一年的广告投入费用。

首先，分析市场时要足够全面，应考虑经营环境的复杂性、多变性。P1、P2、P3 和 P4 这四种产品在不同的市场上，其价格和需求量均不同，我们要放弃利润少的产品，开发新产品，在守住本地市场的情况下，开发区域市场、国内市场，我们企业从第三年开始盈利就得益于合理的市场选择。

其次，要理性投放广告费和选择订单。分析市场后，要制定合理的发展战略，以引导企业的运营。广告费投放要谨慎，不能盲目求多，不能为了获得市场老大地位过多地投放广告费，要做到准确、恰到好处，不浪费任何资金。投放广告费后，要合理地选择订单，考虑自己的生产效率、生产水平，考虑订单上产品的种类、数量、价格和账期，要保证资金的流动水平，争取零库存，同时不要冒险违约。

最后，产品交货时应结合订单账期。生产出的产品要交货时，同样也有学问。要认真分析交货订单的账期，根据企业现金流动情况选择合适的交货顺序，避免因交货不合理而无法及时获取应收账款，导致现金短缺。当无法按照订单要求及时交货时，可以考虑向其他企业求助，从他人那里购买产成品，但要充分考虑对方的价格合理性，考虑违约成本，考虑市场老大地位，综合多种因素，做出最明智的决策。

点评：

该同学能够认识到充分研究市场预测的重要性，并且注重研究其竞争对手的经营策略，以发挥信息的价值和作用，能够做到理性地投放广告费和选择订单，必要时能够充分地与其他公司进行合作，以实现合作共赢的局面。但该学生有些混淆了营销主管和 CEO 的职责，其对自己担任的营销主管一职的主要职能并没有完全弄清楚。营销主管的职责是进行市场调查和分析，根据市场预测研究报告研究不同年度在不同市场上的不同产品的价格、需求量和发展趋势，选择合适的市场进入策略，从而结合自己公司经营的实际情况，制定企业的广告费投放策略和合理的销售计划，同时要做到每年结束后能够进行有效的绩效分析。

7.4.3　生产总监感悟及点评

韩雪同学是某虚拟企业的生产总监，下面是她经过了六年模拟生产经营之后的感言。

第一年，我们组经过分析第二年、第三年、第四年的市场需求预测，决定研发 P2、P3 产品，同时生产 P1 产品。但由于第一年没有打好广告，订单很少，虽然材料实现了零库存，但是由于没有销路，造成 P1 产品大量积压，进一步导致第二年现金极度短缺。

第二年，我们改变生产策略，P2 产品研发成功后，我们根据营销总监拿回来的订单，立即利用新开发的全自动生产线、柔性生产线生产 P2 产品。通过借高利贷，我们才得以勉强支撑度过第二年，材料也实现了零库存，但是 P1 产品仍然有积压。

第三年开始，订单数量增多，但是由于生产能力过剩，产品依然面临积压的风险，这时我们想到了与其他小组合作，将产品卖给生产力不足但订单较多的小组，适当分配利润，实现了双赢。这一年，资金依然短缺，只能靠高利贷继续支撑。

第四年，在投放广告费之前，我们决定与 C 组合作，他们是市场老大，但是生产能力不足，而我们的生产能力较好，但是抢不到订单，现金也短缺。在这种情况下，我们公司利用 C 组市场老大的地位，由 C 组多拿订单，我们供给货源。这样 C 组既能不违约，又能保住市场老大的地位，同时获取一定的利润，而我们也可以解决库存积压，缓解现金短缺的局面。同时，在亚洲市场，C 组帮我们代销 P1 产品（此时 C 组已经不生产 P1 产品），这样他们还可以保住市场老大的地位，我们也有收入，再一次实现了双赢。

第五年，我们当上了两个市场的老大，也拿到很多订单，再加上产能较好，因此我们公司主要生产利润较高的 P2 和 P3 产品。这不仅使原材料实现了零库存，产品库存积压也很少。因此，这一年的销售形势较好，净利润大幅度提升。

第六年，我们开发了国际市场，拿了不少该市场上的 P3 产品订单。两个季度后，我们收回了大量的资金，紧接着又购买了小厂房。

总的来说，作为生产总监，经过咨询老师和自己研究，我学会了利用生产计划及采购计划表组织每一季度的生产，不但使每一季度的材料需求总量、生产资金总量一目了然，也可以清楚地反映每一季度上线、下线的产品。

点评：

该同学作为生产主管，做得比较突出的地方是在自己企业的广告费投放和订单选取不理想的情况下，能够积极地选择和其他企业进行合作，从而扩大自己企业的销售额，这是值得借鉴和表扬的地方。但是，该企业在第一年铺的摊子过大，不仅研发了各种产品，还建设了大量的生产线，且多为全自动生产线和柔性生产线，在企业资金预算做得不是很理想的情况下，这种做法致使该企业从第二年就开始借高利贷来维持资金流转。作为生产主管，她的主要工作就是根据营销总监反馈的市场信息报告，决定研发什么产品、何时开始研发产品、建设什么样的生产线、何时开始建设生产线等一系列有关生产活动的决策，她应该把企业产品的研发管理和生产能力紧密结合起来，同时还要考虑编制生产计划对于后续的采购计划和财务计划、资金筹措的重要作用，以平衡生产能力，做好产成品的库存管理。

7.4.4 采购总监感悟及点评

王家明同学在某虚拟企业中担任采购总监一职，下面是他在沙盘模拟演练之后的感言。

ERP 沙盘模拟讲究的是战略、战术。团队内部要协调、合作，同时还要顾及竞争对手的情况。原材料 R1 和 R2 要提前一个季度订货，原材料 R3 和 R4 需提前两个季度订货，对于这些情况，千万不能含糊，否则就会延误生产，进而延误交货。如果延迟交货就得交违约金，市场老大的地位也极有可能不保。作为采购总监，要与财务总监做好配合，财务总监每年都要做财务预算，所有款项都要一清二楚。另外，采购与营销的联系也非常密切，营销每年年初投放广告费、拿订单的情况都会决定我们采购多少原材料，这些环节都是环环相扣的，牵一发而动全身。

实训中很棘手的问题包括什么时候下原材料订单、什么时候购买和要购买多少。我们小组起初主打 P1 和 P2 产品，后期随着 P1 产品价格的下降，我们逐步调整为主打 P3 产品。在第四年，我们采取与其他小组合作的方式，取得了双赢，因此，竞争合作关系也是制胜的关键。

点评：

该同学担任采购主管一职的突出表现在于能够和生产主管、营销主管密切配合，能根据公司的生产计划，考虑原材料 R1、R2、R3 和 R4 原材料的提前期下达采购订单，确保在合适的时间提供适当数量的原材料，既使得企业不会出现“停工待料”的情况，也不会因原材料库存积压而占用过多的资金。但是，该采购主管在工作中过于被动，完全被生产计划牵着鼻子走，主要原因在于：沙盘模拟演练虽说很好地结合了实际企业的运营流程和操作等，但毕竟只是模拟，很多因素都得以简化，如原材料价格不变、原材料随时都充足供应待售等，这些都简化了采购主管的工作。但在实际中，原材料的价格会有波动，采购主管应根据原材料价格波动情况决定是否需要留有存货等，同时需要和财务主管进行沟通、协作等。

7.4.5 财务总监感悟及点评

1. 某模拟企业财务总监——李明感悟

为期三天的 ERP 沙盘模拟实训结束了，下面我将对我们小组的这次全过程经营进行分析。在此次模拟中，我担任财务总监这一角色，主管整个小组的财务分析，包括现金需求计划的制订、长期贷款和短期贷款的使用。其中，对现金的运用要保证现金流稳定，这是使企业稳定运行的重要保障。

起始年是由老师带着做，感觉并不是太难，但到后来做起来发现举步维艰。在第一年，我们主攻 P1 产品，通过长期贷款和短期贷款开发了区域市场、国内市场和亚洲市场，投资获取了 ISO 9000 资格。虽然开发了 P2 和 P3 产品，但是放弃了更新生产线，造成了第二年现金匮乏、产能提不上、P1产品积压过多。这一经营做法造成了后期现金资源的匮乏、P1产品积压过度，第一年亏损28M元。

第二年，由于第一年的过于激进和偏颇的决定将直接造成第三年的现金短缺，短期贷款无法偿还。因此，通过讨论，公司决定在第二年把厂房卖掉，为第三年的运营提供足够的现金。本年由于广告费投放的失误，拿到的订单极少，产品积压过多，加上每年还要投资进行产品的研发、市场的开拓等，造成流动资金周转困难。总体来说，造成这种情况是因为公司考虑得不够周全，不能完全熟悉业务运营流程，尤其是财务报表总是做不平，频频出现错误，导致在对账方面花费了大量的时间。这一年，企业到了生死存亡的关头，此时亏损达到30M元。

第三年，由于收回了出售厂房的资金，现金能够维持正常运营。这一年，我们吸取前两年的教训，通过精心筹划，合理投放广告，拿到比较理想的订单，将积压的库存全部售出，盘活资金，最终扭亏为盈，净利润为10M元，所有者权益也开始逐渐上升。而且我们在这一年拿到了本地市场和区域市场的老大地位，因前景一片大好，我们做出了投资新生产线的决定。

第四年，在本年的生产当中，市场扩大，产品种类增多。我们用较少的广告费获取了较多的订单，广告投入产出比非常理想。并且，通过合理的现金预算，每个季度的现金需求量均能满足，销售收入达到了历年最高——161M元，净利润达到了39M元。

第五年，本企业的广告费投放越来越理性，拿到了销售总额为315M元的订单，并取得了亚洲市场老大地位，并且逐步淘汰了P1产品，主攻P2和P3产品。在这一年的业务运营中，连续两个季度现金几乎断流，但是，通过合理的现金预算和资金筹措，最后保障了现金流的稳定。

第六年，由于广告费投放失误，我们失去了市场老大的地位，产品虽然全部卖出去了，但是很多生产线停工。虽然通过贷款买回了大厂房和小厂房，生产线全面铺开，但是已不能继续生产，现金剩余过多。

在这六年的经营里，我们的企业经历了从濒临破产到稳步发展的过程，目前拥有10条生产线和大、小厂房，以后的发展势头一定会更好，发展潜力比较大。通过这次实训，我了解了企业管理和经营的难度，尤其是现实中面临更多不确定性因素，难度将会更大，这次演练让我学到了很多，以后有机会一定会再次参加，以更好地进行理论和实际的结合。

点评：

该同学通过此次ERP沙盘模拟演练深刻地认识到了现金预算和资金筹措对于公司的重要性，对于其以后的工作会有很大的帮助。但是，对于此次的沙盘模拟实训而言，他明白得有些晚。作为财务主管，其在公司中的职责任务非常繁重，在没有财务助理的情况下，工作时容易顾此失彼。从该小组的运营状况可以看出，该财务主管仅仅完成了财务会计的任务，仅仅是对日常发生业务进行记录和对年末资产负债表、利润表进行制作，然而其制作的财务报表总是不能满足会计恒等式的要求，操作失误较多。其实，作为财务主管，最为重要的职能就是要完成财务管理的工作，首先就是每年年初的现金预算，根据预算明确资金需求，从而完成企业融资策略的制定，确定贷什么款、贷多少、何时贷款等一系列问题，杜绝资金断流的现象。另外，作为财务主管，每年还应及时地进行财务分析，把有用的信息反馈给各部门主管，方便他们制定更为合理的决策。

2. 某模拟企业财务总监——迟伊宁感悟

我在企业中担任财务总监一职，掌管现金与记账。

现金的流转是一个很重要的问题，我们在第一年没有贷足够的款，再加上第一年和第二年又在极力扩大生产线，提高产能，导致资金短缺，一直处于被动的地位，被迫放弃了两条全自动生产线的开发，同时也暂时放弃了 P2 产品的研发。在第三年，我们看到了一点儿曙光。由于我们生产了较多的 P3 产品，在别的小组开始全力竞争 P2 产品订单时，我们投放了不多的广告费便拿到了较多的 P3 产品订单，使得第三年内的销售收入大幅度增长，让我们看到了希望。但在第四年，由于资金不足，同时也由于产品过于单一，我们没有拿到足够的订单，使我们的产能过剩，收入急剧下滑，还承担着高昂的利息费用。就是在这一年，我们的亏损极为严重，最终导致了企业破产。

在财务记账上，我们企业一直比较顺利，没有为报表不平而烦恼过，省去了很多麻烦。总结我们破产的原因，主要有四个：第一，在第一年能贷到款时没有贷足够的款，后来资金短缺，想贷款却已无法贷款。由于一直受到资金短缺的困扰，开发新产品、开拓市场、投资新生产线都受到限制。第二，产品过于单一，由于没有资金，P2 产品的研发只能暂停，导致后来拿不到更多的订单，没有足够的销售收入。第三，生产线的建设不太合理，第一年投资了一条全自动生产线和一条柔性生产线，第二年又投资了两条全自动生产线，资金压力过大，让我们的财务状况雪上加霜。第四，广告费投放策略过于保守、乐观，忽视了市场竞争很激烈也很残酷的现实。

通过这三天的学习，我们早已把结果看淡。在沙盘演练过程中，我们一直把这个模拟企业看作我们自己的企业，为它付出了很多。对每一个决策、每一步生产，我们都小心翼翼，竭尽全力使它能成长、扩大。但由于缺乏经验，结果不尽如人意。通过这次沙盘模拟，我们学到了很多知识和技能，在老师的指导下，我们真切地明白了共赢的重要性。

点评：

虽然该模拟企业在第三年就破产了，但是有一点值得表扬：该组同学在财务知识和经验极度匮乏的情况下，通过指导教师讲解，财务报表每年都能做正确，实属难得。从该同学作为财务主管的感言可以看出，其现金预算和融资筹措做得不好，致使企业资金一直处于极度短缺状态，最终因现金断流破产。作为财务主管，很重要的一个职能就是在每年年初根据本公司的各项计划做出四个季度的现金预算，以此为依据进行资金的筹措。那么，何时贷款、贷什么样的款、贷多少等一系列问题即可获得解决。如果第一年贷足够多的贷款，但只是放在现金库里而不加以投资使用，只是给银行做贡献交利息的话，绝对不是明智之举。

7.4.6 大赛获奖人员感悟分享

1. 山东省省赛一等奖——薛雨桐感悟

本篇感悟主要为我的比赛思路及一些技巧分享。

在沙盘模拟演练时，要时刻记住一句话："钱只有用起来了才能生钱。"每场比赛胜利的关键就在于你是否在保证资金链不断的前提下把钱花到了极致，最后赢的人基本都是走大产能路线，这就需要大家勤于预演、不怕计算，因为只有计算好了，才敢花钱（当然，如果是新手场的话，很可能不破产就是前几名了，把握不好的同学走小产能路线也可以，但是小产能有可能跟不上折旧、利息这一系列的费用导致破产，总而言之，必须要为方案做预演推算）。

值得一提的是，不要太看重沙盘的分工，一个好的沙盘手必须可以自己完成一场比赛，到你可以自己完成一场比赛的时候，你才算是真的学会沙盘操作了。

接下来我从拿到规则开始理一下我的比赛思路及注意点，希望对大家有所帮助。

每场比赛开始前大家会收到规则，第一步就是看规则与你之前记忆中的内容是否有区别，规则经常有非常多的变化，这一点一定要注意，任何一点变化都可能影响整场比赛的决策。

第二步是根据规则和市场情况确定方案。这件事说起来简单，但我往往要花上一整夜的时间来做。产品的选择会决定你是在一个拥挤的产品市场，还是在一个相对广阔的产品市场，从而决定你的广告费投放以及销售情况；而对市场的分析可以了解是否能赚钱、能赚多少钱，从而预测确定的方案是否可行。如果想获得好成绩，一定要多选择几个方案进行预演，内容不仅要包括做什么产品，还要包括建什么生产线、选什么厂房。

方案预演可以使用 Excel（示例见图 7-14），将规则等做到表的函数里，用一个半自动的表格来预演会让你事半功倍。预演时的销售情况我是按经验预测的（如在某个市场我投了可以拿两次单的广告费，我一般就预测能在这个市场卖 5～6 个产品；若投了拿一次单的广告费，我一般预测可以卖 3 个产品），售价按给出的市场情况中该产品在该市场的平均价格算。预演时切忌太理想，以免实际操作时经不得风险。

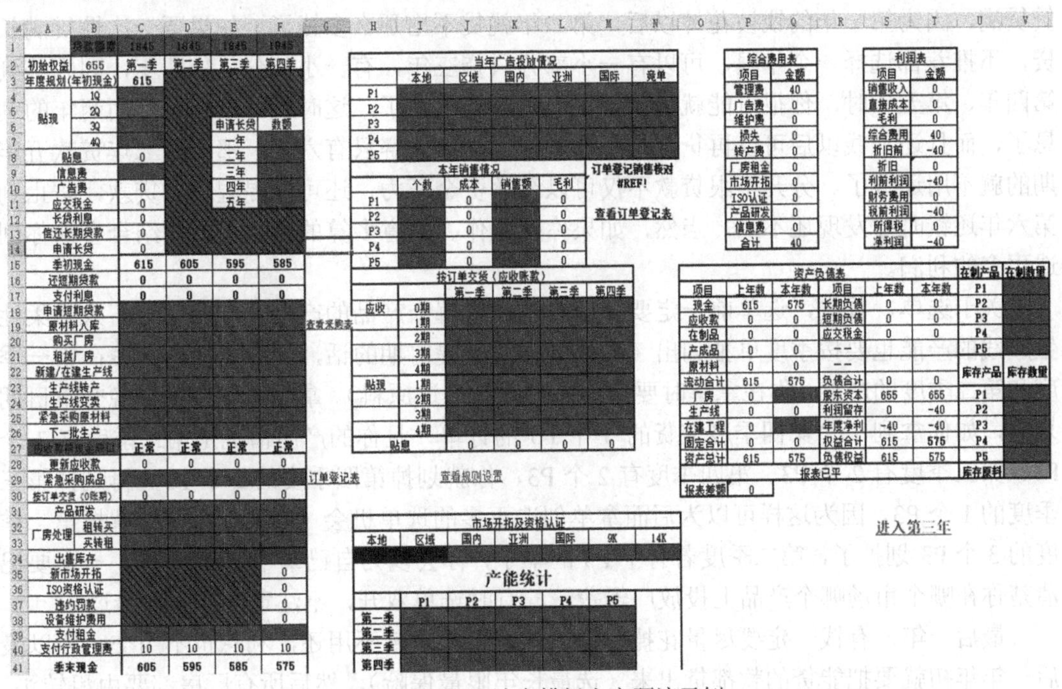

		第一季	第二季	第三季	第四季
[illegible]		1845	1845	1845	1845
初始权益	655	第一季	第二季	第三季	第四季
年度规划(年初现金)		615			
贴现	1Q				
	2Q				
	3Q				
	4Q				
贴息		0			
信息费					
广告费		0			
应交税金		0			
长贷利息		0			
偿还长期贷款		0			
申请长贷		0			
季初现金		615	605	595	585
还短期贷款		0	0	0	0
支付利息		0	0	0	0
申请短期贷款					
原材料入库					
购买厂房					
租赁厂房					
新建/在建生产线					
生产线转产					
生产线变卖					
紧急采购原材料					
下一批生产					
[illegible]		正常	正常	正常	正常
更新应收款		0	0	0	0
紧急采购成品					
按订单交货（0账期）		0	0	0	0
产品研发					
厂房处理	租转买				
	买转租				
出售库存					
新市场开拓					0
ISO资格认证					0
违约罚款					0
设备维护费用					0
支付租金					
支付行政管理费		10	10	10	10
季末现金		605	595	585	575

申请长贷	数额
一年	
二年	
三年	
四年	
五年	

当年广告投放情况

	本地	区域	国内	亚洲	国际	竞单
P1						
P2						
P3						
P4						
P5						

本年销售情况

	个数	成本	销售额	毛利
P1		0		0
P2		0		0
P3		0		0
P4		0		0
P5		0		0

订单登记销售核对
#REF!

查看订单登记表

按订单交货（应收账款）

		第一季	第二季	第三季	第四季
应收	0期				
	1期				
	2期				
	3期				
	4期				
贴现	1期				
	2期				
	3期				
	4期				
贴息		0	0	0	0

查看采购表　订单登记表　查看规则设置

综合费用表

项目	金额
管理费	40
广告费	0
维护费	0
损失	0
转产费	0
厂房租金	0
市场开拓	0
ISO认证	0
产品研发	0
信息费	0
合计	40

利润表

项目	金额
销售收入	0
直接成本	0
毛利	0
综合费用	40
折旧前	-40
折旧	0
利前利润	-40
财务费用	0
税前利润	-40
所得税	0
净利润	-40

资产负债表

项目	上年数	本年数	项目	上年数	本年数
现金	615	575	长期负债	0	0
应收款	0	0	短期负债	0	0
在制品	0	0	应交税金	0	0
产成品	0	0	——		
原材料	0	0	——		
流动合计	615	575	负债合计	0	0
厂房	0		股东资本	655	655
生产线	0	0	利润留存	0	-40
在建工程	0		年度净利	-40	-40
固定合计	0	0	权益合计	615	575
资产总计	615	575	负债权益	615	575
报表已平					
报表差额	0				

在制产品	在制数量
P1	
P2	
P3	
P4	
P5	
库存产品	库存数量
P1	
P2	
P3	
P4	
P5	
库存原料	

市场开拓及资格认证

本地	区域	国内	亚洲	国际	9K	14K

产能统计

	P1	P2	P3	P4	P5
第一季					
第二季					
第三季					
第四季					

进入第三年

图 7-14　ERP 沙盘模拟方案预演示例

通过对多个方案的预演（一般至少预演三年），选择一个资金流不会断的、收益最高的方案即可。当然，比赛过程中仍有不确定性因素，如竞争对手选什么产品，所以建议预留一些资金作为补充广告费，必要时根据实际情况调整方案（如减少生产线新建、产品不上线等）。

第三步就是比赛了，切记操作要谨慎，尤其是用网页沙盘时，千万不要错点、漏点。比赛时要记现金流，按实际现金流修改预演的现金流，时刻关注未来现金流是否会出现问题。

最后我想提出一些建议，供大家参考。

关于市场，如果资金充裕，建议从第一年开始全面开发市场，因为正常规则下，优秀的队伍到后期的产能都是非常大的，如果市场没开发够就可能导致库存积压，打乱比赛节奏。当然，如果预演时发现少生产才能多得利润，就可以少开发市场，不过这种情况极少出现，多是由于没有做好规则审核。

关于 ISO 认证，一般情况下，也是第一年开始就全面开发，不过第二年开始开发，问题也不大。

关于厂房，如果买了或者租了一个小厂房，要改成大厂房，需要先把里面的生产线都拆了，这非常不划算，所以买或租小厂房前一定要想好，如果确实预测未来两年也建不起更多的生产线，可以弄个小厂房建生产线来赚钱。是租厂房，还是买厂房，要看你的方案最初对钱的需求是不是很多，如果一开始要建很多生产线，建议还是租一个厂房；如果用不了那么多钱，则可以买一个厂房，贷款买一个厂房也不亏，因为就算是长贷，10%的利息的话，借 400 万元买个大厂房，每年还 40 万元利息，与 40 万元租金是一样的，短贷或者不贷就更划算了。

关于贷款，不要舍不得，基本上大家都贷款，而且有很大一部分人在第一年就会把长贷贷满，因为第一年的钱被花掉以后，第二年就贷不出那么多钱了。如果要一次性贷满长贷，不推荐都选择一个年限，可以有一小部分只贷三年，有一小部分只贷四年，因为等到第四年、第五年时，你很可能就盈利较多，可以还上钱了，这时就可以省去后面两年的利息了，而且还上钱以后可以再贷出来。要知道，如果比赛只有六年，那么第二年贷款五年期的就不用还钱了。分开年限贷款不仅可以缓解资金压力，还可以提醒你有贷款，防止到第六年还钱时才发现还不上。当然，如果你会操作、愿意多算的话，长短贷结合会为你创造更多的利润。

关于选单，首先，选单前一定要算好每个季度每个产品的产量，并分开写下来，柔性生产线的产能也要按季度单独列出（如果原材料有提前期的话，针对柔性生产线在第一季度和第二季度的产能，你在拿单时要想好是否提前订过原料）。拿到单以后按最晚交单日期划掉，如你拿到 1 个第四季度交货的 3 个 P3 的订单，且你的产出情况是第二季度有 3 个 P3、第三季度有 2 个 P3、第四季度有 2 个 P3，你就划掉第四季度的 2 个 P3，再划掉第三季度的 1 个 P3，因为这样可以为后面拿单创造更多的选单机会（如果你一开始就把第二季度的 3 个 P3 划掉了，第二季度若有个 P3 的单子，你会以为自己拿不了）。其次，一定要记清楚你在哪个市场哪个产品上投放广告费了，有时选单双开，不注意的话容易错过。

最后一年，有钱一定要尽量花掉，这一年，年初贷款不用还，利息也不用交，所以最后一年年初就要把能贷的款都贷出来（选最长年限最保险），然后所有厂房都要由租转买，因为拥有厂房是可以加分的。有可以建生产线的地方就建上，但不能建需要四季建成的，因为如果从最后一年第一季度开始建，到年末是不算建成的。如果有钱想多算分的话，可以倒数第二年最后一季度就开始建（如果倒数第二年没钱，需要租厂房或者贷款，就不用建了）。能研发完的产品都研发（需要五季及以上研发时间的，可以倒数第二年就开始），能开发完的市场都开发(基本市场在前几年就开发完了),因为产品研发和市场开发都算分。

我对 2018 年省赛赛场内的一个条幅的印象很深刻：生死看淡，不服来战。

祝你们也和我一样喜欢上沙盘，能够乐在其中！

2. 山东省省赛一等奖——李国栋感悟

本篇感悟主要是关于沙盘的经验、思想。

很幸运能在这里写一篇关于沙盘的感悟，从大一到大三，我们见证了山东省新道杯从商战到约创的改变。这个圈子很小，小到省赛时发现大家都是熟人；这个圈子很大，大到谁都不敢说自己是绝对的“大佬”。

下面说一些简单的个人见解，关于如何制定经营策略，其实很简单，就是把握好规则和市场。任何方案都是基于规则和市场而制定的，没有万能方案一说。

接下来分享一点儿自己的经验，希望看到的小伙伴能少走点儿弯路。

1）预则立，不预则废

这个游戏中，预算非常重要，先做预算再操作。

2）财务是核心

市场、生产、采购全是围绕着财务展开的，要练好基本功。

3）熟知电子沙盘的整个操作流程

要熟知每个阶段可以操作哪些业务（这一点非常容易被忽视，我曾经在省赛中因为对退租操作不熟悉导致小崩盘）。

4）有了好方案，也不要掉以轻心

对于重要的比赛，大家都会事先推演方案，推演下来能做（指可以做到第一）的肯定有好几套方案，那么“胜负手”在哪里？在于临场正确操作、细节操作和一点儿运气（没错，就是运气，这个游戏玩得再精，也算计不透人心，特别是第二年、第三年的广告）。

5）要做好沙盘，自身的基本功是第一重要的

算清自己的采购期、生产期、财务期、交货期是基础，然后要考虑长短贷贴现组合的财务节流、预采购、转产的产能等，做到这些的选手就算迈入沙盘模拟的中等行列了（这个一点儿不夸张,各种省赛选来比赛的都是每个学校选出来的优秀选手,虽然基本功扎实,但实际上能把自己这一块完全算清楚的很少,就算前三名的选手也可能出现小失误)。再进一步，就是算清对手。间谍看研发、生产线、库存和采购，然后算清楚同产品竞争对手的产能(这关系着选单和特殊年度的竞单会,没算清对手的产能不可能在竞单会上发挥出来,顶尖的沙盘团队应能算清对手每一季度的产能，包括转产的变化)，做到这一步已经是高手中的高手了，换句话说，就是最为有力的竞争选手。最后是沙盘的最高境界——打扰和控制对手,也就是通过选单会,特别是竞单会,用自己的举动去影响对手,干扰对手的思维,迫使对方低价倾销产品甚至直接压库存。

基本玩精了,在基本功扎实的情况下,“胜负手”就是两点:运气(开局的产品挤不挤;广告费，如你出 35，他出 36，你正好没单，这都是一些经常出现的问题）和微操（特别是前三年，要在短时间内通过财务计算节省费用）。

其实沙盘的有趣之处正是因为市场是不可控的，临场不确定性太大，考验瞬间计算能力，拿单时只有 30～60 秒的时间，你要快速判断这张单能不能拿（数量、交货期，如果做了预采购，那么多出来的数量能完成吗？如果再考虑转产和二级产品，如 P1—P4、P2—P5

的规则，瞬间计算量是相当大的，如果是我碰到需要靠二级产品转产增产能的单就“投降”了，这也是我个人不能更进一步的原因，能力真的有限）以及竞单会的违约竞单等。

玩沙盘最关键的就是市场和瞬间的判断力，而不是所谓的方案。这个要切记，很多人都把重点放在方案上，这绝对是走错路了。

简单地总结了一下经验，关键还是：多做、多反思！沙盘就像一个游戏，是一个悟道的过程，通过一次次比赛，我们能在比赛中发现自己的性格缺陷，然后改正。这也是沙盘吸引我的一个地方，在比赛过程中，自己有很多人性潜在的弱点都暴露出来了，之前一直没重视。

最后用一句很喜欢的话结尾：无沙盘，不青春。

3. 山东省省赛一等奖——王支璐凯感悟

经历大大小小的比赛，深感企业沙盘模拟经营最重要的就是赛前准备，而所有的准备都是依据当次的比赛规则而来的。很多时候，规则的一点点变化都会导致比赛策略发生翻天覆地的变化。一般而言，我会根据规则准备几种方案，有些会激进一些，有些则会较为稳健。最后，再通过反复的比较和小组成员的商议决定最后比赛所用的经营策略。

赛前的准备工作一般分为战略规划、筹资规划、产品选择、产能控制和广告费投放等几个方面。

1）战略规划

对企业经营进行长期的战略规划是获得胜利的关键因素，重中之重的就是对资金的规划。资金规划的依据是企业的各项收支，资金收入包括长短贷借款收入、销售收入和固定资本变卖收入（有时也可借入高利贷），资金支出包括研发支出、生产支出、固定资本支出、利息支出、租金支出、广告宣传支出等。企业的收支情况是生产线选择、研发产品选择、租购厂房选择、市场开拓选择等一系列决策的综合结果，选择低端产品、低端生产线，短期资金回笼速度必定会快些，但缺乏后劲；高端产品和高端生产线的组合也必将使企业经历一个残酷的“寒冬”。

作为 CEO，要做到时时刻刻对企业的资金状况了如指掌，详细规划企业的资金筹集和应用，在资金不断流的情况下，尽可能地提高资金的使用效率，降低资金的使用成本。如厂房的租赁问题，在经营中期时，我们经常要考虑厂房转租为买的问题，租赁费用在很多时候都是综合成本的大开支，如果买下厂房，就可以节省一大笔钱。但是如果当年现金流安全，并且有信心拿下更多的订单，企业不如把购买厂房的资金用作建造更多的生产线，多获取的利润或许要比租赁费用更高，当然其中还涉及需要多投入广告费的问题，规划时需要多加注意。

2）筹资规划

企业模拟经营的筹资方式在比赛中大多只有长期贷款和短期贷款两种，长期贷款年利息为短期贷款年利息的两倍，贷款的额度与企业上一年的权益相关。我们在比赛的过程中会选择长短贷相结合、全长贷、全短贷三种贷款方式，而根据个人的喜好不同，方式会有较大差异。风险偏好者多会选择全长贷的贷款方式，以降低前期的资金压力，扩大生产规模；风险规避者一般会选择全短贷或长短贷相结合的方式，以控制资金成本，根据资金收入状况实时调整生产规模。我大多会根据市场规模和队伍数量来选择筹资方式：当市场总产品数量与队伍数量的比值较大时，将以长贷为主；当市场总产品数量与队伍数量的比值较小时，长贷和短贷比例将大致相同。

3）产品选择

产品研发的选择是经营模拟比赛的关键点之一，选对产品，比赛可以说已经赢了一半。比赛中共有四五个可供决策者选择的产品，不同的产品有着不同的研发周期，研发周期越长，单个产品的利润越高。产品的选择受到生产线、研发周期、原料供给、产品毛利率、产品市场规模等多方面因素影响。低级的产品，研发周期短，可以更快地投入生产，资金回笼速度更快；高级的产品，代表近期可供销售的产品数量较少，将承担更大的资金压力，但产品毛利率高，企业扩张速度快。在经营初期，我一般会选择研发三种产品，低端产品和高端产品相结合，规避单一产品产量过大而产生的销售困难问题，降低现金流方面的压力，让低端产品的收入成为高端产品生产的成本。

4）产能控制

比赛中，生产线一般有柔性生产线、自动生产线、半自动生产线、手工生产线、租赁生产线五种。五种生产线各有各的优势和特点，要根据规则的不同去合理地选择生产线。可以选用大量手工生产线开局，以占据较大市场份额，压缩其他队伍的生存空间，再慢慢向柔性生产线和自动生产线过渡；也可以直接选择少量的柔性生产线和自动生产线开局，稳中求胜。但应该注意的是，手工生产线开局对于计算的要求比较高，要多加练习，尽量减少失误。

5）广告费投放

在企业沙盘模拟系统中有五个市场，分别是本地市场、区域市场、国内市场、亚洲市场和国际市场，开发的时间和费用依次增加。我们要有选择性地去开发市场，必要时可以放弃一个市场，将更多的广告资金集中投放于一个市场，从而取得合适的订单。

风险有多大，收益就有多大。风险大而收益小的决策是失败的，我们反复进行赛前模拟就是为了避免这种决策，寻找到风险相对小而收益相对高的决策。要了解到的是，相同的策略在规则相同的、不同的对局之中会产生完全不同的经营结果，可能会使你遥遥领先，也可能会让你早早出局，没有必要因为一次失利就否定自己的策略。企业沙盘模拟经营终究是一场人与人的博弈，即使是身经百战的“老”手，也有失策的时候。当你参与到这个模拟游戏之中，你就要明白失败是常事，摆正心态才能走向成功。

在比赛中时，决策者一定要学会随机应变，随时对战略进行微调，除非万不得已，切勿临时改方案，手足无措的感觉会让你失去对整个模拟游戏的把控，从而一步错而步步错，这也体现着赛前准备的无可替代的关键作用。此外，不仅要熟悉自己企业的情况，还要去考虑其他公司的情况。决策者要观察本次模拟中其他企业的生产产品类型和产能，从而有根据地调整本企业的产能和广告额度，争取用最少的广告费投放得到最高的收益。

每次模拟比赛结束后，一定要做好赛后的总结，匡正得失。失误的地方，要找到原因，要确保下次不会发生同样的失误；而决策困难的地方，要不断地去优化方案或借助更加方便的工具，给出明显的关键信息，方便决策。

4. 山东省省赛二等奖——胡蓝霄感悟

大家都知道，CEO 是连接全队的各个队员的桥梁。首先，CEO 要打造融洽的团队关系，充分发挥每个成员的才能，并将他们紧密地团结在一起。其次，CEO 是全队的最后一道屏障，需要一直保持清醒并且能做到随机应变。当团队出现问题时，CEO 一定要稳住，然后赶紧安抚队员的情绪，让大家重新振作起来；当团队一帆风顺时，CEO 要戒骄戒躁，不能大意失荆州。最后，团队的经营策略也是要通过 CEO 来决策的。不同的人有不同的性格，所以选择的战略是各不相同的，但是有些东西是不变的，ERP 是需要精确计算的，无论做任何的决策都要有数据做支撑。

下面就结合我们的比赛经历详细阐述上述的 CEO 的三大职能。

有句话是这样说的：我们不是最好的，但是我们可以努力让最好的选择我们。在最初学校的 ERP 比赛中，我们五人是专业剩下的还没组队的人，大家就这样走到了一起。我们一直都不被看好，但最后拿到了校赛的第一名。在校赛的过程中，随着彼此了解的加深，团队的气氛也越来越好，我们也争吵过，不过每次争吵后，我们会更加团结。

可惜我们在省赛中没有一直这样良好地发展下去。比赛中，开始的两年我们一直觉得很顺利，并且顺利地争到了区域市场的老大，却没有发现期初决策的重大错误，一直到第三年时，错误才显现出来。第三年，我们在期初规划损失几个贴现费用，从而扩大产能，建两条全自动生产线。可惜这个规划错误百出，财务助理算错了应收账款，财务计划比实际多贷 20M，以至于我们在第三年中现金断流。现金断流后，大家都乱了，没时间修改计划了，影响了全队的情绪。这时候我没能及时地稳住大家，到最后，我们那年的贴现费用花了 17M，以至于严重影响权益，从而对后面经营也带来了困扰，直到第五年才达到我们预期的第三年的水平，致使我们处处慢别人一拍。

同时，在沙盘模拟比赛过程中，一定要注意细节。上次学长们忘了按订单交货，所以我们一直谨记这条，不过其他地方还是有错误，我没转产就开始下一批生产，以致原材料出现问题，加急采购了。还有一次，我忘记了下原材料订单，幸亏有人提醒，才赶上使用，那一次，我们全队的心都猛地跳了一下。

可见，CEO 一定要稳住大家的情绪，使团队的气氛保持和谐，使团队的经营活动稳步向前，而且要切记不要错点或漏点。

下面谈谈决策，一切决策都要有数据支持，这就需要全队人员提供准确、充分的数据。谨记“四拍”：拍脑袋决策，拍胸口保证，拍大腿后悔，拍屁股走人。决策时经常面临的一个问题，就是和别人的博弈。经过这次省赛来看，大部分团队的方案都是一般的方案，即利润最高的方案。上次的比赛规则中，P4 产品的利润最高，故 P4 产品的竞争最为激烈。而我们选择了利润平均的 P2 产品和 P3 产品，避开了残酷的竞争，这个产品的组合应该是合适的。但是，这次的比赛初始权益是 70M，我们就是在权益变化后初始方案还是没有变，买了小厂房，致使以后上生产线很受限制，所以最后输在了产能，市场老大也丢掉了。

还有就是我们没有参加过竞单会，所以没什么经验。如果你留有库存的话，竞单会是订货会后最后的机会了。不过，竞单会的作用不仅如此，比赛中有个队竞了一个 6 个 P3 产品的订单，P3 产品的生产成本是 4M，而其销售价格达 11M 之高。竞单需要课间能够统计好每个队的产能和库存并做好计算，得出现在还剩多少产品。当大家都没有库存时，那你就可以大大地赚到一笔钱了。

最后送上 ERP 制胜公式：获胜=精确计算+博弈+不犯错误。

5. 山东省省赛二等奖——卢庆感悟

我作为营销总监，下面跟大家分享一下我的心得和体会。

1）第一年是否抢市场老大

对于是否抢市场老大，我个人比较倾向去抢一下。因为你要保证能够把你的产品都尽量销售出去，如果你不去抢市场老大的话，你就很难拿到好的订单，自然也就不能保证你的销量。对于如何去抢，有不同的策略，先要决定是抢本地市场老大还是区域市场老大。一般来说，本地的竞争压力比较大，所以去抢需求量比较小的区域市场应该比较明智，因为最大的订单不仅能够满足你的销量，还能够有效地保证你的市场老大地位不被别人抢去。

如果不去抢市场老大的话，采取分散的广告策略也行，不过必须得把本地市场和区域市场都开拓了，而且每个市场产品所投的广告费也得看情况而定。

2）市场老大

市场老大在投广告费时，对于需求量相对较大的 P2 产品、P3 产品或 P4 产品最好投 3M，以免有人“偷袭”你的市场老大地位，而且如果有第二次选单机会，你可以选取一张单价比较好的订单。

3）非市场老大

在有市场老大的市场里最好打价格差，即投广告费时以 2M、4M、6M、8M 为主。

4）认证广告

自第四年起，认证必须要投相应费用。

5）广告费投放技巧

在投放广告费时，一定要综合各个小组的产能及市场老大的情况。如某一年，本地市场中，A 组是市场老大，其产能是 8 个 P2 产品、12 个 P3 产品、8 个 P4 产品，而 P2 产品、P3 产品、P4 产品的总需求分别是 12、15、6，那么我们可以分析预测市场老大会在 P2 产品上投 1M 或 3M，P3 产品上投 3M 或 P4 产品上投 1M 就够了。同时，经过我们的估算预测，其他各小组中，唯有 B 组能有多余的 5 个 P2 产品，那么 E 组肯定是接散单，所以，我们采取的广告投放额度是 3M 或 4M。

下面，我还想重点谈一下和广告费投放有关的市场分析、产品分析、广告分析以及选单分析等。

1）市场分析

（1）本地市场：兵家开局必争之地。前三年，P1 产品、P2 产品价格上涨，四年之后价格下滑，前三年可以为后期积累大量的资金，缓解贷款高利息所带来的压力，建议争夺，积压产品对前期资金短缺发展非常不利。市场老大不是 1=1 的关系，是 1=1+1 的关系，一次广告争夺成功=两次主动占据市场龙头。

（2）区域市场：开发期短、市场需求量最大，三年后价格明显下滑，可以在前三年赚取足够的利润后，在第四年退出。

（3）国内市场：该市场的成型时期与 P 产品的开始期极其接近，也正是 P2 产品的成熟期，此市场利润很大（相对 P2 与 P3 产品来说）。

（4）亚洲市场：开发时间长，P 产品的成熟期，有 ISO 认证要求，但是利润远远大于申请认证所花费的资金，此年可以放弃区域市场的争夺而转向亚洲市场。

（5）国际市场：P2 产品、P3 产品、P4 产品的价格一般，但是 P1 产品的价格极大程度地回升，要想争夺此市场，至少要留 1 条 P1 产品生产线。

（6）确定目标市场：企业的资金主要用在两个方面，即生产和市场。二者不仅此消彼长，而且一损俱损，所以只能协调发展，并不是单纯“以产定销”或是“以销定产”。生产与市场应该“两手抓，两手都要硬”！

在市场方面，应结合企业的生产能力，至少在一个市场上取得市场老大地位。而企业欲取得市场老大地位的市场应作为目标市场来细心经营。如何经营？应该达到以下两个目标。

（1）以最低费用维持市场老大地位。

（2）市场与生产不能脱节，最好不要出现违约行为。

而其他非目标市场可作为策略性的市场，其作用主要表现在以下两个方面。

（1）作为目标市场的替补市场，一旦在预期的目标市场上未能做到市场老大，应迅速调整以便在策略性市场上寻求市场老大地位。

（2）根据产能需要进行调节，产能较大而目标市场较小时，部分产品在策略性市场上销售，而当目标市场与产能一致时，可适当放弃策略性市场，仅投入市场维修费即可。

2）产品分析

（1）P1 产品：成本低、前期需求量大。因为无须研制，所以前两年无疑就是 P1 产品的争夺战。主要销往三个市场：本地市场、区域市场和国际市场。

（2）P2 产品：成本不高、需求量稳定，研制周期短。倘若第一年本地市场老大位置没争夺到，可以利用提前开拓 P2 产品来争取区域市场老大位置。在第三年之后，可以由 P2 产品向 P3 产品转移，继而争夺国内甚至亚洲市场老大位置。

（3）P3 产品：利润高、研发成本高，可以作为后期压制对手与翻盘的一把利剑，建议在第三年后主要生产 P3 产品来压制研发慢的企业。可以说，谁控制了 P3 产品谁就能控制国内与亚洲市场。

（4）P4 产品：研发成本高、研发周期长。虽然说利润不菲，但是要求高，可销售时间不长，只有两三年销售期，一般不建议研发 P4 产品。

3）广告分析

广告费的多少可以从以下角度考虑。

（1）如果观察到对方放弃大量产品的生产而在拼命攀利润，广告费不宜过多。

（2）如果发现其他团队都在大量囤货，可以避其锋芒，保单即可；也可以大胆压制，消耗对方的广告费，哪怕比第 2 名多投广告费。利润不在于所赚的毛利润有多少，而在于与对手拉开的差距有多远，压制是一种保本并逼迫对手因急躁犯错的战术。

4）选单分析

在选单时，不仅要考虑订单上的价格和数量，还要看清楚上面的交货期和账期，尤其是交货期。如果只顾着拿订单的数量而忽略交货期，导致最后交不了货而违约，就得不偿失了。违约不仅仅要失分，还会失去市场老大，后果就严重了。

不管是根据产量选单，还是根据选单去定生产，在前面选单时，能选就选，在前面把单选够，不要抱有侥幸心理，想看后面是否还有好单给你选，而且在选单前要看看你有没有第二次选单的机会。

本章小结

本章主要对 ERP 沙盘模拟演练过程中的关键点内容进行了详细的阐述和分析。首先，分析了模拟演练中的关键点，指明了团队组建、沟通与协作的重要性，分析了模拟企业经营的本质，阐述了信息的价值和作用、投资决策的不确定性，并说明了应利用信息及时调整企业的经营发展策略，同时强调了竞争合作的重要性。其次，总结了在 ERP 沙盘模拟演练中学生经常犯的错误，如各项主管职责不清晰、盲目地投放广告费、现金预算管理不善、财务报表频频出错、筹资决策管理比较随意、缺乏 ERP 相关知识、各总监配合不力、可能存在各种违规经营操作等一系列问题，并给出了相应的解决办法和措施，希望给没有经验的指导教师提供有价值的借鉴参考，同时重点给学生以启发，使其在沙盘模拟演练过程中避免发生错误和违规情况以影响实训效果。最后，根据 ERP 沙盘模拟演练情况，请各位同学就所担任的不同角色进行了感言分享，指导教师做了点评，希望将来要做 ERP 沙盘模拟实训的同学可以借鉴经验和吸取教训。

第 8 章　ERP 沙盘模拟演练教学关键点控制

【学习目标】

✧ 明确经济管理类专业的实践需求
✧ 确定 ERP 沙盘模拟演练的教学关键点
✧ 明确指导教师的指导要点
✧ 掌握提升教学或培训效果的方法或技巧
✧ 总结、提炼沙盘模拟教学授课的最佳流程

本章针对目前 ERP 沙盘模拟演练过程中学生的易错点和易违规环节，以提高 ERP 沙盘模拟演练教学质量和教学效果为切入点，从指导教师角度确定实训前、实训中和实训后的教学关键环节和关键点并加以优化控制，提出先“由账到实”再“由实到账”的教学策略，引导模拟企业践行“先生存再发展”的发展理念，并让学生深刻体会动态博弈决策、竞合作用以及团队协作等管理理论和管理思想的模拟应用，使学生更加深刻地理解管理的艺术在于驾驭信息等管理本质问题，实现虚拟仿真实验教学的虚实结合以及趣味性与严肃性的结合。

8.1　管理是一种实践

管理是一种实践，其本质不在于知，而在于行。管理学科属于应用性学科，要培养出合格的管理人才，不仅要重视专业理论知识的传授，更要注重实践能力的培养，让学生通过实践了解和掌握企业的经营管理决策过程，进而加深和促进其对所学专业理论知识的吸收和理解。管理学科的研究对象为企业或社会组织，但是，实际教学很难直接利用一家真实的企业作为实践或实验的对象，这就使得经济管理类（简称经管类）专业在实验实践教学方面与工科专业相比一直比较薄弱。

8.1.1　传统实习实践的“看”和“听”

尽管各高校经管类专业采取各种办法和途径进行实习、实训、模拟、课内实验和课外实践相结合的多元化实践教学，然而，由于受到实习实践场所、内容、方式以及师资力量

和教育经费等方面的限制，许多高校开展的实验实践的效果并不理想，学生们仍然无法深刻地理解和参与企业的经营管理决策过程，无法实现理论知识和专业实践的一体化融合。不少高校经管类专业学生的实习，尤其是认识实习，往往停留在“看”和“听”（即参观和听讲座）的阶段。不同专业的学生有不同的“苦衷”，具体如下。

（1）由于记账凭证、财务报表等具有高度准确性和严谨性，会计学专业学生不能前往企业进行实际的会计业务处理和操作，而只能在校进行模拟演练。

（2）财务管理专业学生无法前往某个真实企业，依据其真实的财务会计业务信息等进行筹融资管理、营运资金管理、资产投资或处置管理以及利润分配管理等业务操作。

（3）工程管理专业是新兴工程技术与管理交叉的复合型学科，考虑人身安全等因素，专业认识实习往往只是戴着安全帽前往现场观看甚至只能远眺现场的实际业务操作。

（4）信息管理与信息系统专业学生的实习多局限于在参观企业的同时聆听企业信息化建设概况等，根本无法真正参与到实际的企业信息化建设中或者软件企业的系统开发与设计及信息系统的实施过程中。

8.1.2　虚拟仿真实现“做”中“学”

依托虚拟现实、人机交互以及数据库等技术而构建高度仿真的虚拟实验环境和实验对象的虚拟仿真实验教学项目为学生能够在高度仿真的企业竞争与市场环境中模拟企业生产经营和决策过程提供了良好的载体，从而得以实现真实实验不具备或难以完成的教学功能和人才培养目标。沙盘演练法和虚拟仿真法已成为企业应对复杂多变的竞争环境的主要动态模拟方法，其中，游戏化的多角色博弈商业模拟实训作为一种有效的实践教学方法在各高校悄然流行。自21世纪初，各高校就纷纷与知名软件企业（如国内企业用友、金蝶公司和国外企业Oracle、SAP公司等）开展合作，按照社会经济管理真实运行状态和环境建设仿真模拟实验室，增设经营管理虚拟仿真实训实践课程，让学生在虚拟仿真环境中开展实验，通过“做”来“学”，达到专业所要求的认知与实验实践教学效果，部分填补了经管类专业实践教学空白。

传统的ERP教学多侧重于抽象的理论知识讲述和单调的软件操作与演示，由于设定软件参数和业务较为复杂，加上没有实际的企业经营管理经验，学生在利用软件进行实际业务处理时往往容易迷失在复杂的软件操作之中，无法体会ERP对企业运营所发挥的真正作用。同时，真实的市场环境和竞争环境是千变万化的，富有经验的管理者是会根据企业内外部环境的动态变化，及时地对企业的内外部资源进行统筹规划和合理调配的。另外，前人的成功经营决策和管理经验虽然可以给人以借鉴和启迪，但这样的经验在复杂多变的市场竞争环境中是无法复制的，不可能代替具体的管理实践活动，而ERP沙盘模拟演练课程则为学生提供了一个良好的企业仿真模拟经营决策实训平台。

通过仿真模拟手段，ERP沙盘模拟把企业经营所处的内外部环境抽象为一系列的规则，由学生组成六个互相竞争的模拟企业，通过模拟企业六年的经营，使学生在分析市场、制定战略、策划营销、组织生产、管理财务以及管理ERP流程等一系列活动中感受真实的市场环境，激发学生的创新思维，使其把所学的理论专业知识与实际存在的问题紧密联系起来，同时使学生意识到所学的管理知识具有解决实际问题的价值，从而激发其学习兴趣，加深其对专业知识内容的理解，最终达到深刻理解 ERP 管理思想、掌握管理技能、提升管理素质的教学目的。ERP 沙盘模拟演练课程凭借极强的体验性、互动性、实战性、竞争性、综合性、有效性的特点，正被各类院校的相关专业所认可和接受。

8.1.3 沙盘模拟是经管类专业实践的核心内容

目前，我国高校经管类专业比较流行的沙盘实验主要是 ERP 企业经营沙盘模拟实验，已有上千所学校以此为基础开设了 ERP 沙盘模拟课程，有的高校也将其称为经营管理综合模拟实训、企业经营决策模拟实训、ERP 沙盘模拟演练、ERP 沙盘综合模拟实验等，虽然课程名称不同，但内容实质是一致的，即目前国内经管类专业普遍开设的培养应用型人才的特色实验课程。我校自 2002 年开始就与用友公司合作，引入高度集成的用友 ERP-U8 生产制造系统、用友 ERP 物理沙盘模拟和 ERP 电子沙盘模拟系统等开展“三位一体”的 ERP 实验教学体系，并在经管类各专业中开展了 ERP 沙盘模拟综合实验教学。然而，由于专业背景的差异性以及本科认识实习多限于参观和讲座，学生实际参与企业经营管理过程的经历和经验严重不足，这使得 ERP 物理沙盘模拟实验仍是整个 ERP 综合模拟实验教学体系的基础和核心内容。

ERP 沙盘模拟实验不同于一般的以理论和案例为主的管理类课程，该课程涉及企业战略、产品研发、市场营销、生产运营管理、生产能力规划、物料需求计划、资产投资规划、财务经济指标分析、团队协作与建设等多个方面，通过直观的沙盘展示各模拟企业的运营操作和经营管理状况，将复杂、抽象的企业经营管理理论与实际模拟操作紧密结合起来，让学生深刻地体验到企业经营决策的理论和方法在企业经营中的关键作用。通过构建虚拟的企业经营管理平台，可以对同一课程中的不同知识点、同一专业不同课程的知识点、不同专业不同课程的知识点进行联系与综合，启发学生去发现问题、提出问题，使学生在接受专业知识教育与专业技能训练的同时，既可直观地获得对企业管理活动各环节的系统理解与认识，又不必承担任何企业经营经济活动的风险。

然而，学生无法通过抽象的规则学会企业经营管理与决策知识，其对知识的运用能力在很大程度上取决于解决实际问题的经验，所以，管理类专业的学生需要通过大量的实际问题或案例分析活动及反思来把握专业知识和专业技能之间的关系，从而形成灵活运用专业知识、提高自身解决实际问题的能力。

8.2 ERP 沙盘模拟教学质量提升关键点确定

针对本书第 7 章 7.2“ERP 沙盘模拟演练中学生易犯错误”和 7.3“ERP 沙盘模拟演练中学生易违规环节”，沙盘模拟实验教学组根据近二十年的教学经验和授课经历提炼了实训前、实训中、实训后有关教学质量提升的关键点（见图 8-1）。对这些关键点加以优化、控制，可完成从“纸上谈兵”到“实际演练”的过程，真正实现虚拟仿真实验教学的虚实结合以及趣味性与严肃性的结合，加强对理论知识的巩固和应用。

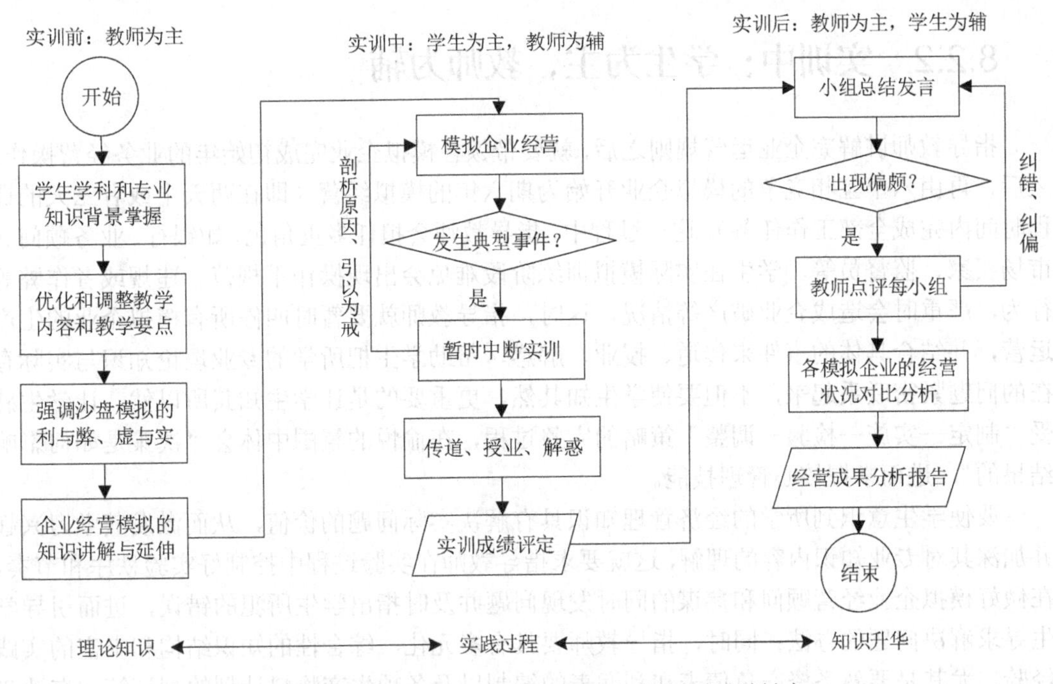

图 8-1　ERP 沙盘模拟实验教学过程及教学质量关键点

8.2.1　实训前：教师为主

ERP 沙盘模拟实验一般开设在大二下学期，此时经管类专业的学科基础课程（如管理学、市场营销学、基础会计学、管理信息系统等）都已经开设，提出了一定的知识要求，但由于不同专业开设的基础课程不同，再加上部分专业（如信息管理与信息系统专业等）未开设财务会计方面的课程，因此，在接到实验教学任务之初，指导教师就应该了解学生的学科专业背景和专业人才培养方案，进而在授课时根据学生学习课程的先后顺序调整和优化授课流程和重点内容等。

除此之外，指导教师在进行沙盘模拟企业概况和企业运营规则讲解时要格外注意强调沙盘模拟的利与弊、虚与实。ERP 沙盘模拟来源于实际，是对真实企业经营管理的浓缩，但模拟演练简化核算，和实际不完全相同。例如，模拟演练中只考虑了所得税，增值税等并没有考虑，资产折旧也采取单一形式，且税率和折旧等都是采用 1/3 取整数的规则，这些和现实中的企业运营规则出入较大，指导教师应予以明确，否则会使部分学生对参与的沙盘模拟演练的认识不够明确，难以体会沙盘模拟的虚拟性与现实性的关联。而且，若学生得不到及时指正，教师便很难完成预期的教学目标。

另外，需要注意的是，ERP 沙盘模拟虽然具有各种各样的特色和优势，但它并不能完全取代传统的教学模式，学生学科知识基础的建立仍然需要老师的系统性讲解，且 ERP 沙盘模拟的设计也不可能涵盖某一学科全部的知识点。因此，ERP 沙盘模拟的直接作用应是对传统教学模式进行补充和提高，便于学生对所学经管类专业基础知识的理解和模拟应用。

8.2.2 实训中：学生为主，教师为辅

指导教师讲解完企业运营规则之后，就要带领各模拟企业完成初始年的业务经营操作。之后，再由六个互相竞争的模拟企业开始为期六年的模拟经营（即在两天半或者三天的课程时间内完成全部工作任务），这一过程中，指导教师会担任多重角色，如银行、业务顾问、市场买家、监督员等。学生在实际模拟训练阶段难免会出现操作不规范、违规或者作弊等行为，严重时会造成企业破产等情况，这时，指导教师就要暂时叫停所有模拟企业的生产运营，并结合具体的事件来传道、授业、解惑，帮助学生把所学的专业理论知识与实际存在的问题紧密联系起来，不但要使学生知其然，更重要的是让学生知其所以然，让学生感受“制定—实施—检验—调整”策略的完整过程，在愉悦的氛围中体会“决策是如何影响结果的”，进而掌握核心管理技能。

要使学生意识到所学的经济管理知识具有解决实际问题的价值，从而激发其学习兴趣并加深其对专业知识内容的理解，这就要求指导教师在实验过程中控制好实验秩序和节奏，在做好模拟企业经营顾问和参谋的同时发现问题并及时指出学生所犯的错误，进而引导学生寻求解决问题的办法；同时，指导教师要具有多元化、综合性的知识结构和丰富的实践经验，尤其是要熟悉资产负债表和利润表的编制以及各项生产物料计划的制订等，在沙盘模拟演练过程中能够结合多门专业课程进行知识点的讲解，并能对学生实验实践做法和效果进行点评。

8.2.3 实训后：教师为主，学生为辅

与理论教学相比较，实验教学通过实验的总结和提炼能够更好地促使学生主动构建科学的知识体系，并进一步巩固其专业技能。然而，在日常教学中，一些指导教师取消了对各模拟企业经营状况的展示、点评和对比分析环节，也取消了各模拟企业学生对所扮演角色的感悟分享环节，而这些正是沙盘模拟实验教学的升华之处。

在 ERP 沙盘模拟课程中，指导教师的作用十分独特。他们不仅仅是讲解者，还在不同阶段扮演着不同的角色：调动者、观察者、引导者、分析评论员、业务顾问等。同时，由于该课程具有综合性强及跨学科、跨专业的特点，故对教师的知识要求高，单纯地掌握某一专业的知识显然是无法胜任该课程任课教师的。更重要的是，指导教师要树立就业导向观，强化柔性教育理念，必须认识到只有在宽松、和谐、相互尊重的气氛中，学生才可能有独立意识，并敢于大胆地提出想法、表达思想，从而迸发出创新的火花。

师生互动是师生共同体活动的基本形式，是提高本科教育质量的前提条件。促进师生互动，关注学生学习经验是提升高等教育质量的基本“支撑点”。师生共同体的构建与维系需要师生双方的主动参与，涵盖课堂上的互动及课后的密切接触。ERP 作为一种先进的管理思想和管理信息系统，涉及企业经营管理的各个环节。如何让学生在手工条件下意识到其先进性，了解、熟悉一个企业的完整运作过程与运作业务，培养学生综合运用管理理论知识和相关知识的能力，并应用所学知识分析、解决企业经营中出现的各种问题，提高学生的决策能力是本课程的重要目标。

8.3 ERP 沙盘模拟教师指导要点分析

8.3.1 教会学生制订并实施经营计划

为了使制订的战略计划能够实际可行，我们应该考虑从哪里入手、要启动哪些项目、哪些是关键计划、如何做出第一年的实施计划以及如何衡量目标是否达成等问题。

1. 制订第一年实施计划

制订战略实施计划是让战略“落地”的一个重要过程。因此，当我们完成第一战略规划后，应着手制订企业和企业内部各部门的第一年实施计划，其主要内容如下。

（1）制订今后 12 个月的工作实施计划。

（2）明确第一年的业务考核指标和实施策略。

（3）根据第一年的实施策略，确定行动计划的具体内容。

（4）为每一项行动计划明确完成时间。

（5）责任分配到人。

（6）做出预算。

2. 销售部门的第一年实施计划示例

销售部门第一年实施计划的制订通常包含以下内容。

（1）分析市场、客户及竞争对手。

（2）选好行业和地域。

（3）确定并量化年度销售任务目标。

（4）预估实现毛利指标。

（5）确定人力资源投入及组织结构。

（6）找出关键性成功因素。

（7）定位亟待解决的问题。

（8）确定市场销售策略。

（9）根据销售策略制订详细的实施计划。

（10）制订完整的资源计划及检查时间表。

8.3.2 控制事前成本

对于模拟企业来说，进行全成本核算非常重要。首先要进行成本分摊比例的核算，公式为

$$成本分摊比例=\frac{成本额}{总销售额}$$

将所有的成本比例累加到一起，若小于 1，企业就有利润；反之，企业就亏损，如图 8-2 所示。

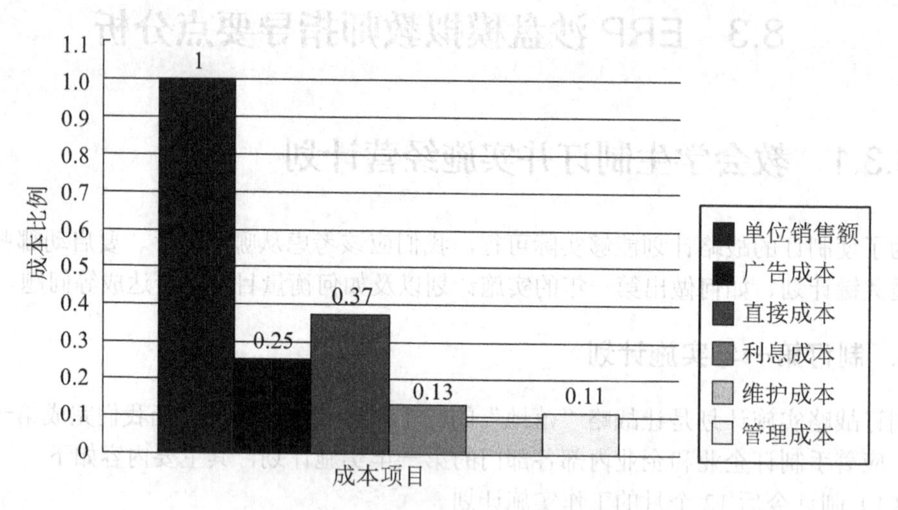

图 8-2　各项成本分摊比例示例

需要注意的是，所有成本分摊比例是在各项业务发生之后计算出来的。如何进行事前成本控制呢？

1. 控制直接成本

原材料采购费用、加工费用都要控制。例如，手工生产线生产 P3 产品的加工费是 300 万元，而用自动生产线生产的加工费只有 100 万元，如果用自动生产线生产 P3 产品，成本就下降 200 万元。

安排生产时可以让手工生产线生产低端产品 P1，让自动生产线生产高端产品 P2、P3、P4。

另外，直接成本与销售价格也有关联。例如，P1 产品在某些市场上的销售价格只有 300 万元，而在其他市场上可以卖到 600 万元，而 P1 产品的制造成本是 200 万元。当 P1 产品卖到 300 万元时，直接成本分摊比例约 0.67；当 P1 产品卖到 600 万元时，成本分摊比例仅有 0.33。因此，拿取订单时除考虑销售总额之外，还要考虑销售价格。

2. 控制设备维护成本

假如目前有手工生产线 3 条、全自动生产线 3 条，各条生产线的维护费用都是 100 万元每年，手工生产线每年只能生产 1 个产品，自动生产线每年生产 4 个产品。所以，手工生产线上，1 个产品的设备维护成本就要 100 万元，而自动生产线上 4 个产品分摊 100 万元的维护费用，1 个产品才 25 万元。

3. 控制厂房租金成本

厂房的租金是 400 万元每年，购买价格是 3000 万元，如果借长期贷款把厂房买下来，利率为 5%，每年的利息是 150 万元。因此相比租厂房，买厂房可每年少花 250 万元的费用，这 250 万元是净利润！

4. 成本核算细化

成本核算需要准确、及时、完整的数据。将每种产品涉及的费用归类统计，并计算出每个产品的各项成本分摊比例，按照前面的计算原理，累计成总成本。分析数据不是最终目的，根据数据分析结果，查找原因，分析责任，进行管理改进，逐渐降低成本才是目的。成本核算可以从以下几个方面进行细化。

（1）财务部按照不同产品所发生的费用分别进行统计，杜绝以前算大账的做法。

（2）每年年底安排专人进行各项成本分摊比例的核算，并向总裁汇报。

（3）财务部改变一直租用厂房的情况，与房地产开发商商议购买事宜。

（4）按照财务部门统计数据的计算结果进行考核。

8.3.3　明确财务会计和财务管理应用

1. 财务会计工作

财务会计工作是指通过对企业已经完成的资金运动进行全面、系统的核算与监督，以为外部与企业有经济利益关系的投资人、债权人和政府有关部门提供企业的财务状况与盈利能力等经济信息为主要目标而进行的经济管理活动。财务会计对外提供的信息反映了企业与投资者、债权人等有关方面的利益关系，这些信息使用者往往要以财务会计提供的会计信息为主要依据，做出有关经济决策。财务会计工作是现代企业的一项重要的基础性工作，通过一系列会计程序，财务会计工作可提供对决策有用的信息，提高企业的经济效益，有助于市场经济的健康有序发展。

对于 ERP 沙盘模拟演练来说，经过指导教师的培训和讲解之后，大部分学生都能够完成资产负债表和损益表的编制。然而，作为财务主管，除了完成财务会计工作外，更为重要的应是做好财务管理工作。

2. 财务管理工作

财务管理工作是指为完成企业的整体目标，针对资产的购置（投资）、资本的融通（筹资）和经营中现金流量（营运资金）以及利润分配的管理。财务管理通过对会计核算的数据加以分析，从而进行相应的预测、管理和控制活动。它侧重于财务计划、控制、分析和预测，强调事前计划、事中控制和事后反馈。

为确保战略及策略计划能够得到足够的资金支持、有效的投资回报以及高效的执行等，企业需要编制财务预算计划、估计投资回报情况以及把预算控制等工作落实到位。

1）财务预算的编制、执行与控制

企业财务预算就是以货币形式表现，反映企业财务目标，控制企业财务活动，保障企业财务目标顺利实现的各种具体预算的有机整体。企业财务预算管理是当前现代企业管理行之有效的管理手段，现代企业制度的建立和规范运作必须强化企业财务预算管理和控制，使企业从物流到资金流，从数据处理到信息管理控制，按照规范的企业财务预算管理机制，全面、规范、有序地进行流动。其中，企业财务预算的编制、执行和控制是企业财务预算管理的关键环节，主要包括以下几个方面的内容。

（1）营运收支预算综合反映企业生产经营过程和财务成果。

（2）资本性收支预算反映企业统一核算范围内的技术改造、小型基建、固定资产及无形资产购置，对外投资、偿还长期负债等的资金筹集和运用情况。

（3）现金流量预算反映企业现金收入、支出、余缺和融通情况，是以现金流量方式对营运收支预算、资本性收支预算的综合反映。

（4）资产负债预算是对实施营运收支预算、资本性收支预算、现金流量预算后企业资产负债情况的预计和综合反映。

企业财务预算由财务部综合营运收支预算、资本性收支预算、现金流量预算，对预算年度末的资产、负债、权益情况进行预计编制。

各模拟企业练习：

☆ 编制财务预算计划。

☆ 借助工具（如 Excel）编制现金预算表。

☆ 思考如何执行与控制财务预算，并落实到位。

2）筹资管理

企业的筹资活动是指企业筹集经营所需资金的活动。企业筹集资金的量和时间取决于对资金使用的需要，但资金的筹集结果又影响和制约着资金的使用。进行筹资决策的关键在于确定能够平衡财务杠杆的正面效应（提高盈利）和负面效应（增加风险）的最优资本结构。

按筹集资金使用期限长短可把企业筹集资金的方式分为两种：一是短期资金（一年内偿还）的筹集方式，如发行短期债券、短期银行借款、商业信用等；二是中长期资金（一年后偿还）的筹集方式，如吸收直接投资、发行股票、发行长期债券、长期银行借款、筹资租赁等。

各模拟企业筹资时，应该将资金来源与资金运用结合起来，合理搭配。例如，用长期资金来满足固定资产、无形资产、长期占用的流动资产的需要，用短期资金满足临时波动的流动资金的需要。

下面按分季比较的方法对比高利贷与贴现的利率高低。

假如按 1∶7 贴现，

贴现（按季）x=利率

第一季度应收账款贴现：$6\times(1+x)=7x=16.7\%$

第二季度应收账款贴现：$6\times(1+x)(1+x)=7x=8.01\%$

第三季度应收账款贴现：$6\times(1+x)(1+x)(1+x)=7x=5.27\%$

第四季度应收账款贴现：$6\times(1+x)(1+x)(1+x)(1+x)=7x=3.93\%$

高利贷的利率（按季）：$20\times(1+x)(1+x)(1+x)(1+x)=24x=4.66\%$

由此可以看出，高利贷也并不是不可以使用，在没有第四期应收账款的情况下，企业也可以使用高利贷来进行融资，这打破了传统概念上大家宁可贴现也不愿意借高利贷的思维定式。

各模拟企业练习：

☆ 分析企业生产经营情况，合理预测现金需要量。

☆ 合理安排资金的筹集时间，适时取得所需资金。

☆ 了解筹资渠道和资金市场，认真选择资金来源。

☆ 研究各种筹资方式，选择最佳的筹资结构。

8.3.4　根据资产负债表设定初始状态

许多参加 ERP 沙盘模拟的学生都不具备完整的财务会计知识体系，更不具备管理财务的能力。因此，他们在进行 ERP 沙盘模拟演练时往往会犯很多低级错误，如在资产负债表做平方面浪费大量的精力和时间。在模拟演练中，很多担任财务主管的学生觉得只要把财务报表做平，工作任务就完成了。为了让学生腾出更多的时间进行现金预算、资金合理筹划等财务管理工作，指导教师在沙盘模拟授课过程中进行初始状态设置时，可以按照给定的资产负债表来设定。这样就可以让学生明白资产负债表以及利润表各科目的具体含义，做到账实相符。具体操作可参照第 3 章 3.1 的内容。

另外，指导教师在带领同学们做完起始年的业务后，年末进行结账时应再按照盘面状态进行资产负债表的编制，再次做到账实相符。实践表明，通过这两种方式，担任财务主管的学生在财务报表做平方面基本不会存在问题，从而可以节省更多的时间和精力做好财务主管一职。

8.3.5　每年年末点评的主要内容

根据多年的 ERP 模拟演练指导经验，如果模拟企业每经营完一年，指导教师都要进行详细的点评，那么在短短的三天很可能完不成相应的任务。因此，下面列举每一年指导教师需要点评的主要内容。

1. 第一年

指导教师第一年点评的主要内容有以下三项。

（1）点评各模拟企业的广告投入产出比是否合理。

（2）告诉学生如何衡量企业经营的优劣。

（3）帮助学生分析如何增加企业的利润。

2. 第二年

指导教师第二年点评的主要内容有以下三项。

（1）点评模拟企业的商业间谍、信息情报员或者信息主管的价值作用是否得以发挥。

（2）查看采购主管采购的原材料是否实现“零库存”。

（3）询问和点评各模拟企业的 CEO 是否有切实可行的战略定位。

3. 第三年

指导教师第三年点评的主要内容包括以下两项。

1）点评各模拟企业的融资费用

点评的主要内容是财务主管在第一年和第二年所进行的资金筹措工作，如长期贷款是多少、短期贷款是多少，还需要点评未来的贴现、高利贷、企业之间资金拆借以及其他融资情况，看是否实现了融资费用经济性的最大化。

2）询问财务主管是否应用了现金预算表并说明现金预算表的重要性

随着模拟企业的业务越来越多、越来越复杂，为避免企业出现资金断流现象，指导教师需要点评各财务主管是否按照图8-3所示的流程编制了现金预算表。

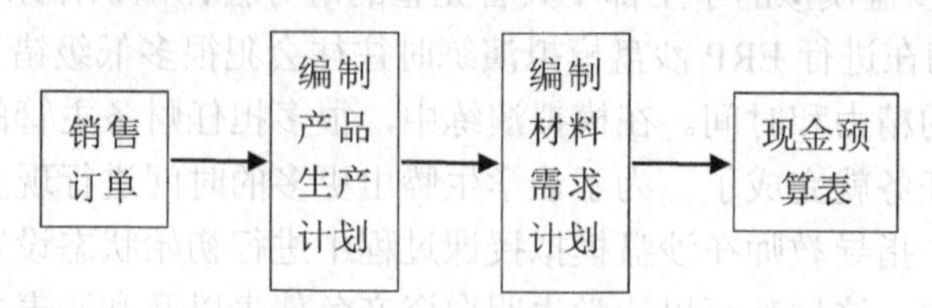

图8-3 现金预算表编制流程

4. 第四年

指导教师第四年点评的主要内容有以下三项。

（1）信息管理及其价值作用是否得以发挥。

（2）ERP思想和方法在沙盘模拟过程中是否被加以应用？

（3）手工沙盘模拟和电子沙盘模拟的区别是什么？

5. 第五年

指导教师第五年点评的主要内容包括以下两项。

1）利用杜邦财务分析体系对各模拟企业进行点评

根据各模拟企业经营情况，由指导教师根据杜邦财务分析体系对各模拟企业分别进行点评。某模拟企业杜邦财务分析如图8-4所示。

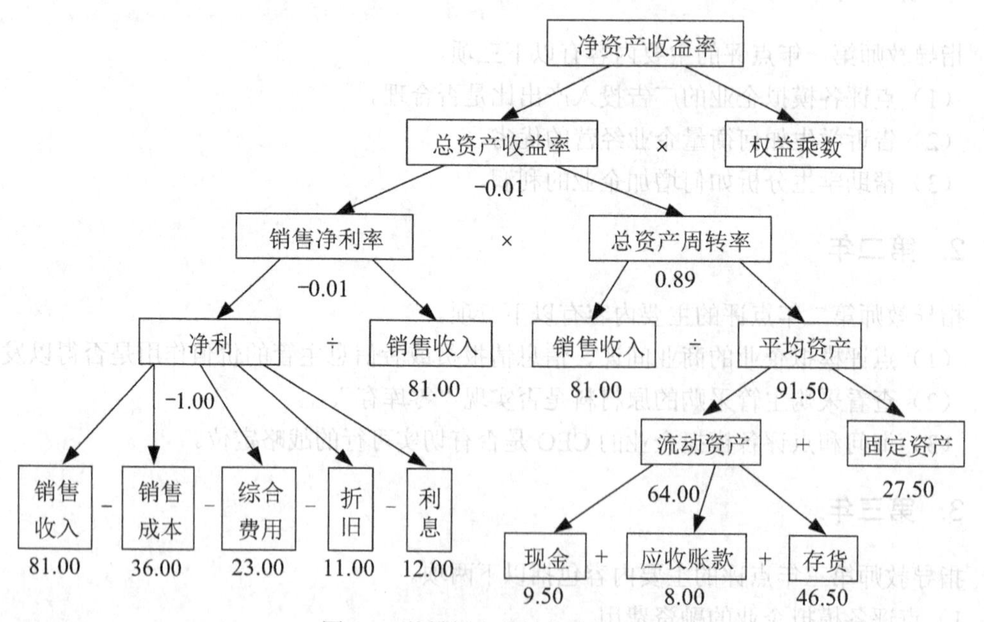

图8-4 某模拟企业杜邦财务分析

2）利用五力分析模型对各模拟企业进行点评

指导教师主要点评企业的收益力、成长力、活动力、安定力和生产力五项主要内容，特别是对模拟企业的收益力和成长力，可做深入的分析。

6. 第六年

指导教师第六年点评的主要内容包括以下三项。

1）点评各模拟企业经营成果

通过工具软件，各模拟企业可以很清晰地展现每年的净利润、所有者权益，指导教师可以根据这些对模拟企业的经营状况进行点评。

2）发现问题

此部分非常关键，对指导教师的要求也非常高。虽然 ERP 沙盘模拟演练是以学生为中心的，但并不代表指导教师除了解答疑问之外就没有其他事情可做。对于指导教师而言，更为重要的是在六个模拟企业经营的过程中及时发现和总结问题。

（1）各模拟企业的经营特色有哪些？

（2）各模拟企业的经营策略如何？

（3）各模拟企业在哪些地方做得非常成功？

（4）各模拟企业的不足之处有哪些？

（5）哪位主管的表现比较突出？突出在哪里？

（6）哪位主管的表现不佳？原因是什么？

（7）其他问题。

指导教师需要仔细地观察每一个模拟企业的经营情况，并把这些问题详细地记录下来，结合管理理论、管理方法和管理工具对各模拟企业经营的思路和方法进行升华，并进行详细的点评。

3）引导学生总结发言

此部分也是整个 ERP 沙盘模拟演练的精彩之处。沙盘模拟结束后，指导教师应引导各模拟企业的 CEO 上台发言，让他们阐述和分享自己公司经营和管理的状况。另外，可在这些小组中选取有特色的（做得非常好的和做得非常不好的）财务主管、生产主管、市场主管、采购主管进行总结发言，让他们分享自己的心得，总结失败的教训。当然，如果时间允许，最好让每一位学生都分享自己的感想。

8.4　ERP 沙盘模拟教学质量提升关键点控制

ERP 沙盘模拟课程一般由具有计算机、电子商务、物流管理或者大数据等学科背景的信息管理与信息系统专业教师团队任教，模拟演练过程中一旦涉及稍微复杂的业务，如生产线买卖、厂房出售或者各模拟企业之间存在业务交易和资金拆借的情况，学生经常无法准确进行收入核算和相应的成本结转，致使财务报表不平，对此，指导教师由于财务经验不足也无法解析其中缘由，最后只能在额外支出等科目上强行调平，使得学生一知半解，实训效果也大打折扣。因此，对于部分提升 ERP 沙盘模拟教学质量的关键点加以解析并提出关键控制举措，可以有针对性地帮助指导教师学习相关知识以提升实验实训的指导效果。

8.4.1 打破分专业、分班级的传统授课模式

本科教育专业设置过于专业化导致了课程设置的碎片化，这种现象阻碍了教师横跨不同学科和专业教学，使得本科生无法获得跨学科、跨专业的学习经验。在进行沙盘模拟时，许多高校都采取班级或专业集体授课形式，并未对不同专业背景的学生进行区别化教学。另外，所制定的企业运营规则和设定的企业初始状态完全相同，这样虽然方便了教学管理，但是缺乏专业针对性，不能充分发挥具有不同专业背景的学生在 ERP 实践操作中的不同作用。例如，会计专业学生组成的，财务报表可能做得相当漂亮，但是企业经营业绩不一定好；市场营销专业学生组成的团队的订单接得不错，但是订单和生产能力不匹配。ERP 沙盘模拟教学具有跨专业、跨学科的特点，应打破传统的分专业、分班级的授课模式，使研究生、本科生都可以参与其中。

1. 跨专业教师团队组建

沙盘模拟演练要求学生综合应用多种学科知识参与企业经营管理，如果将其作为某一门学科的实践环节引入，既存在指导老师不熟悉其他专业的相关知识，无法全面地为学生辅导的问题，又使得本专业知识不能得到充分地运用，造成了课程资源的浪费。教师团队组建时应突破以往单个教师集中授课方式，从不同专业进行抽调，成立跨专业的综合课程小组，体现学科和专业之间的合作交流，具体如图 8-5 所示。

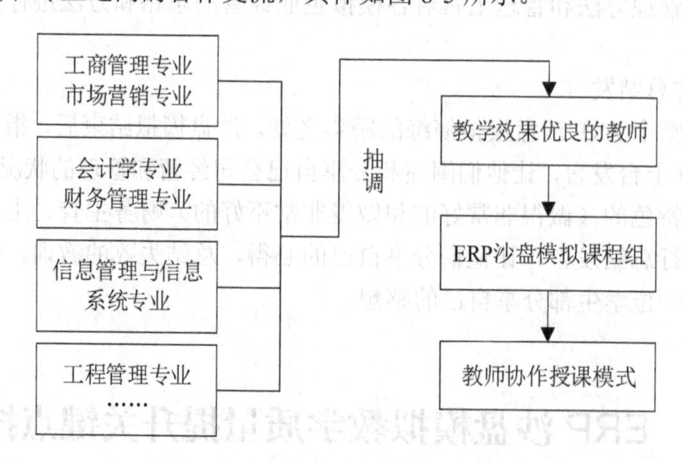

图 8-5 跨专业教师团队组建示意图

2. 跨专业学生队伍组合

传统的以专业、班级为单位的课程组织方式会使得沙盘模拟企业的角色分工不明确、职位分配不符合专业特性。因此，不同学科、不同专业背景的学生可以交叉组合，以便人尽其才，打破传统的按专业、按班级授课的固有排课模式，进行跨专业教师团队和跨专业学生队伍的组合。此方式建议由学院实验中心排课负责人进行统筹安排，尽可能使每一个模拟企业都由不同专业的学生共同组成，如从市场营销、会计、工程管理、信息管理与信

息系统等专业各抽调一名学生，深化专业技能培养，强化理论知识，并进行知识的交叉融合和应用。

3. 分阶段教学过程组织

在课堂情境模拟阶段，要求学生了解 ERP 沙盘操作流程、企业运营规则，整合专业知识在教师指导下主动学习 ERP 的发展历史、基本原理和核心思想，事先研读 ERP 沙盘模拟演练对抗运营规则，主动寻找相关的教材，寻求对企业经营有益的管理理论和方法。在沙盘实战对抗阶段，学生跨专业组建模拟企业并进行角色职责分配，在模拟的商业环境下进行对抗演练，学生以团队方式参加课程讨论、沙盘模拟以及软件学习，共同分享学习和实践成果。

8.4.2　先“由账到实”再“由实到账”

现实中，企业的会计与财务管理工作十分复杂，为便于学生模拟操作，沙盘模拟已经做了很多简化，但基本流程和主要内容仍然保留。由于大部分学生并不具备专业的财务知识，因此，在实训前和实训中，指导教师一定要把握好教学质量关键点，让学生即使没有财务知识背景也能切实理解账实相符原则、资产负债表和损益表科目的内涵，知道日常业务交易发生时该如何记账等，确保学生不在报表配平上过度花费时间，故指导教师可采取先“由账到实”再“由实到账”的教学策略。

1. “由账到实”

在理论知识讲解环节，尤其是在带领学生进行模拟企业初始状态设定时，指导教师务必要调整和优化课件内容。根据多年授课经验，最有效的方式就是根据模拟企业起始年的财务状况及经营成果（即资产负债表和利润表）进行物理沙盘盘面初始状态设定；同时，强烈建议指导教师采取“先简单再复杂”的策略设定模式，如先对固定资产、流动资产进行设定，再对负债和所有者权益进行设定，实现“由账到实”（即由账面价值到盘面实际资产和负债状态）的转换过程。

2. “由实到账”

指导教师带领学生们做完初始年的业务操作之后，接下来的重要任务就是编制损益表与资产负债表，此时指导教师就要带领学生们抛开所有干扰性资料，仅仅依照物理沙盘盘面的资产和负债状态等来完成资产负债表和利润表的编制，实现由盘面的资产负债状态到账面价值（即“由实到账”）的转换过程，切实保障学生即使在不具备任何财务知识背景下，也能够理解会计科目的含义并编制准确的财务报表。另外，请指导教师务必给学生强调贷款的申请时间：短期贷款是在每季度初、长期贷款在年末、贴现和高利贷随时都可以，尤其要强调进行季初现金盘点，以核查现金库中的现金是否与上一季度末的期末现金对账金额相符，以免错误持续传递至年末而最终发现不了问题的根源所在。

8.4.3 先生存，再发展

ERP 沙盘模拟演练是模拟企业依据设定的具体情境和规则，通过团队分工协作来模拟企业运营，从而在激烈的竞争中赢得优势以免被淘汰，并逐步提高其企业效益的实践活动。对于各小组来说，要想在各模拟企业中胜出，就应该开拓新市场、研发新产品、扩建生产线以及提高产能等，这就使得企业在一开始就要投放大量的资金进行企业规模和生产能力的扩大。然而在实际的经营模拟中，很多模拟企业在第一年往往会为了争夺市场老大地位极不理智地进行广告费投放，有的小组甚至投放 30M～40M 元（即 3000 万～4000 万元）进行订单的获取。在这种情况下，即使把市场上所有的订单都拿到，赚取的利润也不足以弥补广告费投放带来的损失，由此就使企业陷入资金链断裂的危机，甚至出现破产情形。

企业只有在确保生存的基础上才能求得更好的发展，切勿本末倒置，动摇企业的生存根基。联想控股董事长兼总裁柳传志在接受《第一财经日报》采访时表明：世界的经济形势在发生大变化，这种变化有时甚至和政治形势联系在一起，民营企业完全没法控制。所以对我国的民营企业来说，一是需要生存，二是需要发展。在生存之中要尽量努力地对未来做出预测，远的地方可以虚一点儿，对一两年内的中国经济会发生什么变化进行了解，然后制定出正确的战略，随时准备调整。所以，为了保证各模拟企业能够合理、正常地运营下去，指导教师务必要告诉学生应合理谋划企业经营策略和发展前景，强调先生存再谋得更好的发展，否则，学生在第一年就会陷入无序的广告投放争夺战中，严重的话到第三年甚至第二年就会出现企业全都破产的异常现象。

8.4.4 合则两利，斗则俱伤

各模拟企业在进行模拟演练时虽是竞争关系，但竞争并不意味着非赢即输、你死我活。根据多年比赛指导经验以及对多个经营状况比较好的模拟企业的观察发现，那些企业经营业绩特别好并且综合评定成绩较高的小组往往是非常注重合作共赢的。然而，个别指导教师在模拟演练过程中仍过多地强调各模拟企业之间是完全竞争关系，演练中甚至出现了损人不利己的现象，这种恶性竞争只能导致两败俱伤。各模拟企业可以为谋求更大的利益而共同努力，在竞争中寻求合作，这样企业才会有无限的发展机遇。所以，做市场不是独赢而是共赢。

指导教师在授课过程中应该有意识地为学生灌输竞合理念，即各模拟企业在目标一致的原则下，以差异化、互补性、相关性为基础，在创造更大的商业市场时合作，在瓜分市场时竞争，优化资源配置。指导教师把握好这一关键控制点，除了能够实现较好的模拟演练效果，还有助于学生的人生格局拓展及其进入社会之后良好的工作态度和人际关系的形成。因此，指导教师在让学生进行实际操作演练之前，应把竞合理念传授给学生，并讲解市场竞争行为的三阶段演进，即对抗的竞争、宽容的竞争和合作的竞争。

8.4.5 企业动态博弈决策

从本质上来讲，博弈论是研究决策问题的，它与传统决策理论有所不同，更加关注博弈决策中各方的互动行为，主要研究决策主体的行为发生直接相互作用时的决策及这种决策的均衡问题。博弈论的基本假设是人是理性的，也就是说，行为者具有推理能力，在具体策略选择时的目的是使决策者的目标效用最大化。通俗地讲，博弈论是一种游戏理论，是个人、团队或其他组织在面对一定的环境条件时，在一定的规则约束下，依靠所掌握的信息同时或先后、一次或多次，从各自允许选择的行为或策略进行选择并加以实施，从中各自取得相应结果或收益的过程。

1. 合作博弈和非合作博弈

根据是否可以达成具有约束力的协议，博弈可以划分为合作博弈和非合作博弈。合作博弈研究人们达成合作时如何分配合作得到的利益。非合作博弈研究人们在利益相互影响的局势中如何选择策略以使自己的收益最大，其参与者互不相容。

2. 静态博弈和动态博弈

静态博弈是指在博弈中，参与者同时选择或虽非同时选择但后行动者并不知道先行动者采取了什么具体行动。动态博弈是指在博弈中，参与者的行动有先后顺序，且后行动者能够观察到先行动者所选择的行动。

3. 完全信息博弈和不完全信息博弈

完全信息博弈是指在博弈过程中，每一位参与者对其他参与者的特征、策略空间以及收益函数有准确的信息。不完全信息博弈是指某一参与者对其他参与者的特征、策略空间以及收益函数信息了解得不够准确或者不是对所有参与者的特征、策略空间以及收益函数都有准确的信息。

4. 零和博弈和非零和博弈

非零和博弈是一种合作博弈，参与者之间可能存在某种共同的利益，所以博弈双方存在“双赢”的可能，进而达成合作。零和博弈的结果是一方吃掉另一方，一方的所得正是另一方的所失，整个社会的利益并不会因此而增加一分，所以双方不存在合作的可能。

把博弈论作为一种情报方法引入竞争情报，其目的是提高竞争情报在处理互动决策问题上的能力。兵无常势，水无常形，所谓有效的管理模式或者经营策略和技巧都是基于特定背景条件产生的，生搬硬套只会适得其反。在综合模拟演练过程中，尽管有些学生可能根本就没有接触过博弈论，但一个非常有趣的现象就是学生把博弈论的思想运用得淋漓尽致。在实验或者比赛过程中，虽然个别学生已经有了沙盘模拟实训经验并且曾在比赛中取得了较好的成绩，但需要事先强调的是，即使有企业运营经验，也不一定能在每次模拟演练过程中取得好的成绩，原因在于竞争对手变了，不同的竞争对手采取的广告费投放策略、市场开拓和产品研发生产策略等都会有所不同。例如，在某次实训中，通过对市场预测分析报告研究发现，P2 产品在国内市场上的性价比较高，为避免在此市场中出现恶性竞争的局面，各模拟企业竟然都有意识地采取了差异化战略，最终出现了国内市场几乎没有企业涉及研发和生产 P2 产品的情形。

每个模拟企业一般会有人专任或兼任信息主管或者信息情报员的角色，他们可通过多种途径去获取其他模拟企业在广告费投放、市场开拓、生产线投资建设以及产品研发等方面的信息，进而利用这些竞争情报信息去调整自己的经营策略等。因此，为提高实训效果，指导教师应提醒学生关注以下两种情形。

（1）获取的信息是准确、真实、可靠的。在这种情况下，模拟企业各主管可在 CEO 的带领下及时调整企业的各项经营计划和策略。

（2）获取的信息是错误的、虚假的。根据以往的综合模拟演练操作，有的模拟企业为了迷惑竞争对手，会隐藏真实的企业经营信息，其盘面上的生产线、研发产品以及市场开拓等都是虚假的。在这种情况下，错误的信息将导致错误的决策，还不如没有信息。

进军哪一个市场、是否开发新产品、开发哪一种产品、生产多少、如何与竞争对手既竞争又合作等都是模拟企业与竞争环境、竞争对手进行博弈的过程，这些过程强调博弈中各方的互动行为，因此，各模拟企业中的信息主管要注意研究和使用博弈论来帮助决策者解决博弈问题。

8.4.6 教师点评重点和内容要求

1. 教师点评节点

有关指导教师点评的时间节点主要有三个：一是即时点评，学生在模拟演练过程中一旦发生错误或者违规现象，指导教师应结合具体问题和具体场景进行点评，辅助学生纠偏和纠错；二是年度点评，每年度结束后，指导教师定期对该年度发生的共性问题和特殊问题进行点评，每年度点评的共性内容可参见第 7 章；三是模拟结束后的总点评。

2. 教师点评重点

指导教师应总结、提炼 ERP 的思想和具体形式、管理的艺术、信息的价值和作用、企业决策博弈论、生产经营的动态调整、市场营销策略、零库存等，结合具体的例子来讲解，并进行知识的升华，让学生明白企业经营难点所在以及开源节流、策略动态调整的重要性。

教师点评的重点体现在以下几个方面。

（1）让学生明确 ERP 的管理思想。ERP 沙盘模拟演练的核心目标就是训练学生有效配置企业资源的能力，它要求学生在研判市场环境的情况下首先确定自身的目标与竞争战略，然后再统筹考虑为了实现战略目标如何在一段较长的经营时期（根据游戏规则来确定，一般分为 6 年、24 个决策期）内合理地规划企业资源，体现了在企业经营过程中资源配置事前控制、事中控制与事后控制的有机结合。

（2）让学生明确管理的艺术在于驾驭信息。让学生明确信息的价值和作用，并且明确信息对企业经营策略的重要性，使其学习如何根据获取的信息进行动态调整，充分认识数据和信息作为生产要素，具有和资本、劳动力等一样的价值作用，提高学生的应学能力和领导能力，使其在风云变幻的竞争环境中能够临危不乱、沉着冷静。

（3）让学生明确财务会计和财务管理的区别和联系。财务会计是对日常发生的业务进行记录，客观反映资金的来源和去向；而财务管理是对会计信息的深加工和再利用，主要关注资产的购置、资金融资以及现金流量的管理等。

（4）让学生充分认识到计划与控制的重要性，如物料需求计划、生产计划、采购计划以及付款计划等。美国前总统艾森豪威尔曾说，“A plan is nothing，planning is everything”。计划与控制是一个动态的过程，能够审时度势，在执行中依据经营环境的变化和执行的效果等做出调整，最终达到目标，才是成功的。

（5）让学生充分认识到广告策略的重要性。广告策略指的是广告发布者在宏观层面上对广告决策的把握，要求以战略眼光为企业长远利益考虑，为产品开拓市场着想，也就是所谓的“放长线钓大鱼”。指导教师应通过点评让学生明确市场营销以及广告投放策略的重要性，明确市场需求预测、不同市场广告投放计划和策略对于原材料采购、产品生产以及资金筹措的重要性，使企业以最少的开支（费用）达到最好的营销目标。

（6）让学生在团队协作中明确做人、做事、做学问的道理。可以说，ERP 沙盘模拟演练课程是不同经管专业学生进行团队协作的最佳范例。该课程中，学生通过分担不同角色、组成不同模拟企业进行生产经营和管理，由于每个人的风险偏好不同，各团队确定经营策略时往往会出现冲突和矛盾，学生们可以在解决矛盾和冲突中逐步学会协作和权衡，以实现企业价值最大化。

3. 让学生说

在授课过程中，有的指导教师把握不好教学进度，导致学生上交报表迟滞、广告费投放延时等，使得学生的模拟经营不能够在 2～3 天内完成；还有的在学生交完第六年报表，将其输入系统中，得出总分就匆匆下课了，没有进行教师点评，也没有进行学生的总结发言，使得教学效果大打折扣。为保证教学效果，教师除结合模拟演练过程中的典型情况进行即时点评之外，还要在六年经营结束后对所有模拟企业的整体经营情况、广告策略、生产安排以及模拟企业之间的协调配合等进行点评和对比分析，点评过程中应注意理论和实践相结合并进行知识的融会贯通，不但要让学生知其然，还要让学生知其所以然。同时，指导教师应引导每个小组在 CEO 带领下进行总结发言，可以由 CEO 代为发言，也可以逐一发言。在撰写发言提纲的同时，学生就会思考，会做精心的整理，这一准备过程就会帮助其梳理知识。通过“让学生说”，不但学生的语言表达能力得到了训练，教师也能从中获得更多的教学反馈信息，达到事半功倍的效果。

4. 让学生写

在沙盘模拟演练过程中，无论是经营成功还是失败，学生都有很多的感悟，指导教师应鼓励并要求学生从模拟企业角度、自身扮演角色角度出发，就企业经营管理决策的经验和教训进行回顾、整理、挖掘和提炼，按照事先制定的内容和格式要求撰写经营成果报告，不但要强调规范性，还要强调内容的完整性，并加大其在综合评分中的分值，以引起学生的足够重视。唯有如此，才能把课程的趣味性和严肃性融为一体，让学生们认真对待，将理论知识和实践过程联系起来，培养学生灵活运用专业知识解决实际问题的能力，促进经管类应用型人才培养目标的实现。

经营成果报告的撰写内容如下。

1）写经历

不同学生在模拟演练中扮演的角色不同，经营管理的经历也就不同，每位学生可按照自己的工作岗位和任务，写明在模拟演练中好的做法有哪些、不好的做法有哪些，进行对模拟企业经营管理决策过程的反思。

2）写体验

模拟演练是一种体验性学习，指导教师可引导学生描述真实的体验，如受到挫折时的挫败感、得到帮助时的感动以及获得成功时的喜悦等。另外，还要写团队共同完成模拟企业经营任务时的优势和不足各表现在哪里，如何改善不足之处，以及如何协调团队中的矛盾等。

3）写收获

收获包括模拟演练过程中用到了哪些知识、学到了哪些知识、哪些能力得到了锻炼、学习和人生态度得到了哪些转变等。

4）写管理

写管理是指思考并撰写管理的本质是什么，风险偏好、投资管理、博弈论、决策优化、运营管理等是如何在沙盘模拟演练中体现的，作为管理者最为重要的品质是什么，应该怎么提升自己，等等。

让学生写是一种书面表达过程，书面表达较之口头表达更具有逻辑性与严谨性，学生通过写可全面总结自己学习的阶段，从经历出发到体验再到收获等，学生的反思就从知识层面上升到了能力与情感等更高层面。

8.4.7 安抚学生的情绪

虽然 ERP 沙盘模拟演练并不等同于实际的企业经营模拟，但在学习和演练的过程中，绝大部分同学都拥有高度的责任心，时刻考虑如何实现企业经营业绩的提升和使企业有更好的发展前景，也会不由自主地沉浸在 ERP 沙盘模拟的演练过程中，甚至有不少学生说晚上做梦都在考虑如何经营沙盘模拟，如何更好地制订采购计划、生产计划和投资计划等。

由此可见，模拟企业中的每一个学生都想把企业经营好，虽然每位主管各司其职，但企业发展良好是大家共同的目标，也是努力方向所在。然而，不同学生的风险偏好不同，拥有不同的企业经营思路和想法，团队成员在关于企业如何更好地投资和扩大建设等方面会出现较大分歧，甚至会出现摔门而去或者“大打出手”的局面，此时，作为指导教师一定要适时地引导和开导学生，各模拟企业 CEO 也要承担起相应的调节职责，当组员意见相左、争执不下时，CEO 有权决定企业的发展方向。

但是，在沙盘模拟演练过程中也经常出现某些模拟企业往往靠一两个学生在支撑和运营管理，同一小组的其他学生则表现得较为消极，或听人“摆布”，或甩手不干的场景，主要原因一般有以下三种。

（1）部分学生对课程的兴趣不大，经常“游离”于课堂之外，其他课程亦如此。

（2）部分学生的学习积极性不足，不发表或者很少发表自己的意见和看法，信任平时学习成绩好的同学的计划与决策。

（3）部分学生的态度过于激进，经营决策意见与他人不一致时就激烈反驳，甚至甩手不干。

以上情况基本上都是由于学生缺少自信或者缺乏良好沟通所导致的，实际上，在我们的教学过程中，由那些个人能力很突出、领导风格很强势的学生担任 CEO 的模拟企业的经营情况往往并不十分理想，如果指导教师不及时干预，则沙盘模拟演练就变成了少数人的“游戏”，教学效果会大打折扣。因此，指导教师应鼓励学生在面对不同观点时不断地进行沟通和协调，这样既有利于提高学生的沟通技能，也能让学生亲身体验到职能部门之间沟通、合作的重要性，有利于培养学生的团队精神。

8.4.8　把控好上课秩序

在安抚好学生的情绪的同时，指导教师还要格外注意控制好上课秩序。在模拟演练中，会计学、财务管理等专业的学生在一些专业课程中学习过如何进行资产负债表、损益表、现金流量表以及预算表的编制，理论上，他们做账不会有任何问题，应该把主要的时间和精力用于财务管理方面的工作，如模拟企业何时融资、融资多少、进行哪一种类型的融资等，因为不同的贷款类型、不同时间节点的贷款选择等都会直接影响模拟企业的权益和现金流。然而事实并非如此，少数财会专业学生自认为会做报表，就在指导教师讲理论部分时不认真听讲，导致最后报表无法配平的反而是这些“专业人士”。

因此，为了更好地让学生掌握和应用专业基本知识，融入学生全员参与的课程体验中，强烈建议指导教师在上课时做好以下几点工作。

（1）要求上交手机。在大约两个小时的理论授课中，每个小组由 CEO 负责暂时保管各成员的手机，除非特殊情况，否则不允许使用手机，以免影响听课质量。

（2）“先礼后兵”。进行知识点讲解时，务必把 ERP 综合模拟演练中一些容易出错的环节一一指出，手工沙盘模拟演练中学生容易违规的环节也应全部指出，如果违反规则和程序，则给予一定的处罚。

（3）让学生充分讨论。给学生留有充分的讨论时间，不能在授课中一味地催促学生结束模拟运营，因为学生在仓促中无法做出合理决策，建议大约两个半小时完成一年的运营。

（4）进行年度师生互动。指导教师的点评和各小组每年经营的评比展示是课程的精彩环节，可以使学生对每一个模拟企业的经营策略和经营业绩进行宏观的把握和认知，从而找出自身的位置和更好的发展契机，因此此环节必不可少。

8.5　ERP 沙盘模拟最佳授课流程

8.5.1　沙盘盘面预布置

为了避免授课过程混乱、无序，保证沙盘模拟初始状态设定工作快速、清晰，指导教师在正式授课之前可事先在盘面放置如下物品。

（1）95 个灰币。

（2）10 个 R1 红币。

（3）3 条手工生产线。

（4）1 条半自动生产线。

（5）4 个 P1 产品标识牌。

（6）1 个 P1 生产资格牌。

（7）1 个本地市场准入证。

（8）若干个空桶。

8.5.2 用友 ERP 沙盘模拟简介

1. ERP 基本情况介绍

主要介绍目前国内外 ERP 软件公司的基本情况、ERP 基本原理、沙盘的来历、ERP 沙盘模拟简要情况。

2. ERP 沙盘模拟的优点

介绍 ERP 沙盘模拟的优点，即 ERP 沙盘模拟是对教学方法和教学模式的根本性转变，有助于学生综合利用如战略管理、生产运营管理、财务会计、财务管理、市场营销、ERP 原理与实施、物流管理等方面的知识。

3. ERP 沙盘模拟的局限性

虽然 ERP 沙盘模拟演练有诸多优点，但它毕竟是模拟企业进行业务管理和操作，为规范经营操作而制定的模拟对抗演练规则中的许多规定难免和实际情况不符，如折旧方法、所得税税率、不考虑增值税等。

8.5.3 分组及各位主管主要职能介绍

让大家本着自愿的原则进行分组，每组 5～6 个人（具体可根据人数多少来进行分配）。分组完毕之后，可让组员进行自我介绍，本着人尽其才的原则进行角色分配。

1. CEO 职责

模拟企业的 CEO 应带领团队成员共同做出决策，当团队成员意见相左、不能统一时，可由 CEO 拍板决策。

2. 营销总监职责

营销总监主要有三项职能：一是负责开拓市场；二是销售管理，投放广告费用拿订单；三是深入研究市场预测报告及明确客户需求。

3. 生产总监职责

生产总监对生产负全责，主要有两项内容：一是负责新产品开发；二是负责生产线更新、改造。

4. 采购总监职责

采购总监负责编制采购供应计划，使原材料既不产生库存积压又不发生短缺，主要利用物料需求计划来实现。

5. 财务总监职责

财务总监肩负财务会计和财务管理两项职能，在完成编制资产负债表和损益表的基本工作的同时，进行现金预算和资金筹划，如决定是进行长期贷款、短期贷款、高利贷、应收账款贴现，还是向同行拆借。

在沙盘模拟经营过程中，团队成员可以进行角色互换，从而体验角色转换后考虑问题出发点的相应变化，也就是换位思考。

8.5.4　沙盘盘面简单介绍

沙盘盘面的介绍请参见 2.1.3。

8.5.5　初始状态设定

1. 固定资产 53M 元

（1）土地和建筑——大厂房，价值 40M 元：财务总监将等值资金用桶装好放置于大厂房价值处。

（2）机器与设备——生产线，价值 13M 元：企业创办三年来，已购置 3 条手工生产线和 1 条半自动生产线，扣除折旧，目前手工生产线账面价值 3M 元，半自动生产线账面价值 4M 元。请财务总监取 4 个空桶，分别置入 3M 元、3M 元、3M 元、4M 元，并放置于生产线下方的“生产线净值”处。

2. 流动资产 52M 元

（1）现金——20M 元：财务总监拿出 20M 元放置于现金库位置。

（2）应收账款——15M 元：财务总监拿出一个空桶，装 15 个灰币，置于应收账款 3 账期位置。

（3）在制品——8M 元：手工生产线有三个生产周期，靠近原料库的为第一周期，3 条手工生产线上的 3 个 P1 在制品分别位于第一周期、第二周期、第三周期；半自动生产线有两个生产周期，P1 在制品位于第一周期。每个 P1 产品成本由两部分构成：P1=1R1+1M。生产总监拿 1 个空桶，采购总监拿 1 个红色的 R1 币，财务总监拿 1M 元灰币，由生产总监放置在生产线上的相应位置。

（4）成品——6M 元：成品库有 3 个 P1 产品。生产总监拿 3 个空桶，采购总监拿 3 个红色的 R1 币，财务总监拿 3M 元灰币，制作 3 个 P1 产品，由生产总监放在成品库。

（5）原料——3M 元：原料库有 3 个 R1，由采购总监取 3 个空桶，每个空桶中分别放置 1 个 R1 原料，并摆放到 R1 原料库。

除以上需要明确表示的价值之外，还有已向供应商发出的采购订货，预订 R1 原料 2 个，采购总监将两个空桶放置到 R1 原料订单处。

3. 负债 41M 元

长期负债——40M 元：企业有 40M 元长期借款，分别是 5 年期和 4 年期。请财务总监将两个空桶分别置于第五年和第四年期位置。

4. 所有者权益

所有者权益由股东资本、利润留存和年度净利计算得出。

8.5.6 运营规则分析

此部分已在第 3 章 3.2 阐述，此处不再重写。

本章小结

为达到预期的教学效果，本章针对学生在沙盘模拟演练过程中的易错点和易违规环节，确认实训前、实训中、实训后指导教师提高教学质量的关键控制点并加以优化设计，指出指导教师授课时应强调遵循系统论的思想和方法分析和解决问题，要求每一个模拟企业在进行决策时要有整体观，强调整体利益而不是局部利益的实现。另外，还要格外强调竞合关系在企业决策中的作用，学会用博弈论的思想来研判竞争环境和竞争对手，学会利用信息进行决策，结合获取的信息及时调整自身的经营策略和方案，不能固守。学生可将信息技术与经营管理技术相结合，以企业业务流程为主线，对人、财、物等资源进行全面配置和整合。需要注意的是，虽然 ERP 沙盘模拟实训采用虚实结合、趣味性和严肃性相结合的方式将经济管理类的基本专业知识融入其中，但仍无法替代专业学科知识系统的讲解和传授。ERP 沙盘模拟实训是对传统教学的一种有益补充和提高，期望学生可以灵活运用所学到的经济管理类知识并进行融会贯通。

参考文献

1．黄熙华．企业战略规划的体验式训练[EB/OL]．（2010-01-07）. http://www.chinavalue.net/huangxihua/ File.aspx.

2．李作林．中国企业战略规划的实质性意义[EB/OL].（2010-05-28）. http://www.thldl.com/news/1005/41413.html.

3．刘俊勇，孙薇．战略地图——平衡计分卡的持续之旅[J]．新理财，2005（4）：34-53.

4．吴斌，陈小寅，王华．基于 ERP 环境下的财务管理模式的研究[J]．现代管理科学，2004（4）：40-42.

5．路晓辉．ERP 制胜：有效驾驭管理中的数字[M]．北京：清华大学出版社，2005.

6．王新玲，柯明，耿锡润，等．ERP 沙盘模拟指导书[M]．北京：电子工业出版社，2005.

7．陈冰．ERP 沙盘实战[M]．北京：经济科学出版社，2008.

8．夏远强，叶剑明．企业管理 ERP 沙盘模拟教程[M]．北京：电子工业出版社，2007.

9．高市．ERP 沙盘实战教程[M]．大连：东北财经大学出版社，2012.

10．刘伯莹，周玉清，刘伯钧．MRPⅡ/ERP 原理与实施[M]．天津：天津大学出版社，2001.

11．施锦华．竞争合作企业间的协同资源计划研究[D]．哈尔滨：哈尔滨工业大学，2007.

12．杨海东．不确定因素下项目投资决策行为分析[D]．武汉：武汉理工大学，2004.

13．陈越．ERP 沙盘模拟中的筹资决策[J]．湖北财经高等专科学校学报，2009，21（3）：40-42.

14．韩宁，苗群，瞿皎娇，等．ERP 沙盘模拟的融资分析[J]．商业文化（学术版），2007（7）：46.

15．DRUCKER P F. The practice of management[M]. New York: Harper Collins Publishers, 2006.

16．王成，王铁．基于 ERP 的企业经营管理实践教学模式研究[J]．现代教育技术，2011，21（3）：136-139.

17．何晓岚．“创业者”企业模拟经营系统特点及在教学中的应用[J]．高等工程教育研究，2010（S1）：225-227.

18．闫萍，荆浩．基于 QFD 理论的经营管理虚拟仿真实训课程教学设计[J]．实验室研究与探索，2019，38（12）：225-228.

19．黄林冲，戚小童．新时代高校人才培养模式对学生的全面培养探讨——基于虚拟仿真实验教学项目的载体作用[J]．实验技术与管理，2020，37（6）：1-4.

20．熊宏齐．虚拟仿真实验教学助推理论教学与实验教学的融合改革与创新[J]．实验技术与管理，2020，37（5）：1-4，16.
21. 王知津，韩正彪，周鹏. 基于 4P4C4S 的市场营销竞争情报沙盘演练系统研究[J]. 情报理论与实践，2013，36（4）：46，59-63.
22. 董申，王金玲，陶然. 游戏化教学视角下经管课程整合的实证研究——以银企博弈沙盘为例[J]. 中国远程教育，2019（2）：71-78.
23. 张前，张守凤. 管理类专业引入 ERP 沙盘模拟课程教学探索[J]. 中国成人教育，2009（11）：113-114.
24. 赵明霏. 经济学沙盘模拟实验教学探究[J]. 实验室研究与探索，2018，37（11）：281-285.
25. 王杏，樊雪梅，赵飞. ERP 沙盘综合模拟教学改革与实践[J]. 实验技术与管理，2015，32（5）：239-241，264.
26. 王文铭，孙金凤. 建构主义在 ERP 沙盘综合模拟实验教学中的应用研究[J]. 实验技术与管理，2008，141（6）：137-141.
27. 徐畅，孙金凤. “三位一体”ERP 实践教学体系优化与设计研究[J]. 实验技术与管理，2017，34（2）：162-165.
28. 闫华红，张悦. ERP 沙盘模拟教学在财务管理教学模式改革中的应用[J]. 财务与会计，2013，458（2）：34-35.
29. 张小利. ERP 沙盘模拟经营教学有效性研究[J]. 才智，2014（32）：23，26.
30. 吴立保. 论本科教育从“教学范式”向“学习范式”的整体性变革——以知识范式转换为视角[J]. 中国高教研究，2019，310（6）：65-71.
31. 徐爱，高树凤，赵鹤芹. 经管类专业 ERP 综合实践教学体系的构建[J]. 实验室研究与探索，2012，31（2）：185-188.
32. 刘兵，李大赛，葛培培，等. 高管团队战略选择的驱动机制研究：基于风险偏好的视角[J]. 科技管理研究，2014，34（12）：106-111.
33. 周鹏，韩正彪. 博弈论在企业竞争情报模拟中的应用研究[J]. 图书情报工作，2010，54（22）：6-10.
34. 张前. ERP 沙盘模拟对抗中的市场博弈[J]. 实验室研究与探索，2014，33（8）：258-261.
35. 胡凯. 企业经营沙盘模拟实验教学研究[J]. 实验技术与管理，2012，29（3）：134-137.
36. 朱玲娇. 模拟实训活动中的“点评”与“总结”策略——以 ERP 沙盘实训为例[J]. 职教论坛，2018，691（3）：62-65.
37. 王滢，徐凤，周喆. ERP 沙盘实践课程的定位、目标和教学设计解析[J]. 实验技术与管理，2013，30（4）：120-123.
38. 张会锋. 高校沙盘模拟实验教学满意度的实证分析[J]. 现代教育技术，2010，20（4）：127-131.
39. 杨凯，马剑虹. 变革型领导力和交易型领导力：团队绩效的预测指标[J]. 心理学探新，2009，29（3）：82-88.
40. 中华人民共和国教育部. 教育部关于开展国家虚拟仿真实验教学项目建设工作的通知（教高函〔2018〕5 号）[EB/OL].（2018-05-30）. http://www.moe.gov.cn/srcsite/A08/s7945/s7946/201806/t20180607_338713.html.

41．王惠芬，张霞，唐秋鸿．基于 ERP 电子沙盘模拟的管理类专业实习实训基地构建研究[J]. 实验技术与管理，2018，35（4）：218-222.

42．韩海轩．新形势下 ERP 沙盘模拟实践教学存在的问题及对策探究[J]. 教育教学论坛，2020，2（8）：282-283.

43．刘友金，廖湘岳，向国成．经管类本科创新型应用人才培养模式研究[J]. 教育研究，2010（3）：100-103.

44．徐峰，孙伟力，王新玲．ERP 沙盘模拟实验指导书[M]. 南京：南京大学出版社，2011.

45．罗伯特・卡普兰，戴维・诺顿．战略中心型组织：平衡计分卡的制胜方略[M]. 上海博意门咨询有限公司，译．北京：中国人民大学出版社，2008.

46．迈克尔・波特．竞争战略[M]. 陈小悦，译．北京：华夏出版社，2005.

47．西安同信力创项目管理咨询公司．信息系统顶层设计[EB/OL].（2019-08-19）. http://www.torchpm.com/news/news_info.asp?id=8.

48．张辉．全球价值链理论与我国产业发展研究[J]. 中国工业经济，2004（5）：38-46.

49．迟丽华. ERP 战略下的企业财务管理创新研究[J]. 中央财经大学学报，2007(12)：85-89.

50．郝必传，刘秋生. ERP 环境下企业成本管理模式探讨[J]. 现代经济探讨，2000(12)：41-42.

51．梁金忠，姬爱玲，苗亚飞．ERP 在企业采购及库存管理中的重要性[J]. 中国管理信息化，2017，20（3）：47-48.

52．李雄义．采购与库存管理系统的应用研究[D]. 厦门：厦门大学，2011.

53．孙金凤. ERP 沙盘模拟教学质量提升的关键点控制研究[J]. 实验技术与管理, 2021，38（3）：230-235.

54．鲁桂华．净资产报酬率的杜邦分析法：基本原理[N]. 第一财经日报，2013-06-08（B11 版）.

附录A　ERP沙盘模拟对抗演练资料

A1　商业预测报告

本报告是一家权威的市场调研机构对未来六年里各个市场的需求的预测，应该说这一预测报告有着很高的可信度。但根据这一预测报告进行企业的经营运作，其后果将由各企业自行承担。

P1产品是目前市场上的主流技术产品，P2产品作为对P1产品的技术改良产品，也比较容易获得大众的认同。

P3和P4产品作为P系列产品里的高端技术产品，各个市场对它们的认同度不尽相同，需求量与价格也会有较大的差异。

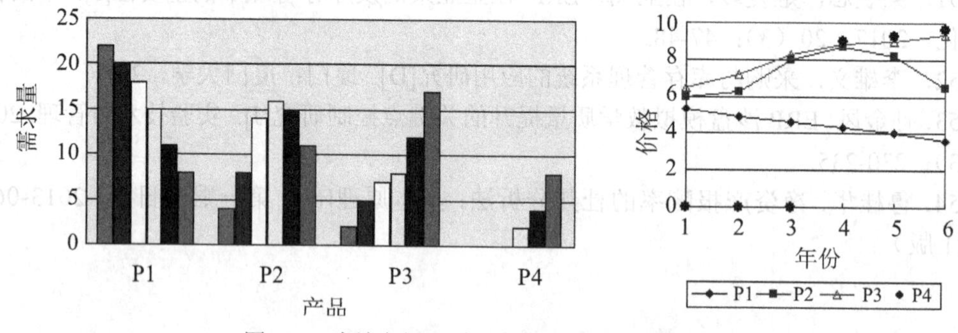

图A-1　本地市场P系列产品需求量与价格预测

本地市场将会持续发展，客户对低端产品的需求可能要减少。伴随着需求的减少，低端产品的价格很有可能会逐步走低。后几年，随着高端产品的成熟，市场对P3、P4产品的需求将会逐渐增加。同时，随着时间的推移，客户的质量意识将不断提高，后几年，他们可能会对厂商是否通过了ISO 9000认证和ISO 14000认证有更高的要求。

区域市场的客户的喜好相对稳定，因此P系列产品的市场需求量变化也很有可能会比较平稳。因其紧邻本地市场，所以产品需求量的走势可能与本地市场相似，价格变动趋势也应大致一样，如图A-2所示。该市场的客户比较乐于接受新的事物，因此对于高端产品也会比较有兴趣，但由于受到地域的限制，该市场的需求总量非常有限。这个市场上的客户相对比较挑剔，因此在后几年，客户会对厂商是否通过了ISO 9000认证和ISO 14000认证有较高的要求。

因P1产品带有较浓的地域色彩，估计国内市场对P1产品不会有持久的需求。P2产品因为更适合国内市场，所以估计其需求量会一直比较平稳。如图A-3所示，随着客户对P

系列产品新技术的逐渐认同，估计 P3 产品的需求会快速增加，但这个市场上的客户对 P4 产品并不是那么认同。当然，对于高端产品来说，客户一定会更注重产品的质量保证。

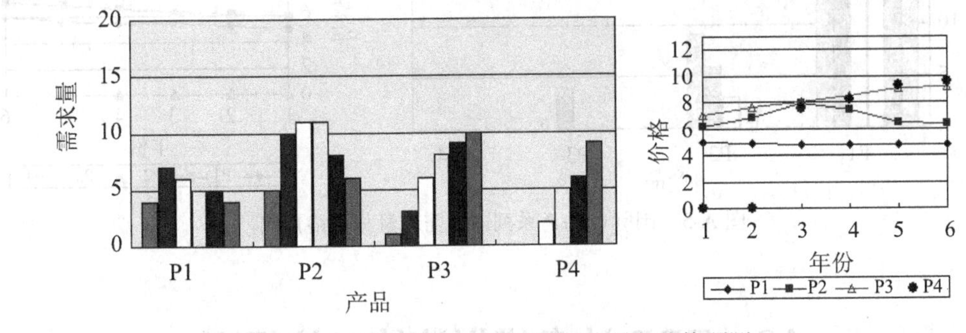

图 A-2 区域市场 P 系列产品需求量与价格预测

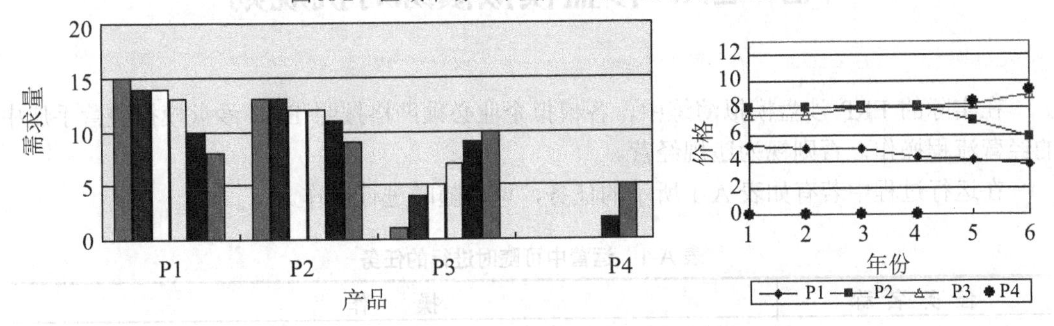

图 A-3 国内市场 P 系列产品需求量与价格预测

亚洲市场的客户喜好一向不易把握，所以该市场对 P1 产品的需求可能变动较大，估计 P2 产品的需求走势也会与 P1 产品相似。但该市场对新产品很敏感，因此估计对 P3、P4 产品的需求会快速增加，如图 A-4 所示，价格也可能快速升高。另外，这个市场的消费者很看重产品的质量，所以在后几年里，如果厂商没有通过 ISO 9000 和 ISO 14000 的认证，其产品可能很难销售。

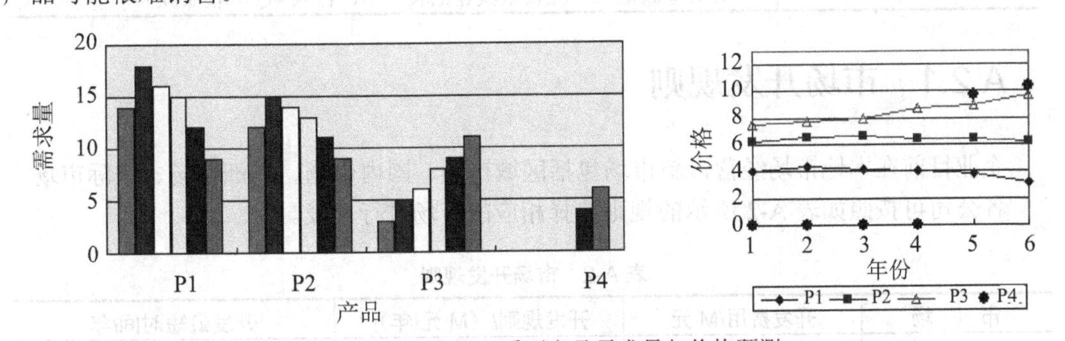

图 A-4 亚洲市场 P 系列产品需求量与价格预测

进入国际市场可能需要一段较长的时期。有迹象表明，目前，这一市场上的客户对 P1 产品已经有所认同，如图 A-5 所示，需求也会比较旺盛。对于 P2 产品，客户将会谨慎地接受，但仍需要一段时间才能被市场所接受。对于新兴的技术，这一市场上的客户将会以观望为主，因此对于 P3 和 P4 产品的需求将会发展得极慢。因为产品需求主要集中在低端，所以客户对于 ISO 认证的要求并不如其他几个市场那么高，但也不排除在后期会有这方面的需求的可能。

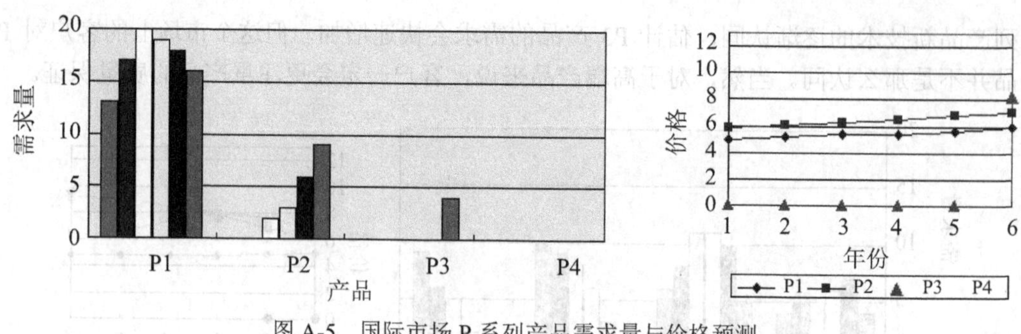

图 A-5 国际市场 P 系列产品需求量与价格预测

A2 ERP 沙盘模拟演练对抗规则

在实际的 ERP 沙盘模拟演练中，各模拟企业必须严格按照 ERP 沙盘模拟经营手册中的经营流程操作，否则视为违规经营。

在运行过程中若有如表 A-1 所示的任务，可以随时进行操作。

表 A-1 运营中可随时进行的任务

任务名称	操作
贴现	● 中断正常操作任务 ● 企业在“应收账款登记表”中登记相关项目，交监督员审查 ● 执行贴现操作
高利贷	● 中断当前操作任务 ● 和指导教师协商贷款金额
卖厂房	● 中断当前操作任务 ● 所卖金额记入“应收账款登记表”中，计入 4Q 应收账款

A.2.1 市场开发规则

企业目前在本地市场经营，新市场包括区域市场、国内市场、亚洲市场、国际市场。各公司可按照如表 A-2 所示的规则选择相应的市场进行开发。

表 A-2 市场开发规则

市场	开发费用/M 元	开发规则/（M 元/年）	开发最短时间/年
本地	无	无	无
区域	1	1	1
国内	2	1	2
亚洲	3	1	3
国际	4	1	4

规则：每年投入 1M 元，允许中断或终止，不允许超前投资。

A.2.2　产品相关规则

1. 产品研发规则

P1 产品是各公司本身拥有的，其他产品需要进行开发。具体开发时间和经费如表 A-3 所示。

表 A-3　具体开发时间和经费

	产品		
	P2	P3	P4
研发时间/季度	6	6	6
研发投资/M 元	6	12	18

注：① 开发投入分期进行，每季度进行一次，投入 1M 元、2M 元、3M 元不等。
② 开发过程可以随时中断和延续，不允许超前或集中投入。
③ 投资不能回收。
④ 开发完成之后才能上线生产产品。
⑤ 开发的产品不能转让

2. 产品生产规则

产品研发完成后，模拟企业方可开始接单生产。开始生产时，按产品结构要求将原料放在生产线上并支付加工费，各条生产线生产产品的加工费均为 1M 元。

P1=1R1+1M 元　　P2=1R1+1R2+1M 元

P3=2R2+R3+1M 元　　P4=1R2+1R3+2R4+1M 元

3. 原材料采购规则

根据上季度所下采购订单接受相应的原料入库，并按规定付款或计入应付账款。用空桶表示原材料订货，将其放在相应的订单位置上，如表 A-4 所示，R1、R2 订购必须提前一个季度订货，R3、R4 订购必须提前两个季度订货。

表 A-4　采购订单

原　材　料	采购订单提前期/季度
R1（红色）	1
R2（橙色）	1
R3（蓝色）	2
R4（绿色）	2

注：① 没有下订单的原材料不能入库。
② 原材料订单不得违约、反悔，所有下订单的原材料到期必须入库。

A.2.3　ISO 9000、ISO 14000 开发规则

无形资产的获得包括 ISO 9000 和 ISO 14000 的认证，ISO 9000 认证需要 2 年完成，ISO

14000 认证至少需要 3 年完成，分期投入，每年一次，每次 100 万元。可以中断投资，但不允许集中或超前投资。

只有开发完成后，才能在具有 ISO 认证要求的市场竞单中投入广告费，才有资格获取具有 ISO 认证要求的特殊订单。

A.2.4 厂房买卖规则

企业目前拥有自主厂房——大厂房，价值 40M 元；另有小厂房可供选择使用。有关各厂房购买、出售与租赁的相关规则如表 A-5 所示。

表 A-5 有关各厂房购买、租赁、出售的相关规则

厂 房	买价/M 元	租金/（M 元/年）	售价/M 元	生产线容量/条
大厂房	40	5	40	6
小厂房	30	4	30	4

（1）年底决定是否购买厂房，购买厂房时，将等值的现金放置在厂房价值处，厂房不提折旧。

（2）年末时，如果厂房中有一条生产线，不论状态如何，都算占用。如果占用的厂房没有购买，必须付租金。

（3）对于已经购买的厂房可随时按原值出售，出售厂房的款项计入 4Q 的应收款。

A.2.5 机器设备

不同类型的生产线投资及转产规则如表 A-6 所示。

表 A-6 不同类型的生产线投资及转产规则

生 产 线	购买价/M 元	安装周期/季度	生产周期/季度	转产周期/季度	转产费用/M 元	维修费用/（M 元/年）	残值/M 元
手工	5	无	3	无	无	1	1
半自动	8	2	2	1	1	1	2
全自动	16	4	1	2	4	1	4
柔性	24	4	1	无	无	1	6

（1）生产线只能购买，不能在公司之间转让。

（2）购买生产线资金必须按照安装周期分期支付，只有实现支付，才能计算安装期；支付不一定需要持续，可以在支付过程中停顿，安装期顺延。

（3）只有当投资全部完成后，才算安装完成。

（4）生产线卖出时，只能按残值出售，实际价值继续参加折旧，直到折完为止。

① 如果生产线净值小于等于残值，将生产线净值直接转到现金库中。

② 如果生产线净值大于残值，从生产线净值中取出等同于残值的部分转化为现金，将差额部分作为费用处理，置于综合费用“其他”处。

（5）当年建成的生产线不参加折旧。

（6）生产线每年提取维护费，在建的生产线不交维护费，但一旦建成，不论是否生产，必须交纳维护费，转产的生产线也需要交纳维护费。

（7）生产线一经安装不允许移动位置。

（8）有在制品的生产线不允许出售和做转产处理。

（9）生产线上的格子代表加工工期，所以生产线上只能有一个在制品。

A.2.6　融资规则

融资规则如表A-7所示。

表A-7　融资规则

融资方式	规定贷款时间	最高额度	财务费用	还款方式
长期贷款	每年年末	上年所有者权益×2-已有长期贷款+一年内到期的长期贷款	年息10%	年底付息，到期还本
短期贷款	每季度初	上年所有者权益×2-已有短期贷款-一年内到期的长期贷款	年息5%	到期一次还本付息
高利贷	任何时间	与指导教师（银行）协商	年息20%	到期一次还本付息
应收账款贴现	任何时间	应收账款额度的6/7，取整数	贴息1/7	贴现时收取贴现费用

（1）长期贷款额度：各自为上年权益总计的2倍，申请额度必须为20的倍数；如果上年权益为11M元～19M元，只能按10M元来计算贷款额度，即贷款额度为20M元。权益低于10M元，将不能获得贷款。

（2）期限：长期贷款最多可贷5年，短期贷款为4个季度。

（3）利息及还款：长期贷款每年支付利息，到期还本；短期贷款到期时还本并支付利息。

（4）应收账款贴现：按1∶6提取贴现费用，即从任意账期的应收账款中取7M元，6M元变为现金，1M元支付贴现费用（只能贴7的倍数），只要有应收账款，就可以随时贴现。

（5）高利贷：利息为每年20%，以20M元为单位放贷，最长期限为1年，到期还本付息。发放额度应与银行协商。

A.2.7　费用规则

（1）综合管理费：每季度支付1M元。

（2）广告费（市场营销费）：每年拿订单时的广告费投入。

（3）折旧：采用余额加速折旧，每次按固定资产净值的1/3取整折旧，少于3M元时，每次折旧1M元，直到提完为止。当年新建成的生产线不提折旧，厂房不提折旧。

A.2.8　市场订单规则

1. 广告费用与获得订单的机会

1M元广告费投入，获得一次拿单的机会，另外获得拿单机会则需要2M元每个机会；每个机会可以拿一张订单。例如，7M 元广告费表示有 4 次拿单的机会，最多可以拿 4 张订单。

2. 广告填写

（1）将广告费填写在每个市场的相应产品栏中。

（2）要保持市场准入时，最少每个市场投放 1M 元广告费。

（3）如果要拿取 ISO 标准的订单，首先要开发完成 ISO 认证，然后在每次的竞单中，在广告登记单的 ISO 位置填写 1M 元的广告费。

3. 选单排名顺序

订单按市场、产品，如本地市场的 P1、P2、P3、P4 产品，区域市场的 P1、P2、P3、P4 产品等次序发放。

各公司按照排定的顺序来选择订单，选单顺序根据如下原则排定。

（1）第一年以投入某个产品广告费用的多少产生该产品的选单顺序。

（2）如果该产品投入一样，按本次市场的广告费总投入量（包括 ISO 认证的投入）进行排名。

（3）如果市场广告费总投入量一样，按上年的该市场排名顺序排名。

（4）如果上年排名相同，采用竞标方式选单，即把某一订单的销售价、账期去掉，按竞标公司所出的销售价和账期决定谁获得该订单（按出价低、账期长的顺序发单）。

4. 销售排名及市场老大规则

（1）每年竞单完成后，根据某个市场的总订单销售额排名。

（2）排名第一的为市场老大，下年可以不参加该市场的选单排名而优先选单。

（3）其余的公司仍按选单排名方式确定选单顺序。

5. 放弃原则

（1）本地市场不允许放弃（每次最少在一个商品上投入 1M 元）。

（2）其他市场可以放弃，但若要再次进入，必须再次开发（已开发的投入将被收走）。

6. 订单放单原则

（1）按总需要量放单。如对某个产品总需要量为 6 张订单，市场有 7 张订单，则只放 6 张。

（2）按供应量放单。如果订单总数超过需求总数，拿出全部订单。

（3）如果只有独家需求，全部放单。

7. 选单流程

（1）按选单顺序先选第一轮，每公司一轮只有一次机会，选择 1 张订单。

（2）第二轮按顺序再选，机会用完的公司则退出选单，如老大只投了 1M元广告费，第二轮选单，老大退出，由前两次排名最靠前的公司选单。

8. 订单种类

（1）普通订单：一年之内任何交货期均可交货。

（2）加急订单：第一季度必须交货。

（3）ISO 9000 或 ISO 14000 订单：要求具有 ISO 9000 或 ISO 14000 认证资格，并且在市场广告上投放了广告费（1M 元）的公司，可以拿单。

9. 交货规则

必须按照订单规定的数量交货。

10. 违约处罚规则

所有订单必须在规定的期限内完成（按订单上的产品数量交货），即加急订单必须在第一季度交货、普通订单必须在本年度交货等；如果订单没有完成，则按下列规则加以处罚。

（1）下年市场地位下降一级（如果是市场第一的，则下年市场第一空缺，所有公司均没有优先选单的资格）。

（2）下年必须先交上违约的订单后，才允许交下年正常订单。

（3）交货时扣除订单额 25%的违约金，如订单总额为 20M 元，交货时只能获得 15M 元的货款。

A.2.9　对抗结果评比

经营结束时，按照企业的综合实力评分，选出优胜队。综合实力评分是根据所有者权益、生产能力、资产状况、产品开发、市场地位等计算得出的。

A3　ERP 沙盘模拟职位分配表

ERP 生产经营沙盘模拟职位分配表如表 A-8 所示。

表 A-8　ERP 生产经营沙盘模拟职位分配表

专业班级：

小组：　　　　　　　　　　　　公司名称：

职　位	人　数	姓　名	备　注
CEO	1		
营销总监	1		
生产总监	1		
财务总监	1		
采购总监	1		
财务助理			
信息情报员			

A4　广告登记表

广告登记表如表 A-9 所示。

表 A-9　广告登记表

第一年本地市场				第二年本地市场				第三年本地市场				第四年本地市场				第五年本地市场				第六年本地市场			
产品	广告	9K	14K	产品	广告	9K	14K	产品	广告	9K	14K	产品	广告	9K	14K	产品	广告	9K	14K	产品	广告	9K	14K
P1				P1				P1				P1				P1				P1			
P2				P2				P2				P2				P2				P2			
P3				P3				P3				P3				P3				P3			
P4				P4				P4				P4				P4				P4			
第一年区域市场				第二年区域市场				第三年区域市场				第四年区域市场				第五年区域市场				第六年区域市场			
产品	广告	9K	14K	产品	广告	9K	14K	产品	广告	9K	14K	产品	广告	9K	14K	产品	广告	9K	14K	产品	广告	9K	14K
P1				P1				P1				P1				P1				P1			
P2				P2				P2				P2				P2				P2			
P3				P3				P3				P3				P3				P3			
P4				P4				P4				P4				P4				P4			
第一年国内市场				第二年国内市场				第三年国内市场				第四年国内市场				第五年国内市场				第六年国内市场			
产品	广告	9K	14K	产品	广告	9K	14K	产品	广告	9K	14K	产品	广告	9K	14K	产品	广告	9K	14K	产品	广告	9K	14K
P1				P1				P1				P1				P1				P1			
P2				P2				P2				P2				P2				P2			
P3				P3				P3				P3				P3				P3			
P4				P4				P4				P4				P4				P4			
第一年亚洲市场				第二年亚洲市场				第三年亚洲市场				第四年亚洲市场				第五年亚洲市场				第六年亚洲市场			
产品	广告	9K	14K	产品	广告	9K	14K	产品	广告	9K	14K	产品	广告	9K	14K	产品	广告	9K	14K	产品	广告	9K	14K
P1				P1				P1				P1				P1				P1			
P2				P2				P2				P2				P2				P2			
P3				P3				P3				P3				P3				P3			
P4				P4				P4				P4				P4				P4			
第一年国际市场				第二年国际市场				第三年国际市场				第四年国际市场				第五年国际市场				第六年国际市场			
产品	广告	9K	14K	产品	广告	9K	14K	产品	广告	9K	14K	产品	广告	9K	14K	产品	广告	9K	14K	产品	广告	9K	14K
P1				P1				P1				P1				P1				P1			
P2				P2				P2				P2				P2				P2			
P3				P3				P3				P3				P3				P3			
P4				P4				P4				P4				P4				P4			

A5　ERP 沙盘模拟演练手册

ERP 沙盘模拟演练手册如表 A-10～表 A-57 所示。

表 A-10　起始年模拟企业运营流程表

任务清单 （请按顺序执行下列各项操作）	每执行完一项操作，CEO 请在相应的方格内打钩。 财务总监（助理）在方格中填写现金收支情况。			
新年度规划会议				
参加订货会/登记销售订单				
制订新年度计划				
支付应付税				
季初现金盘点（请填余额）				
更新短期贷款/还本付息/申请短期贷款				
更新应付款/归还应付款				
原材料入库/更新原材料采购订单				
下原材料采购订单				
更新生产/完工入库				
投资新生产线/变卖生产线/生产线转产				
向其他企业购买原材料/出售原材料				
开始下一批生产				
更新应收款/应收款收现				
出售厂房				
向其他企业购买成品/出售成品				
按订单交货				
产品研发投资				
支付行政管理费				
其他现金收支情况登记				
支付利息/更新长期贷款/申请长期贷款				
支付设备维护费				
支付租金/购买厂房				
计提折旧				
新市场开拓/ISO 资格认证投资				
结账				
现金收入合计				
现金支出合计				
期末现金对账（请填余额）				

表 A-11　起始年订单登记表

订　单　号											合　计
市场											
产品											
数量											
账期											
销售额											
成本											
毛利											
未售											

表 A-12　起始年产品核算统计表

项　目	产　品				
	P1	P2	P3	P4	合计
数量/个					
销售额/M 元					
成本/M 元					
毛利/M 元					

表 A-13　起始年综合管理费用明细表　　单位：百万元

项　目	金　额	备　注
管理费		
广告费		
保养费		
租金		
转产费		
市场准入开拓		□区域　□国内　□亚洲　□国际
ISO 资格认证		□ISO 9000　□ISO 14000
产品研发		P2（　）　P3（　）　P4（　）
其他		
合计		

表 A-14　起始年利润表　　单位：百万元

项　目	上　年　数	本　年　数
销售收入		
直接成本		
毛利		
综合费用		
折旧前利润		
折旧		
支付利息前利润		
财务收入/支出		
其他收入/支出		
税前利润		
所得税		
净利润		

表 A-15　起始年资产负债表　　单位：百万元

资　产	期 初 数	期 末 数	负债和所有者权益	期 初 数	期 末 数
流动资产：			负债：		
现金			长期负债		
应收账款			短期负债		
在制品			应付账款		
成品			应交税金		
原料			一年内到期的长期负债		
流动资产合计			负债合计		
固定资产：			所有者权益：		
土地和建筑			股东资本		
机器与设备			利润留存		
在建工程			年度净利		
固定资产合计			所有者权益合计		
资产总计			负债和所有者权益总计		

表 A-16　第一年模拟企业运营流程表

任务清单 （请按顺序执行下列各项操作）	每执行完一项操作，CEO 请在相应的方格内打钩。 财务总监（助理）在方格中填写现金收支情况。			
新年度规划会议				
参加订货会/登记销售订单				
制订新年度计划				
支付应付税				
季初现金盘点（请填余额）				
更新短期贷款/还本付息/申请短期贷款				
更新应付款/归还应付款				
原材料入库/更新原材料采购订单				
下原材料采购订单				
更新生产/完工入库				
投资新生产线/变卖生产线/生产线转产				
向其他企业购买原材料/出售原材料				
开始下一批生产				
更新应收款/应收款收现				
出售厂房				
向其他企业购买成品/出售成品				
按订单交货				
产品研发投资				
支付行政管理费				
其他现金收支情况登记				
支付利息/更新长期贷款/申请长期贷款				
支付设备维护费				
支付租金/购买厂房				
计提折旧				
新市场开拓/ISO 资格认证投资				
结账				
现金收入合计				
现金支出合计				
期末现金对账（请填余额）				

表 A-17 第一年现金预算表

单位：百万元

	第一季度	第二季度	第三季度	第四季度
期初库存现金				
支付上年应交税				
市场广告投入				
贴现费用				
利息（短期贷款）				
支付到期短期贷款				
原料采购支付现金				
转产费用				
生产线投资				
工人工资				
产品研发投资				
收到现金前的所有支出				
应收款到期				
支付管理费用				
利息（长期贷款）				
支付到期长期贷款				
设备维护费用				
租金				
购买新建筑				
市场开拓投资				
ISO 认证投资				
其他				
库存现金余额				

要点记录

第一季度：________________

第二季度：________________

第三季度：________________

第四季度：________________

年底小结：________________

表 A-18 第一年订单登记表

订单号											合计
市场											
产品											
数量											
账期											
销售额											
成本											
毛利											
未售											

表A-19　第一年产品核算统计表

项　目	产　品				
	P1	P2	P3	P4	合计
数量/个					
销售额/M元					
成本/M元					
毛利/M元					

表A-20　第一年综合管理费用明细表　单位：百万元

项　目	金　额	备　注
管理费		
广告费		
保养费		
租金		
转产费		
市场准入开拓		□区域　□国内　□亚洲　□国际
ISO资格认证		□ISO 9000　□ISO 14000
产品研发		P2（　）　P3（　）　P4（　）
其他		
合计		

表A-21　第一年利润表　单位：百万元

项　目	上　年　数	本　年　数
销售收入		
直接成本		
毛利		
综合费用		
折旧前利润		
折旧		
支付利息前利润		
财务收入/支出		
其他收入/支出		
税前利润		
所得税		
净利润		

表A-22　第一年资产负债表　单位：百万元

资　产	期　初　数	期　末　数	负债和所有者权益	期　初　数	期　末　数
流动资产：			负债：		
现金			长期负债		
应收账款			短期负债		
在制品			应付账款		
成品			应交税金		
原料			一年内到期的长期负债		
流动资产合计			负债合计		

续表

资　　产	期 初 数	期 末 数	负债和所有者权益	期 初 数	期 末 数
固定资产：			所有者权益：		
土地和建筑			股东资本		
机器与设备			利润留存		
在建工程			年度净利		
固定资产合计			所有者权益合计		
资产总计			负债和所有者权益总计		

表 A-23　第二年模拟企业运营流程表

任务清单 （请按顺序执行下列各项操作）	每执行完一项操作，CEO 请在相应的方格内打钩。 财务总监（助理）在方格中填写现金收支情况。			
新年度规划会议				
参加订货会/登记销售订单				
制订新年度计划				
支付应付税				
季初现金盘点（请填余额）				
更新短期贷款/还本付息/申请短期贷款				
更新应付款/归还应付款				
原材料入库/更新原材料采购订单				
下原材料采购订单				
更新生产/完工入库				
投资新生产线/变卖生产线/生产线转产				
向其他企业购买原材料/出售原材料				
开始下一批生产				
更新应收款/应收款收现				
出售厂房				
向其他企业购买成品/出售成品				
按订单交货				
产品研发投资				
支付行政管理费				
其他现金收支情况登记				
支付利息/更新长期贷款/申请长期贷款				
支付设备维护费				
支付租金/购买厂房				
计提折旧				
新市场开拓/ISO 资格认证投资				
结账				
现金收入合计				
现金支出合计				
期末现金对账（请填余额）				

表A-24 第二年现金预算表

单位：百万元

	第一季度	第二季度	第三季度	第四季度
期初库存现金				
支付上年应交税				
市场广告投入				
贴现费用				
利息（短期贷款）				
支付到期短期贷款				
原料采购支付现金				
转产费用				
生产线投资				
工人工资				
产品研发投资				
收到现金前的所有支出				
应收款到期				
支付管理费用				
利息（长期贷款）				
支付到期长期贷款				
设备维护费用				
租金				
购买新建筑				
市场开拓投资				
ISO认证投资				
其他				
库存现金余额				

要点记录

第一季度：

第二季度：

第三季度：

第四季度：

年底小结：

表A-25 第二年订单登记表

订单号											合计
市场											
产品											
数量											
账期											
销售额											
成本											
毛利											
未售											

表 A-26 第二年产品核算统计表

项 目	产 品				
	P1	P2	P3	P4	合计
数量/个					
销售额/M 元					
成本/M 元					
毛利/M 元					

表 A-27 第二年综合管理费用明细表

单位：百万元

项 目	金 额	备 注
管理费		
广告费		
保养费		
租金		
转产费		
市场准入开拓		□区域 □国内 □亚洲 □国际
ISO 资格认证		□ISO 9000 □ISO 14000
产品研发		P2（ ） P3（ ） P4（ ）
其他		
合计		

表 A-28 第二年利润表

单位：百万元

项 目	上 年 数	本 年 数
销售收入		
直接成本		
毛利		
综合费用		
折旧前利润		
折旧		
支付利息前利润		
财务收入/支出		
其他收入/支出		
税前利润		
所得税		
净利润		

表 A-29 第二年资产负债表

单位：百万元

资 产	期 初 数	期 末 数	负债和所有者权益	期 初 数	期 末 数
流动资产：			负债：		
现金			长期负债		
应收账款			短期负债		
在制品			应付账款		
成品			应缴税金		

续表

资　　产	期　初　数	期　末　数	负债和所有者权益	期　初　数	期　末　数
原料			一年内到期的长期负债		
流动资产合计			负债合计		
固定资产：			所有者权益：		
土地和建筑			股东资本		
机器与设备			利润留存		
在建工程			年度净利		
固定资产合计			所有者权益合计		
资产总计			负债和所有者权益总计		

表 A-30　第三年模拟企业运营流程表

任务清单 （请按顺序执行下列各项操作）	每执行完一项操作，CEO 请在相应的方格内打钩。 财务总监（助理）在方格中填写现金收支情况。			
新年度规划会议				
参加订货会/登记销售订单				
制订新年度计划				
支付应付税				
季初现金盘点（请填余额）				
更新短期贷款/还本付息/申请短期贷款				
更新应付款/归还应付款				
原材料入库/更新原材料采购订单				
下原材料采购订单				
更新生产/完工入库				
投资新生产线/变卖生产线/生产线转产				
向其他企业购买原材料/出售原材料				
开始下一批生产				
更新应收款/应收款收现				
出售厂房				
向其他企业购买成品/出售成品				
按订单交货				
产品研发投资				
支付行政管理费				
其他现金收支情况登记				
支付利息/更新长期贷款/申请长期贷款				
支付设备维护费				
支付租金/购买厂房				
计提折旧				
新市场开拓/ISO 资格认证投资				
结账				
现金收入合计				
现金支出合计				
期末现金对账（请填余额）				

表 A-31　第三年现金预算表

单位：百万元

	第一季度	第二季度	第三季度	第四季度
期初库存现金				
支付上年应交税				
市场广告投入				
贴现费用				
利息（短期贷款）				
支付到期短期贷款				
原料采购支付现金				
转产费用				
生产线投资				
工人工资				
产品研发投资				
收到现金前的所有支出				
应收款到期				
支付管理费用				
利息（长期贷款）				
支付到期长期贷款				
设备维护费用				
租金				
购买新建筑				
市场开拓投资				
ISO 认证投资				
其他				
库存现金余额				

要点记录

第一季度：________________

第二季度：________________

第三季度：________________

第四季度：________________

年底小结：________________

____

表 A-32　第三年订单登记表

单位：百万元

订单号										合计
市场										
产品										
数量										
账期										
销售额										
成本										
毛利										
未售										

表 A-33　第三年产品核算统计表

项　目	产　品				
	P1	P2	P3	P4	合计
数量/个					
销售额/M 元					
成本/M 元					
毛利/M 元					

表 A-34　第三年综合管理费用明细表　单位：百万元

项　目	金　额	备　注
管理费		
广告费		
保养费		
租金		
转产费		
市场准入开拓		□区域　□国内　□亚洲　□国际
ISO 资格认证		□ISO 9000　□ISO 14000
产品研发		P2（　）　P3（　）　P4（　）
其他		
合计		

表 A-35　第三年利润表　单位：百万元

项　目	上 年 数	本 年 数
销售收入		
直接成本		
毛利		
综合费用		
折旧前利润		
折旧		
支付利息前利润		
财务收入/支出		
其他收入/支出		
税前利润		
所得税		
净利润		

表 A-36　第三年资产负债表　单位：百万元

资　产	期 初 数	期 末 数	负债和所有者权益	期 初 数	期 末 数
流动资产：			负债：		
现金			长期负债		
应收账款			短期负债		
在制品			应付账款		
成品			应交税金		

续表

资　产	期初数	期末数	负债和所有者权益	期初数	期末数
原料			一年内到期的长期负债		
流动资产合计			负债合计		
固定资产：			所有者权益：		
土地和建筑			股东资本		
机器与设备			利润留存		
在建工程			年度净利		
固定资产合计			所有者权益合计		
资产总计			负债和所有者权益总计		

表 A-37　第四年模拟企业运营流程表

任务清单 （请按顺序执行下列各项操作）	每执行完一项操作，CEO 请在相应的方格内打钩。 财务总监（助理）在方格中填写现金收支情况。			
新年度规划会议				
参加订货会/登记销售订单				
制订新年度计划				
支付应付税				
季初现金盘点（请填余额）				
更新短期贷款/还本付息/申请短期贷款（高利贷）				
更新应付款/归还应付款				
原材料入库/更新原材料采购订单				
下原材料采购订单				
更新生产/完工入库				
投资新生产线/变卖生产线/生产线转产				
向其他企业购买原材料/出售原材料				
开始下一批生产				
更新应收款/应收款收现				
出售厂房				
向其他企业购买成品/出售成品				
按订单交货				
产品研发投资				
支付行政管理费				
其他现金收支情况登记				
支付利息/更新长期贷款/申请长期贷款				
支付设备维护费				
支付租金/购买厂房				
计提折旧				
新市场开拓/ISO 资格认证投资				
结账				
现金收入合计				
现金支出合计				
期末现金对账（请填余额）				

表 A-38 第四年现金预算表

单位：百万元

	第一季度	第二季度	第三季度	第四季度
期初库存现金				
支付上年应交税				
市场广告投入				
贴现费用				
利息（短期贷款）				
支付到期短期贷款				
原料采购支付现金				
转产费用				
生产线投资				
工人工资				
产品研发投资				
收到现金前的所有支出				
应收款到期				
支付管理费用				
利息（长期贷款）				
支付到期长期贷款				
设备维护费用				
租金				
购买新建筑				
市场开拓投资				
ISO 认证投资				
其他				
库存现金余额				

要点记录

第一季度：________________

第二季度：________________

第三季度：________________

第四季度：________________

年底小结：________________

____

表 A-39 第四年订单登记表

订单号											合计
市场											
产品											
数量											
账期											
销售额											
成本											
毛利											
未售											

表 A-40 第四年产品核算统计表

项 目	产 品				
	P1	P2	P3	P4	合计
数量/个					
销售额/M 元					
成本/M 元					
毛利/M 元					

表 A-41 第四年综合管理费用明细表 单位：百万元

项 目	金 额	备 注
管理费		
广告费		
保养费		
租金		
转产费		
市场准入开拓		□区域 □国内 □亚洲 □国际
ISO 资格认证		□ISO 9000 □ISO 14000
产品研发		P2（ ） P3（ ） P4（ ）
其他		
合计		

表 A-42 第四年利润表 单位：百万元

项 目	上 年 数	本 年 数
销售收入		
直接成本		
毛利		
综合费用		
折旧前利润		
折旧		
支付利息前利润		
财务收入/支出		
其他收入/支出		
税前利润		
所得税		
净利润		

表 A-43 第四年资产负债表 单位：百万元

资 产	期 初 数	期 末 数	负债和所有者权益	期 初 数	期 末 数
流动资产：			负债：		
现金			长期负债		
应收账款			短期负债		
在制品			应付账款		
成品			应交税金		

续表

资　产	期初数	期末数	负债和所有者权益	期初数	期末数
原料			一年内到期的长期负债		
流动资产合计			负债合计		
固定资产：			所有者权益：		
土地和建筑			股东资本		
机器与设备			利润留存		
在建工程			年度净利		
固定资产合计			所有者权益合计		
资产总计			负债和所有者权益总计		

表A-44　第五年模拟企业运营流程表

任务清单 （请按顺序执行下列各项操作）	每执行完一项操作，CEO请在相应的方格内打钩。 财务总监（助理）在方格中填写现金收支情况。			
新年度规划会议				
参加订货会/登记销售订单				
制订新年度计划				
支付应付税				
季初现金盘点（请填余额）				
更新短期贷款/还本付息/申请短期贷款				
更新应付款/归还应付款				
原材料入库/更新原材料采购订单				
下原材料采购订单				
更新生产/完工入库				
投资新生产线/变卖生产线/生产线转产				
向其他企业购买原材料/出售原材料				
开始下一批生产				
更新应收款/应收款收现				
出售厂房				
向其他企业购买成品/出售成品				
按订单交货				
产品研发投资				
支付行政管理费				
其他现金收支情况登记				
支付利息/更新长期贷款/申请长期贷款				
支付设备维护费				
支付租金/购买厂房				
计提折旧				
新市场开拓/ISO资格认证投资				
结账				
现金收入合计				
现金支出合计				
期末现金对账（请填余额）				

表 A-45 第五年现金预算表

单位：百万元

	第 一 季 度	第 二 季 度	第 三 季 度	第 四 季 度
期初库存现金				
支付上年应交税				
市场广告投入				
贴现费用				
利息（短期贷款）				
支付到期短期贷款				
原料采购支付现金				
转产费用				
生产线投资				
工人工资				
产品研发投资				
收到现金前的所有支出				
应收款到期				
支付管理费用				
利息（长期贷款）				
支付到期长期贷款				
设备维护费用				
租金				
购买新建筑				
市场开拓投资				
ISO 认证投资				
其他				
库存现金余额				

要点记录

第一季度：________________________

第二季度：________________________

第三季度：________________________

第四季度：________________________

年底小结：________________________

表 A-46 第五年订单登记表

订 单 号										合 计
市场										
产品										
数量										
账期										
销售额										
成本										
毛利										
未售										

表 A-47　第五年产品核算统计表

项　目	产　品				合　计
	P1	P2	P3	P4	
数量/个					
销售额/M 元					
成本/M 元					
毛利/M 元					

表 A-48　第五年综合管理费用明细表　单位：百万元

项　目	金　额	备　注
管理费		
广告费		
保养费		
租金		
转产费		
市场准入开拓		□区域　□国内　□亚洲　□国际
ISO 资格认证		□ISO 9000　□ISO 14000
产品研发		P2（　）　P3（　）　P4（　）
其他		
合计		

表 A-49　第五年利润表　单位：百万元

项　目	上　年　数	本　年　数
销售收入		
直接成本		
毛利		
综合费用		
折旧前利润		
折旧		
支付利息前利润		
财务收入/支出		
其他收入/支出		
税前利润		
所得税		
净利润		

表 A-50　第五年资产负债表　单位：百万元

资　产	期 初 数	期 末 数	负债和所有者权益	期 初 数	期 末 数
流动资产：			负债：		
现金			长期负债		
应收账款			短期负债		
在制品			应付账款		
成品			应交税金		
原料			一年内到期的长期负债		

续表

资　　产	期 初 数	期 末 数	负债和所有者权益	期 初 数	期 末 数
流动资产合计			负债合计		
固定资产：			所有者权益：		
土地和建筑			股东资本		
机器与设备			利润留存		
在建工程			年度净利		
固定资产合计			所有者权益合计		
资产总计			负债和所有者权益总计		

表 A-51　第六年模拟企业运营流程表

任务清单 （请按顺序执行下列各项操作）	每执行完一项操作，CEO 请在相应的方格内打钩。 财务总监（助理）在方格中填写现金收支情况。			
新年度规划会议				
参加订货会/登记销售订单				
制订新年度计划				
支付应付税				
季初现金盘点（请填余额）				
更新短期贷款/还本付息/申请短期贷款				
更新应付款/归还应付款				
原材料入库/更新原材料采购订单				
下原材料采购订单				
更新生产/完工入库				
投资新生产线/变卖生产线/生产线转产				
向其他企业购买原材料/出售原材料				
开始下一批生产				
更新应收款/应收款收现				
出售厂房				
向其他企业购买成品/出售成品				
按订单交货				
产品研发投资				
支付行政管理费				
其他现金收支情况登记				
支付利息/更新长期贷款/申请长期贷款				
支付设备维护费				
支付租金/购买厂房				
计提折旧				
新市场开拓/ISO 资格认证投资				
结账				
现金收入合计				
现金支出合计				
期末现金对账（请填余额）				

表A-52　第六年现金预算表

	第一季度	第二季度	第三季度	第四季度
期初库存现金				
支付上年应交税				
市场广告投入				
贴现费用				
利息（短期贷款）				
支付到期短期贷款				
原料采购支付现金				
转产费用				
生产线投资				
工人工资				
产品研发投资				
收到现金前的所有支出				
应收款到期				
支付管理费用				
利息（长期贷款）				
支付到期长期贷款				
设备维护费用				
租金				
购买新建筑				
市场开拓投资				
ISO认证投资				
其他				
库存现金余额				

要点记录

第一季度：

第二季度：

第三季度：

第四季度：

年底小结：

表A-53　第六年订单登记表

订单号											合计
市场											
产品											
数量											
账期											
销售额											
成本											
毛利											
未售											

表 A-54 第六年产品核算统计表

项 目	产 品				
	P1	P2	P3	P4	合计
数量/个					
销售额/M 元					
成本/M 元					
毛利/M 元					

表 A-55 第六年综合管理费用明细表 单位：百万元

项 目	金 额	备 注
管理费		
广告费		
保养费		
租金		
转产费		
市场准入开拓		□区域 □国内 □亚洲 □国际
ISO 资格认证		□ISO 9000 □ISO 14000
产品研发		P2（ ） P3（ ） P4（ ）
其他		
合计		

表 A-56 第六年利润表 单位：百万元

项 目	上 年 数	本 年 数
销售收入		
直接成本		
毛利		
综合费用		
折旧前利润		
折旧		
支付利息前利润		
财务收入/支出		
其他收入/支出		
税前利润		
所得税		
净利润		

表 A-57 第六年资产负债表 单位：百万元

资 产	期 初 数	期 末 数	负债和所有者权益	期 初 数	期 末 数
流动资产：			负债：		
现金			长期负债		
应收账款			短期负债		
在制品			应付账款		
成品			应交税金		

续表

资　　产	期　初　数	期　末　数	负债和所有者权益	期　初　数	期　末　数
原料			一年内到期的长期负债		
流动资产合计			负债合计		
固定资产：			所有者权益：		
土地和建筑			股东资本		
机器与设备			利润留存		
在建工程			年度净利		
固定资产合计			所有者权益合计		
资产总计			负债和所有者权益总计		

附录B　主生产计划及物料需求计划表

B1　主生产计划及物料需求计划编制举例

生产线		第一年				第二年				第三年			
		第一季度	第二季度	第三季度	第四季度	第一季度	第二季度	第三季度	第四季度	第一季度	第二季度	第三季度	第四季度
1 手工	产品			P1			P1					P2	P2
	材料		R1										
2 手工	产品		P1			P1							
	材料	R1			R1								
3 手工	产品	P1			P1								
	材料												
4 半自动	产品		P1		P1								
	材料	R1											
5	产品												
	材料												
……	产品												
	材料												
合计	产品	1P1	2P1	1P1	2P1								
	材料	2R1	1R1		1R1								

B2　主生产计划及物料需求计划编制（第一年至第三年）

生产线		第一年				第二年				第三年			
		第一季度	第二季度	第三季度	第四季度	第一季度	第二季度	第三季度	第四季度	第一季度	第二季度	第三季度	第四季度
1	产品												
	材料												
2	产品												
	材料												
3	产品												
	材料												
4	产品												
	材料												
5	产品												
	材料												
6	产品												
	材料												
7	产品												
	材料												
8	产品												
	材料												
合计	产品												
	材料												

B3 主生产计划及物料需求计划编制（第四年至第六年）

生产线		第四年				第五年				第六年			
		第一季度	第二季度	第三季度	第四季度	第一季度	第二季度	第三季度	第四季度	第一季度	第二季度	第三季度	第四季度
1	产品												
	材料												
2	产品												
	材料												
3	产品												
	材料												
4	产品												
	材料												
5	产品												
	材料												
6	产品												
	材料												
7	产品												
	材料												
8	产品												
	材料												
合计	产品												
	材料												

附录C 开工计划

产　品	第一年			
	第一季度	第二季度	第三季度	第四季度
P1				
P2				
P3				
P4				
加工费				
付款				

产　品	第二年			
	第一季度	第二季度	第三季度	第四季度
P1				
P2				
P3				
P4				
加工费				
付款				

产　品	第三年			
	第一季度	第二季度	第三季度	第四季度
P1				
P2				
P3				
P4				
加工费				
付款				

产　品	第四年			
	第一季度	第二季度	第三季度	第四季度
P1				
P2				
P3				
P4				
加工费				
付款				

产　品	第五年			
	第一季度	第二季度	第三季度	第四季度
P1				
P2				
P3				
P4				
加工费				
付款				

产　品	第六年			
	第一季度	第二季度	第三季度	第四季度
P1				
P2				
P3				
P4				
加工费				
付款				

附录D 采购及材料付款计划

原材料	第一年			
	第一季度	第二季度	第三季度	第四季度
R1				
R2				
R3				
R4				
材料				
付款				

原材料	第二年			
	第一季度	第二季度	第三季度	第四季度
R1				
R2				
R3				
R4				
材料				
付款				

原材料	第三年			
	第一季度	第二季度	第三季度	第四季度
R1				
R2				
R3				
R4				
材料				
付款				

原材料	第四年			
	第一季度	第二季度	第三季度	第四季度
R1				
R2				
R3				
R4				
材料				
付款				

原材料	第五年			
	第一季度	第二季度	第三季度	第四季度
R1				
R2				
R3				
R4				
材料				
付款				

原材料	第六年			
	第一季度	第二季度	第三季度	第四季度
R1				
R2				
R3				
R4				
材料				
付款				

附录E ____组____公司贷款申请表

贷款类		第一年			
		第一季度	第二季度	第三季度	第四季度
短贷	借				
	还				
	余额				
高利贷	借				
	还				
	余额				
长贷	借				
	还				
	余额				
上年权益					
指导教师签字					

贷款类		第二年			
		第一季度	第二季度	第三季度	第四季度
短贷	借				
	还				
	余额				
高利贷	借				
	还				
	余额				
长贷	借				
	还				
	余额				
上年权益					
指导教师签字					

贷款类		第三年			
		第一季度	第二季度	第三季度	第四季度
短贷	借				
	还				
	余额				
高利贷	借				
	还				
	余额				
长贷	借				
	还				
	余额				
上年权益					
指导教师签字					

贷款类		第四年			
		第一季度	第二季度	第三季度	第四季度
短贷	借				
	还				
	余额				
高利贷	借				
	还				
	余额				
长贷	借				
	还				
	余额				
上年权益					
指导教师签字					

贷款类		第五年			
		第一季度	第二季度	第三季度	第四季度
短贷	借				
	还				
	余额				
高利贷	借				
	还				
	余额				
长贷	借				
	还				
	余额				
上年权益					
指导教师签字					

贷款类		第六年			
		第一季度	第二季度	第三季度	第四季度
短贷	借				
	还				
	余额				
高利贷	借				
	还				
	余额				
长贷	借				
	还				
	余额				
上年权益					
指导教师签字					

附录F ___组___公司原材料采购订单登记表

项目	第一年															
	第一季度				第二季度				第三季度				第四季度			
原材料	R1	R2	R3	R4	R1	R2	R3	R4	R1	R2	R3	R4	R1	R2	R3	R4
订购数量																
采购入库																

项目	第二年															
	第一季度				第二季度				第三季度				第四季度			
原材料	R1	R2	R3	R4	R1	R2	R3	R4	R1	R2	R3	R4	R1	R2	R3	R4
订购数量																
采购入库																

项目	第三年															
	第一季度				第二季度				第三季度				第四季度			
原材料	R1	R2	R3	R4	R1	R2	R3	R4	R1	R2	R3	R4	R1	R2	R3	R4
订购数量																
采购入库																

项目	第四年															
	第一季度				第二季度				第三季度				第四季度			
原材料	R1	R2	R3	R4	R1	R2	R3	R4	R1	R2	R3	R4	R1	R2	R3	R4
订购数量																
采购入库																

项目	第五年															
	第一季度				第二季度				第三季度				第四季度			
原材料	R1	R2	R3	R4	R1	R2	R3	R4	R1	R2	R3	R4	R1	R2	R3	R4
订购数量																
采购入库																

项目	第六年															
	第一季度				第二季度				第三季度				第四季度			
原材料	R1	R2	R3	R4	R1	R2	R3	R4	R1	R2	R3	R4	R1	R2	R3	R4
订购数量																
采购入库																

附录G ___组___公司生产线买卖记录表

第　一　年	手工生产线		半自动生产线		全自动生产线		柔性生产线	
	买	卖	买	卖	买	卖	买	卖
第一季度								
第二季度								
第三季度								
第四季度								

第　二　年	手工生产线		半自动生产线		全自动生产线		柔性生产线	
	买	卖	买	卖	买	卖	买	卖
第一季度								
第二季度								
第三季度								
第四季度								

第　三　年	手工生产线		半自动生产线		全自动生产线		柔性生产线	
	买	卖	买	卖	买	卖	买	卖
第一季度								
第二季度								
第三季度								
第四季度								

第　四　年	手工生产线		半自动生产线		全自动生产线		柔性生产线	
	买	卖	买	卖	买	卖	买	卖
第一季度								
第二季度								
第三季度								
第四季度								

第 五 年	手工生产线		半自动生产线		全自动生产线		柔性生产线	
	买	卖	买	卖	买	卖	买	卖
第一季度								
第二季度								
第三季度								
第四季度								

第 六 年	手工生产线		半自动生产线		全自动生产线		柔性生产线	
	买	卖	买	卖	买	卖	买	卖
第一季度								
第二季度								
第三季度								
第四季度								

附录 H　公司间原材料（产品）交易订单

买方公司		购买时间		年				季
卖方公司		完工时间		年				季
	原料				产品			
原料/产品	R1	R2	R3	R4	P1	P2	P3	P4
成交数量								
成交金额								
付款方式								
购买人								
售货人								
审核人								

买方公司		购买时间		年				季
卖方公司		完工时间		年				季
	原料				产品			
原料/产品	R1	R2	R3	R4	P1	P2	P3	P4
成交数量								
成交金额								
付款方式								
购买人								
售货人								
审核人								

买方公司		购买时间		年				季
卖方公司		完工时间		年				季
	原料				产品			
原料/产品	R1	R2	R3	R4	P1	P2	P3	P4
成交数量								
成交金额								
付款方式								
购买人								
售货人								
审核人								

买方公司		购买时间		年				季
卖方公司		完工时间		年				季
	原料				产品			
原料/产品	R1	R2	R3	R4	P1	P2	P3	P4
成交数量								
成交金额								
付款方式								
购买人								
售货人								
审核人								

买方公司		购买时间		年				季
卖方公司		完工时间		年				季
	原料				产品			
原料/产品	R1	R2	R3	R4	P1	P2	P3	P4
成交数量								
成交金额								
付款方式								
购买人								
售货人								
审核人								

买方公司		购买时间		年				季
卖方公司		完工时间		年				季
	原料				产品			
原料/产品	R1	R2	R3	R4	P1	P2	P3	P4
成交数量								
成交金额								
付款方式								
购买人								
售货人								
审核人								

附录 I ___组______公司应收账款登记表

款类		第一年 第一季度	第一年 第二季度	第一年 第三季度	第一年 第四季度
应收账期	1Q				
	2Q				
	3Q				
	4Q				
到款					
贴现					
贴现费					

款类		第二年 第一季度	第二年 第二季度	第二年 第三季度	第二年 第四季度
应收账期	1Q				
	2Q				
	3Q				
	4Q				
到款					
贴现					
贴现费					

款类		第三年 第一季度	第三年 第二季度	第三年 第三季度	第三年 第四季度
应收账期	1Q				
	2Q				
	3Q				
	4Q				
到款					
贴现					
贴现费					

款类		第四年 第一季度	第四年 第二季度	第四年 第三季度	第四年 第四季度
应收账期	1Q				
	2Q				
	3Q				
	4Q				
到款					
贴现					
贴现费					

款类		第五年 第一季度	第五年 第二季度	第五年 第三季度	第五年 第四季度
应收账期	1Q				
	2Q				
	3Q				
	4Q				
到款					
贴现					
贴现费					

款类		第六年 第一季度	第六年 第二季度	第六年 第三季度	第六年 第四季度
应收账期	1Q				
	2Q				
	3Q				
	4Q				
到款					
贴现					
贴现费					

附录J 产品、市场开发及ISO认证登记表

____组______公司产品开发登记表

年　度	P2	P3	P4	总　计	完　成	指导教师签字
第一年						
第二年						
第三年						
第四年						
第五年						
第六年						
总计						

____组______公司市场开发投入登记表

年　度	区域市场（1y）	国内市场（2y）	亚洲市场（3y）	国际市场（4y）	完　成	指导教师签字
第一年						
第二年						
第三年						
第四年						
第五年						
第六年						
总计						

____组______公司ISO资格认证投资表

项　目	年度					
	第一年	第二年	第三年	第四年	第五年	第六年
ISO 9000						
ISO 14000						
总计						
指导教师签字						

附录 K 违约订单登记表

序号	违约公司	年份	市场	产品	数量	收入	账期	条件	订单编号	交单收入
1										
2										
3										
4										
5										
6										
7										
8										
9										
10										

附录L 扣分登记表

公　司	年　度	关账超时（-1 分/分钟）	报表错误（-5 分/次）	高利贷（-5 分/桶）	流程不规范（-5 分/次）	严重违规（20 分/次）	其　他
A	第一年						
	第二年						
	第三年						
	第四年						
	第五年						
	第六年						
	总计						
B	第一年						
	第二年						
	第三年						
	第四年						
	第五年						
	第六年						
	总计						
C	第一年						
	第二年						
	第三年						
	第四年						
	第五年						
	第六年						
	总计						
D	第一年						
	第二年						
	第三年						
	第四年						
	第五年						
	第六年						
	总计						

续表

公　司	年　度	关账超时（-1 分/分钟）	报表错误（-5 分/次）	高利贷（-5 分/桶）	流程不规范（-5 分/次）	严重违规（20 分/次）	其　他
E	第一年						
	第二年						
	第三年						
	第四年						
	第五年						
	第六年						
	总计						
F	第一年						
	第二年						
	第三年						
	第四年						
	第五年						
	第六年						
	总计						

附录 M　企业经营模拟综合实力指标统计

项　目	A 公司	B 公司	C 公司	D 公司	E 公司	F 公司
大厂房						
小厂房						
手工生产线						
半自动生产线						
全自动/柔性生产线						
区域市场开发						
国内市场开发						
亚洲市场开发						
国际市场开发						
ISO 9000						
ISO 14000						
P2 产品开发						
P3 产品开发						
P4 产品开发						
本地市场地位						
区域市场地位						
国内市场地位						
亚洲市场地位						
国际市场地位						
高利贷扣分						
其他扣分